# DES RAPPORTS

ENTRE LE

# DROIT & L'ÉCONOMIE POLITIQUE

OU

## PHILOSOPHIE COMPARÉE DU DROIT

ET DE

## L'ÉCONOMIE POLITIQUE

PAR

## ALFRED JOURDAN

Doyen de la Faculté de Droit d'Aix, professeur d'Économie
politique à la Faculté de Droit d'Aix, et à la Faculté des Sciences de Marseille,
Correspondant de l'Institut

Ouvrage qui a obtenu le premier rang dans le concours pour le
prix Wolowski
*(Académie des Sciences morales et politiques.)*

PARIS

LIBRAIRIE NOUVELLE DE DROIT ET DE JURISPRUDENCE

Arthur ROUSSEAU, Éditeur

14, RUE SOUFFLOT ET RUE TOULLIER, 13

1885

# DES RAPPORTS

ENTRE

# LE DROIT & L'ÉCONOMIE POLITIQUE

## OUVRAGES DU MÊME AUTEUR

Le Droit français, ses règles fondamentales; ses rapports avec les principes de la morale, avec l'économie politique et avec l'utilité générale. Paris, 1875. 1 vol. in-8°. *Ouvrage couronné par l'Institut.*

Études de Droit romain. — L'Hypothèque. Exposition historique et dogmatique. Explication des textes. Paris, 1876. 1 vol. in-8.

Épargne et Capital, ou du meilleur emploi de la richesse. Paris, 1879. 1 vol. in-8. *Ouvrage couronné par l'Institut.*

Cours analytique d'Économie politique, professé à la Faculté de Droit. Paris, 1882. 1 fort vol. in-8.

Du rôle de l'État dans l'ordre économique, ou économie politique et socialisme. Paris, 1882. 1 vol. in-8. *Ouvrage couronné par l'Institut.*

Paris. — Imprimerie G. Rotoira et C⁰, rue Cassette, 1.

# DES RAPPORTS

ENTRE LE

# DROIT & L'ÉCONOMIE POLITIQUE

OU

## PHILOSOPHIE COMPARÉE DU DROIT

ET DE

## L'ÉCONOMIE POLITIQUE

PAR

## ALFRED JOURDAN

Doyen de la Faculté de Droit d'Aix, professeur d'Économie
politique à la Faculté de Droit d'Aix, et à la Faculté des Sciences de Marseille,
Correspondant de l'Institut.

Ouvrage qui a obtenu le premier rang dans le concours pour le
prix Wolowski
*(Académie des Sciences morales et politiques.)*

PARIS

LIBRAIRIE NOUVELLE DE DROIT ET DE JURISPRUDENCE

Arthur ROUSSEAU, Éditeur

14, RUE SOUFFLOT ET RUE TOULLIER, 13

1885

# AVANT-PROPOS

---

Le concours pour le prix Wolowski, à l'Académie des sciences morales et politiques. — Extrait du rapport présenté par M. Arthur Desjardins, au nom des sections réunies de législation et d'économie politique.

En 1880, l'Académie des sciences morales et politiques avait proposé, comme sujet du concours pour le prix Wolowski, la question suivante : « Des rapports « entre le droit et l'économie politique. — Constater « ces rapports, en préciser le caractère; étudier et « signaler les causes qui les déterminent. » Les trois mémoires déposés le 31 décembre 1881 ayant été jugés insuffisants, la question fut remise à un nouveau concours, sur lequel l'Académie, dans sa séance du 21 juin 1884, a statué en adoptant les conclusions du rapport présenté par M. l'avocat général Arthur Desjardins, au nom des sections réunies de législation et d'économie politique. J'extrais de ce rapport l'appréciation du mémoire inscrit sous le numéro 3, qui n'est autre que le livre que j'offre ici au public. Cinq mémoires avaient été déposés. Après avoir analysé les mémoires inscrits sous les numéros 1, 2, 4 et 5, le savant rapporteur s'exprime ainsi :

« Le meilleur des cinq mémoires déposés est incontestable-« ment celui qui porte le numéro 3, avec les deux devises :

« *Jus est ars boni et æqui*, etc.; *le Droit est la philosophie*
« *sociale par excellence*, etc. L'auteur expose lui-même, au
« premier chapitre, son plan dans les termes suivants : « Ce
« livre ne présentera pas un commentaire perpétuel de notre
« législation appréciée au point de vue économique, ni une
« revue générale des principes de l'économie politique avec
« l'indication des dispositions législatives propres à en assurer
« le respect et le fonctionnement. Ce n'est point ici la simple
« juxta-position de deux traités sommaires : l'un de droit,
« l'autre d'économie politique, d'où résulterait bien moins
« une étude approfondie de leurs rapports qu'une sorte de
« parallélisme matériel, un tableau synoptique. » C'est, en
« effet, ainsi que le mémoire n° 3 procède.

« Ce qui le caractérise, c'est une véritable originalité soit
« dans la conception, soit dans l'exposition du sujet. Nous
« ne sommes plus en présence d'un disciple qui répète et
« balbutie les leçons d'un maître. L'auteur a, sur toutes
« choses, des idées qui lui sont particulières, et quand il s'agit
« de les développer, il parle sa propre langue, non celle des
« autres. Cette langue est vive et claire, quelquefois pittoresque,
« semée de mots heureux et d'images saisissantes. Citons,
« entre les vingt-deux chapitres qui composent le livre, tout
« le chapitre VIII où l'auteur démontre « qu'il ne saurait y
« avoir, en principe, d'opposition entre la science écono-
« mique et la science du droit, mais seulement entre l'éco-
« nomie politique et la législation; ou entre la science du
« droit et un état économique particulier »; presque tout
« le chapitre X, où voulant montrer comment les dogmes
« économiques et les dogmes juridiques se modifient et
« se transforment, il dépeint avec beaucoup d'art la vente
« substituée au troc, la vente à livrer et le contrat de cré-
« dit naissant de la vente au comptant, le contrat de louage
« des services libres succédant à l'esclavage, le contrat de
« société s'élargissant tous les jours et rompant les lisières
« du droit romain, le *commodat* délaissé pour le *mutuum*.
« l'évolution nécessaire des nations modernes dans la ques-
« tion du prêt à intérêt, les imperfections subsistant dans
« la conception de la lettre de change qu'on soude encore,

« dans le droit français, à l'ancien contrat de change, etc.
« Signalons encore la fin du chapitre XIV, où l'on peut lire
« quelques bonnes pages sur les rapports de l'économie poli-
« tique avec le droit commercial ou industriel et sur l'univer-
« salité du droit commercial, préface de l'universalité du droit
« civil; la cinquième partie du chapitre XVII, où il est traité
« de la tutelle excessive des intérêts ; la fin du chapitre XIV,
« sur l'enseignement de l'économie politique dans les Facultés
« de droit, et tout le chapitre XX, dans lequel l'auteur explique
« d'une façon lumineuse comment l'économie politique et le
« droit font cause commune contre le socialisme, quoiqu'il
« y ait quelque chose d'un peu forcé dans le développement
« de cette idée : « Le socialisme proprement dit est à l'éco-
« nomie politique ce que l'équité est au droit. » Par malheur
« nous allons être obligés de faire succéder la critique à
« l'éloge.

« Les concurrents pouvaient assurément, suivant la pente
« de leur esprit, concevoir le sujet de différentes manières :
« par exemple, s'attacher plutôt à ses aspects philosophiques
« et négliger de la partie spéciale et technique, qu'on me passe
« ce néologisme, tout le négligeable. Toutefois, comme un des
« deux termes de comparaison était le droit, c'est-à-dire la
« science positive et pratique par excellence, il y avait une
« limite que les plus enclins à la généralisation, ne devaient
« pas franchir, et que le mémoire numéro 3 nous semble avoir
« dépassée. Les rapports spéciaux entre les deux sciences ne
« sont qu'effleurés, l'auteur n'aborde réellement cette partie
« du programme que dans le dix-septième chapitre, et si ce
« n'est dans la cinquième partie de ce chapitre, trace les linéa-
« ments généraux de la question plutôt qu'il ne traite la ques-
« tion elle-même.

« Même dans sa partie générale et philosophique, le mé-
« moire n'est pas à l'abri d'un reproche grave : le défaut de
« méthode. Il n'est pas nécessaire, à coup sûr, de dire, à
« l'exemple de certains prédicateurs: ceci est mon premier
« point, ceci est mon second point, et nous connaissons plus
« d'un grand écrivain qui sut voiler avec un art exquis ses
« divisions et subdivisions pour atténuer le caractère didac-

« tique de son œuvre. Mais au moins faut-il qu'on en retrouve
« le fil conducteur; c'est ce fil qu'il ne nous a pas été toujours
« loisible de retrouver dans le mémoire numéro 3. Nous ne
« parlons pas de quelques digressions brillantes, telles que
« le panégyrique du droit romain dans le chapitre XIII, et
« l'exposé comparatif de l'influence que Montesquieu et Rous-
« seau exercèrent sur les assemblées de la Révolution française,
« au chapitre XVI; mais plusieurs chapitres se suivent sans se
« rattacher par un lien logique. Il y a même des chapitres,
« comme le sixième, dont les diverses parties manquent abso-
« lument de cohésion. De là, certaines lacunes et certaines
« répétitions. C'est ainsi que l'auteur, cherchant à comparer
« les méthodes des deux sciences, traite une première fois la
« question dans le chapitre IV, y revient dans le chapitre XI, et
« recommence à l'étudier dans le chapitre XIX. A la fin du cha-
« pitre VII, il convient lui-même qu'on ne peut pas « renfermer
« dans une formule nette et précise les conclusions à tirer »
« de ce qu'il vient d'exposer. Ce qu'il y a de plus grave, c'est
« que, parvenant à la conclusion finale (tel est le titre du cha-
« pitre XXII, il n'arrive pas à résumer son livre, ni à faire con-
« naître les grandes lignes de son propre plan. — Vos deux
« sections, tout en rendant hommage aux qualités du mé-
« moire numéro 3, n'ont pas jugé qu'il fût possible de lui décer-
« ner le prix et proposent de lui accorder une récompense de
« 2,000 francs. »

Non seulement je n'ai éprouvé aucune hésitation à
placer en tête de ce livre l'appréciation qu'en a faite
l'Académie, mais je dois avouer que, si quelque chose
avait pu m'embarrasser, c'eût été bien plutôt l'éloge
que la critique. Il y a en effet dans cet éloge je ne sais
quoi d'achevé et de délicat qui serait de nature à
satisfaire l'auteur le plus difficile, et le jugement collectif de l'Académie tire un nouveau prix de la haute compétence du rapporteur en tout ce qui touche à l'art de
bien dire. Je serais donc mal venu à *diviser l'aveu*, à

revendiquer la louange en répudiant la critique. Sur ce dernier point toutefois, qu'il me soit permis de plaider quelque peu les circonstances atténuantes, et d'entrer dans quelques explications qui pourront être utiles au lecteur en ce qu'elles combleront, dans une certaine mesure, les lacunes signalées par l'Académie. En d'autres termes, ce sera ici une sorte de préface du livre qui complétera à la fois l'introduction et la conclusion du mémoire.

La partie critique du rapport pourrait se résumer en trois chefs principaux : 1° Vices de méthode; 2° Insuffisance de la partie spéciale; 3° Manque d'une conclusion précise.

Le premier de ces trois griefs est celui qui me touche le plus, et que j'ai le plus à cœur d'atténuer. Depuis quelque vingt-cinq ans que j'enseigne le droit et l'économie politique, à la Faculté de droit d'Aix et à la Faculté des sciences de Marseille, une exposition claire et méthodique a été ma constante préoccupation, et j'aurais volontiers pris pour devise le *tantum series juncturaque pollet* d'Horace. Mais, si l'enchaînement rigoureux des diverses parties, qui constitue l'exposition méthodique, est la première condition de tout enseignement, oral ou écrit, cela doit surtout s'entendre d'une théorie scientifique, d'un corps de doctrines, de l'ensemble des principes essentiels d'une science. Peut-être en est-il un peu autrement d'une question particulière comme celle qui était proposée par l'Académie, et dont on ne saurait dire qu'elle peut être l'objet d'un cours ou d'un traité (1). J'ai donné un double titre à ce

(1) C'est ainsi que, parmi mes différentes publications, dont la plupart ont été couronnées par l'Institut, je fais une différence

travail; j'aurais pu lui en donner un autre : *Réflexions ou méditations sur les rapports entre le droit et l'économie politique;* c'est encore le titre qui lui aurait le mieux convenu, et il est permis d'affirmer que des réflexions de ce genre ne comportent pas un ordre rigoureux.

Est-ce à dire que la réflexion, appliquée à un aussi grave sujet, puisse dégénérer en une rêverie, une sorte de méditation vague et sans but, d'où ne résulterait qu'*un beau désordre?* Non sans doute. A défaut d'un ordre *essentiel,* comme celui qui s'impose dans les sciences exactes, à défaut d'un ordre *naturel,* tel que le comporte l'exposition des principes d'une science morale, il y a toujours quelque lien entre les différentes parties d'un même discours. Ce lien, ce fil conducteur, fait-il complètement défaut ici? Et la lecture attentive de la table des matières ne le révèle-t-il pas dans une certaine mesure? Ne fallait-il pas commencer par établir la notion rigoureuse des deux sciences dont on voulait rechercher les rapports? C'est l'objet des chapitres II et III. — S'il est vrai que les deux sciences ont entre elles des rapports étroits, certains rapports généraux ne doivent-ils pas se dégager, à première vue, de la simple notion de ces sciences? C'est l'objet du chapitre IV, où l'on voit que l'économie politique et le droit reposent sur les deux mêmes faits primordiaux : l'instinct de la sociabilité et la liberté humaine. A côté de ce rapport de res-

entre le *Droit français,* les *Études du droit romain sur l'hypothèque* et le *Cours analytique d'économie politique,* œuvres essentiellement didactiques, d'une part, et, d'autre part : *Épargne et Capital, le Rôle de l'État dans l'ordre économique* et des *Rapports entre le Droit et l'Économie politique.*

semblance il importait de placer immédiatement la distinction fondamentale, en quelque sorte le rapport de différence entre les deux sciences : c'est ce que j'ai fait dans le chapitre V. Le chapitre VI est le développement des deux précédents : on y voit que l'économie politique et le droit s'occupent des mêmes *choses*, à savoir l'homme et le monde extérieur, mais ont, à certains égards, un *objet* différent, d'où la nécessité de préciser les qualités économiques et juridiques des hommes et des choses. Le chapitre VII est la continuation du chapitre VI, en ce que j'y montre comment les économistes et les jurisconsultes apportent des préoccupations différentes dans l'examen des questions qui leur sont communes, et je fais l'application de ces principes aux deux matières de la propriété et des contrats. Est-ce à dire qu'il doive résulter de là une opposition entre les deux sciences? Non, il y a harmonie, et l'opposition ne peut exister qu'entre la science de l'économie politique et une législation défectueuse. C'est ce que montre le chapitre VIII.

Ici commence une série de chapitres (chapitres IX à XIII) qui auraient pu être rangés, sous cette rubrique générale : *L'économie politique et le droit dans l'histoire*. Dans le chapitre IX, qui se relie étroitement au chapitre VIII, on voit que les diverses législations positives aussi bien que les divers régimes économiques n'ont jamais réalisé l'idéal, soit juridique, soit économique; mais qu'une harmonie plus ou moins complète a pu exister entre l'état économique et la législation de telle ou telle époque. Il est, d'autre part, certain que cette harmonie n'est jamais de très longue durée et j'ai indiqué les principales causes de la rupture de l'équilibre et à quelle condition il peut être rétabli. J'ai été ainsi conduit à étudier dans le chapitre X les modifications et les transformations qu'éprouvent les dogmes économiques et juridiques par suite des changements qui se produisent dans le degré de civilisation et de richesse de la société. J'ai montré, dans le chapitre XI, comment ces modifications et ces transformations ont réalisé un progrès, le progrès par la liberté. Ici trouvait nécessairement sa place, le débat entre l'école historique et l'école philosophique ou rationnelle : c'est l'objet du chapitre XII. J'ai enfin recherché, dans le chapitre XIII, pourquoi la science du droit s'était fondée avant celle de l'économie politique, ce qui impliquait la démonstration de ce fait que les jurisconsultes romains doivent être considérés comme les véritables fondateurs de la science du droit à bien plus juste titre que les philosophes grecs, sans en excepter Aristote, ne sauraient l'être comme fondateurs de la science économique.

Les six chapitres suivants (chapitres XIV-XIX) *peuvent être considérés* comme la partie spéciale du livre. Je me sers à dessein de cette formule dubitative, et je vais m'expliquer bientôt sur le reproche, qui m'a été adressé, de n'avoir pas fait une assez large part aux rapports spéciaux entre les deux sciences. Dans le chapitre XIV, j'examine donc les rapports de l'économie politique avec les diverses branches de la science du droit, notamment avec le droit privé spécial, droit commercial et droit industriel. Dans le chapitre XV, je fais justice des prétentions excessives des Économistes et des Jurisconsultes à l'encontre les uns des autres sur le terrain législatif. Dans le chapitre XVI, je traite la question fondamentale de l'influence qu'exerce sur le droit positif l'opinion plus ou moins exacte qu'on se fait du rôle du législateur. Dans le chapitre XVII, je signale les caractères généraux des erreurs législatives, les causes générales d'où elles procèdent, ce que je mets en lumière par de nombreux exemples. Dans le chapitre XVIII, j'examine une question que soulève l'application du principe du droit et de l'économie politique : le prétendu antagonisme entre la théorie et la pratique. Le chapitre XIX est consacré à la question toute technique de l'enseignement de l'économie politique dans ses rapports avec l'enseignement du droit.

Bien que le chapitre XXII soit seul intitulé : *conclusion*, les trois derniers chapitres, XX, XXI, XXII, ont ce caractère commun d'une conclusion. On y voit l'accord du droit et de l'économie politique contre les doctrines socialistes, et l'étude comparée de l'économie politique et du droit trouve son couronnement dans une synthèse des différentes sciences sociales.

Le second grief articulé est l'insuffisance de la partie spéciale : « Les rapports spéciaux entre les deux « sciences, est-il dit, ne sont qu'effleurés ». Je me suis assez nettement expliqué, dans l'introduction du mémoire, sur la manière dont j'entendais la question proposée par l'Académie ; je veux essayer ici de la justifier dans une certaine mesure, soit que l'on considère ce travail comme une œuvre indépendante, soit qu'on tienne compte de l'obligation dans laquelle se trouvait l'auteur de développer un programme déterminé.

Avant même d'avoir lu ce programme, d'ailleurs très sommaire, et à s'en tenir au simple énoncé de la question : *Des rapports entre le Droit et l'Économie poli-*

*tique,* il est bien évident qu'il s'agit des rapports entre les deux *sciences.* Chacune d'elles a, sans doute, son principe propre, son domaine, contient des enseignements pour la conduite de la vie, ce qui n'implique nullement un antagonisme; il y a seulement lieu entre ceux qui cultivent plus particulièrement l'une ou l'autre de ces sciences à une sorte de division du travail intellectuel en vue d'une œuvre commune, à savoir la détermination des conditions de l'ordre social, de l'activité industrielle. Voilà ce qu'on peut appeler *la philosophie comparée de l'économie politique et du droit,* laquelle nous révèle les rapports qui existent entre les deux sciences. Cela fait, il sera intéressant de rechercher dans quelle mesure la législation a été l'expression fidèle de ces rapports ou s'en est écartée. Telles sont les deux parties de l'œuvre, que je ne caractérise point par l'opposition entre partie *générale* et partie *spéciale,* mais par cette distinction : *principes* et *applications.* Nous voici donc en présence de ces volumineux recueils de lois de toute espèce, Codes civil, de procédure, criminel, commercial, législation industrielle, droit public et administratif, législation financière et fiscale, etc... On se sent immédiatement débordé par l'abondance des matériaux à mettre en œuvre, et on songe à l'empereur Justinien célébrant dans son style emphatique ses labeurs législatifs : *Nostram extendimus curam ad immensa veteris prudentiæ volumina; et opus desperatum, quasi per medium profundum euntes, cœlesti favore jam adimplevimus.* Un examen complet et approfondi est impossible; un simple résumé serait fastidieux. Mais il y a mieux : cette revue de notre législation du point de vue

économique n'est plus à faire en détail (2); ce travail
a été fait, et il n'y a plus de place que pour une compilation. Tout a été dit en effet sur la liberté de tester
et la réserve héréditaire, sur les différentes conventions matrimoniales, sur les lois restrictives des taux
de l'intérêt, sur le régime hypothécaire, sur les
sociétés, sur la législation en matière de travaux publics, sur la législation budgétaire et le crédit public,
sur la législation fiscale, etc. J'ai donc pensé que, en
ce qui concerne la partie spéciale ou les applications,
la seule chose qu'il y eût à faire était de montrer, par
de nombreux exemples, comment notre législation
était ou non d'accord avec les conclusions de la science
sur les véritables rapports entre le droit et l'économie
politique; comment économistes et jurisconsultes pouvaient tour à tour avoir tort ou raison à l'encontre les
uns des autres, dans leurs revendications; et, par-
dessus tout, d'indiquer les causes générales d'où procèdent les erreurs législatives, erreurs qui doivent être
relevées tant au nom de la science du droit que de
l'économie politique. Là était l'enseignement essentiel
à tirer de ce travail, son utilité pratique. D'Argenson
disait : *ne pas trop gouverner!* Il faut dire aujourd'hui,
ce qui revient à peu près au même : *ne pas trop légi-
férer!* c'est ce qu'on ne saurait trop répéter aux législateurs qui préparent ou méditent des lois sur la
responsabilité du patron en cas d'accidents, des lois
sur l'assurance obligatoire, des lois propres à sauve-

---

(2) Les traités d'économie politique, ceux de Stuart Mill et de
M. Courcelle-Seneuil notamment, s'en occupent longuement. Les
recueils périodiques, le *Journal des Économistes* et l'*Économiste
français*, entre autres, en sont pleins.

garder l'épargne nationale, et autres abus de règlementation.

C'est ainsi que j'ai toujours compris une étude sur les rapports entre l'économie politique et le droit, sujet sur lequel mes occupations professionnelles ont dès longtemps attiré mon esprit. Voilà le mal, pourrat-on me dire : *votre siège était fait*, et vous n'avez pas pris garde que l'Académie ne s'était pas borné à poser la question en termes généraux, qu'elle avait esquissé un programme. Je l'avoue humblement : il m'a paru que ce programme me confirmait dans ma manière de voir. On propose la question des rapports entre l'économie politique et le droit, et on demande de constater ces rapports, d'en préciser le caractère, de signaler les causes qui les déterminent. On ne saurait, à mon sens, indiquer plus clairement qu'il s'agit des rapports entre les deux sciences et non d'une étude de la législation dans ses rapports avec l'économie politique. Je ne comprendrais même pas une question ainsi posée : « Constater les rapports entre l'économie politique et « la législation, en préciser le caractère, signaler les « causes qui les déterminent. » Cette formule absolue ne saurait s'appliquer à des faits contingents tels que les lois positives. Il faut qu'il y ait corrélation entre les deux objets à comparer, alors qu'on veut rechercher les rapports constants et universels qui existent entre eux : si l'un des deux termes est la science de l'économie politique, il est entendu que l'autre est la science du droit. Je pense donc que tout ce qui a trait aux pratiques économiques et à la législation ne devait venir qu'en seconde ligne, pour mieux mettre en lumière les principes posés à propos de la comparaison

entre les deux sciences. Tel a été principalement
l'objet des chapitres VIII et IX.

Par tous les éclaircissements qui précèdent je voudrais avoir aussi atténué quelque peu le troisième reproche qui m'a été adressé : l'insuffisance des conclusions. « Parvenu à la conclusion finale (tel est le titre
« du chapitre XXII), dit le rapport, l'auteur n'arrive
« pas à résumer son livre ni à faire connaître les
« grandes lignes de son propre plan. » Je reconnais
que cette conclusion ne contient pas un résumé du
livre; mais il est permis de croire qu'une conclusion
n'est pas nécessairement un résumé. Ce n'est pas
dans la conclusion, c'est dans l'introduction que j'ai
entendu faire connaître les grandes lignes de mon
plan, et c'est là-dessus que j'ai tout d'abord fourni plus
haut des explications. Ce que j'ai voulu mettre dans
la conclusion, c'est une formule saisissante sur les
rapports entre le droit et l'économie politique : cette
formule s'y trouve avec les développements propres à
en faire comprendre le sens et la portée. Il en est
ainsi de toutes les formules et de toutes les définitions,
au moins dans le domaine des sciences morales : elles
ne sont jamais absolument vraies; elles n'ont qu'une
valeur relative (3); ce sont, en quelque sorte, des
artifices mnémotechniques propres à frapper l'esprit
et à y graver certaines notions acquises d'ailleurs.

---

(3) Et le savant rapporteur a raison de trouver qu'il y a quelque
chose d'un peu forcé dans cette formule du chapitre XX : « Le
« socialisme proprement dit est à l'économie politique ce que
« l'équité est au droit. » Il y faut les explications dont je l'ai
accompagnée, et il faut l'entendre *cum grano salis*, ainsi que le
disaient les vieux commentateurs. Il ne s'agit pas de l'équité qui

Les conclusions et les formules ne manquent pas dans mon livre, depuis le frontispice où j'ai placé, à côté d'un fragment d'Ulpien, une définition commune au droit et à l'économie politique, jusqu'au chapitre dernier. Et, à ce propos, qu'il me soit permis de trouver un peu sévère cette appréciation : « A la fin « du chapitre VII, l'auteur convient lui-même qu'on ne « peut pas renfermer dans une formule nette et pré- « cise les conclusions à tirer de ce qu'il vient d'ex- « poser. » Il me semble qu'il n'y avait pas lieu de tirer de cet aveu un grief quelconque. Qu'ai-je voulu en effet dans ce chapitre VII? Montrer par divers exemples que le jurisconsulte et l'économiste ap- portent, dans l'examen des questions qui leur sont communes, des préoccupations différentes à certains égards. Je crois y avoir réussi. Il me suffisait d'avoir constaté ce résultat, et il n'y avait pas là, en réalité, matière à une conclusion plus nette et plus précise.

Un éminent critique de nos jours, quand il apprécie une œuvre dramatique, ne manque jamais de se poser la question de savoir si l'auteur *a vu la scène à faire*. En présence du sujet d'un concours académique, il faut pareillement trouver tout d'abord *quel est le livre à faire*. La chose n'est pas toujours également facile. L'Académie met ses couronnes à très haut prix, et ce n'est pas moi qui m'en plaindrai. J'ai signalé, dans l'in- troduction du mémoire, les difficultés du sujet; mais,

---

est le fond même du droit civil, que Cicéron (*Topiques*, 2) définit ainsi : *Jus civile est æquitas constituti iis qui ejusdem civitatis sunt ad res suas obtinendas.* Il faut être pénétré de cette équité pour comprendre le droit, et Cicéron (*Pro Murena*, 12) dit encore : *In omni jure civili æquitatem reliquerunt, verba ipsa tenuerunt.*

si je ne me trompe, le rapport en a révélé de bien plus
grandes encore, en ce qui concerne notamment : la
méthode à suivre ; l'étroit enchaînement des idées ; la
juste mesure à garder dans les développements qu'auraient dû comporter la partie dite spéciale, laquelle
offrait, en quelque sorte, un champ sans limites ; la
nécessité d'une conclusion renfermée dans une formule nette et précise. Il semblerait que le but avait
été cette fois placé si haut, que la seule ambition des
concurrents ne devait être que d'en approcher le plus
possible sans pouvoir l'atteindre, trop heureux qu'on
pût leur appliquer le mot consacré pour honorer tout
illustre naufrage :

Quem si non tenuit, magnis tamen excidit ausis.

Je dois donc d'autant plus me féliciter de l'accueil
que, malgré ses imperfections, l'Académie a fait à mon
travail. Elle a mis la plus extrême bonne grâce à
louer tout ce qui lui a paru mériter d'être loué, et
j'espère que l'éloge attirera à ce livre plus de lecteurs
que la critique n'en pourrait détourner.

# DES RAPPORTS

ENTRE

# LE DROIT & L'ÉCONOMIE POLITIQUE

OU

## PHILOSOPHIE COMPARÉE DU DROIT

ET DE

## L'ÉCONOMIE POLITIQUE

*Jus est ars boni et æqui cujus merito quis nos sacerdotes appellet : justitiam namque colimus, veram, nisi fallor, philosophiam, non simulatam affectantes.*

ULPIEN.

Le droit est la philosophie sociale par excellence, la science de la liberté appliquée à l'ensemble des rapports entre les hommes vivant en société. L'économie politique est la philosophie de l'industrie humaine, la science de la liberté appliquée à la production et à la répartition de la richesse.

# CHAPITRE PREMIER

---

**Introduction.** — Ce qu'il faut entendre par rapports. Différence, à
cet égard, entre les sciences exactes et morales. Difficultés de
cette étude. Son objet essentiel : rapport entre les deux sciences
du droit et de l'économie politique; distinction fondamentale
entre l'économie politique et les pratiques économiques, d'une
part, et entre la science du droit et la législation, d'autre part.
— Les principes et les applications : plan, méthode et division.
— Importance théorique et pratique de cette philosophie comparée du droit et de l'économie politique.

On entend par rapport le résultat de la comparaison
entre deux choses ou deux idées (1). Un nombre
exprime le résultat de la comparaison d'une grandeur
avec l'unité qui sert à la mesurer. Deux choses peuvent
avoir entre elles des rapports multiples ; on peut les
comparer en se plaçant à des points de vue divers. On

(1) La notion de *rapport* ou de *relation* est à la fois si simple et
si générale qu'il est difficile de la définir exactement. Ainsi, sur la
définition que j'en donne, on pourrait faire observer que le rapport
existe par lui-même, indépendamment de toute comparaison, et
que certaines idées entre lesquelles il y a une corrélation nécessaire ne peuvent se présenter isolément à notre esprit, comme
celles de cause et d'effet, de nuit et de jour, de fini et d'infini. —
On a pu dire que l'ensemble des rapports qui existent entre les

peut comparer deux nombres pour rechercher de
combien l'un est plus grand que l'autre, ou combien
l'un est contenu dans l'autre : le rapport s'exprimera,
suivant les cas, par une différence ou par un quotient.
On peut comparer deux figures géométriques au point
de vue de leur contenance, et le rapport se réduira à
celui qui existe entre les deux nombres qui expriment
la contenance de chacune d'elles ; ou, au point de vue
de leur forme et le rapport, s'exprimera par les mots :
égalité, similitude, symétrie. On dit de certaines choses
qu'elles n'ont aucun rapport entre elles (2), c'est-à-dire
qu'on ne peut songer à établir entre elles aucune comparaison. Il n'y a aucun rapport entre l'idée de vertu
et celle de couleur. Il est évident qu'il doit y avoir
des rapports étroits entre l'économie politique et le
droit ; cela résulte de la dénomination même sous
laquelle sont comprises ces deux sciences : sciences
morales, sociales, politiques. L'important et le difficile
est de préciser le caractère de ces rapports et de rechercher les causes qui les déterminent.

choses ou les idées, constitue toute l'intelligence humaine. Une
idée ne peut se présenter à notre esprit sans en appeler une autre ;
la relation qui existe entre elles détermine un jugement ; c'est sur
les rapports qui existent entre les jugements que se fonde le raisonnement ; et entre ces raisonnements s'établissent de nouveaux rapports ; en sorte que toute la pensée n'est qu'une série, un enchaînement de rapports.

(2) Et toutefois on sait combien est capricieuse cette faculté de
l'intelligence connue sous le nom d'*association des idées,* association souvent inconsciente, qui rapproche dans notre esprit les
choses les plus dissemblables par un lien qui n'a aucune réalité
objective. D'autre part, la réflexion peut découvrir des rapports
d'analogie entre des phénomènes d'une nature complètement
différente : entre la société et l'individu, entre l'organisme social
et l'organisme individuel, entre la division du travail proprement
dite et la division du travail fonctionnel des organes.

Est-il nécessaire de faire ressortir l'importance de
cette étude? Découvrir les rapports qui existent entre
les différents objets de nos connaissances, c'est acquérir une connaissance plus parfaite, plus complète de
chacun de ces objets. Celui qui, possédant une science,
en étudie une seconde et découvre les rapports qui
existent entre les deux, voit sa connaissance s'accroître,
non pas seulement en progression arithmétique, mais
en progression géométrique. C'est par là qu'on s'élève
aux idées générales qui constituent la science dans le
sens absolu de ce mot, la science humaine, l'ensemble
des lois qui régissent le monde, le monde moral aussi
bien que le monde physique. Cette comparaison entre
les différentes branches du savoir humain afin d'en
saisir les rapports, s'impose à la fois dans le domaine
de la science pure et sur le terrain pratique de l'art.
On a sans doute raison de dire que la première condition de succès dans les recherches scientifiques, c'est
que chacun se tienne sur le terrain qu'il a choisi; or,
précisément pour éviter une confusion fâcheuse, il faut
déterminer, délimiter le domaine propre de chaque
science, ce qui ne peut se faire que par voie de comparaison. Mais c'est principalement sur le terrain dé
l'art que la connaissance des rapports entre les différentes sciences est profitable. L'art en effet, se distingue de la science en ce que celle-ci se détermine
surtout par son objet, tandis que l'art se caractérise
par son but, et que, pour atteindre ce but, il met à
contribution différentes sciences, ce qui suppose la
connaissance des rapports qui existent entre elles, du
secours qu'elles se prêtent mutuellement, des principes dirigeants qu'on peut emprunter à chacune

d'elles. Voilà pourquoi à chaque art spécial correspond
un groupe particulier de sciences ; on dit : les sciences
médicales, les sciences politiques.

Ce que je veux d'ailleurs mettre en lumière, au
début de cette étude, c'est moins l'importance du sujet,
qui est assez évidente d'elle-même, que ses difficultés.
Pour définir le mot *rapport*, j'ai emprunté des exemples
aux sciences mathématiques ; mais combien la chose
est plus délicate lorsqu'il s'agit de sciences morales ?
Les sciences mathématiques, qu'on appelle aussi
exactes, c'est-à-dire achevées, parfaites, comportent
des définitions rigoureuses, des principes absolus, dont
on peut indéfiniment tirer des conséquences qui sont
toujours vraies, de sorte que les rapports s'y résu-
ment en des formules précises comme les notions
mêmes des choses. Il en est autrement dans les sciences
morales. On peut donner une définition rigoureuse
des diverses sciences exactes, sciences du nombre,
sciences de l'étendue, sciences des forces, et aussitôt
apparaissent nettement les rapports de subordination
qui les unissent, la nature du secours qu'elles se
prêtent. Quand on pose la question des rapports entre
le droit et l'économie politique, les personnes les plus
compétentes hésitent à répondre d'une manière catégorique. Il n'y a point là de ces rapports qui, suivant
l'expression vulgaire, sautent aux yeux, et on essaie-
rait en vain de les déduire des définitions comparées
des deux sciences : la multiplicité même de ces définitions montre assez qu'elles sont vagues et incomplètes,
qu'elles ne correspondent chacune qu'à quelque côté
particulier de la science. Que faut-il donc faire ? Procéder par voie de patiente analyse. Quand on veut con-

naître un objet, on le tourne et le retourne en tous sens ;
quand on veut comparer deux objets, il faut encore
plus les tourner et les retourner, mettre successivement chacune des faces de l'un en regard des faces
de l'autre, ce qui complique singulièrement l'opération.
C'est ce que j'ai dû faire. Dans chacun des chapitres
qui suivent je me suis placé à quelques points de vue
différents, et de cette variété d'aspects résultera, je
l'espère, une vue d'ensemble du sujet. Il faudra bien,
sans doute, arriver à une rapide synthèse, à des conclusions nettes et précises ; mais je me plais à penser
que les aperçus divers que j'aurai recueillis en chemin ne seront point la partie la moins intéressante de
ce travail ; ils en ont été le principal attrait pour moi.

Il n'est pas facile, et il peut paraître oiseux, d'expliquer en peu de mots ce que le lecteur trouvera dans un
livre et ce qu'il n'y trouvera pas. Je tiens néanmoins
à dire ce qu'il ne doit absolument pas s'attendre à
rencontrer dans celui-ci, car cela touche à la conception
même de l'œuvre, au plan et à la méthode suivis, choses
sur lesquelles il est utile d'être fixé dès le début. Ce
livre ne présentera donc pas un commentaire perpétuel
de notre législation appréciée au point de vue économique (3), ni une revue générale des principes de
l'économie politique avec l'indication des dispositions
législatives propres à en assurer le respect et le fonctionnement. Ce n'est point ici la simple juxta-position

(3) C'est un peu ce que j'ai essayé de faire dans mon *Droit
français*, que l'Académie a couronné en 1874. Le programme était
ainsi conçu : « Exposer avec la clarté nécessaire pour être compris
« par tous, les règles fondamentales du droit français ; montrer les
« rapports de ce droit avec les principes de la morale et avec l'uti-
« lité générale ; insister sur ce qui intéresse la famille, la propriété,
« le travail, la foi des contrats... »

de deux traités sommaires l'un de droit, l'autre d'économie politique, d'où résulterait bien moins une étude
approfondie de leurs rapports qu'une sorte de parallélisme purement matériel, un tableau synoptique. J'ai
pensé qu'il fallait aller droit au but, c'est-à-dire aux
principes, aux points de vue généraux, aux rapports
essentiels qui sont de nature à frapper l'esprit du
jurisconsulte économiste, du philosophe ; les dégager,
les mettre en lumière, faire les têtes de chapitres. Ces
considérations expliquent l'ordre et la distribution des
matières de ce travail. J'avais d'abord songé à le diviser en deux parties distinctes : *Les principes*; *les applications*. Quand j'ai mis la main à l'œuvre, il m'a paru
qu'il résulterait de là un ordre plus apparent que
réel ; que cette distinction, qui existait bien dans mon
esprit et que je ne devais jamais perdre de vue, ne
pouvait que difficilement se traduire en une division
matérielle, et qu'à chaque instant il faudrait expliquer
les principes par des applications ou des exemples
appropriés. Si tel ou tel chapitre peut donc être plus
spécialement consacré aux applications, c'est-à-dire à
l'examen critique de la législation, ces mêmes applications trouveront aussi place sous des rubriques
diverses (4). J'ai considéré comme la donnée fondamentale de ce travail la double distinction, d'une
part, entre la science économique et les pratiques
économiques diverses qui ont prévalu suivant les

(4) C'est ainsi que les chapitres XVII et XVI sont plus particulièrement consacrés à l'examen critique de la législation, des causes
générales d'où procèdent les erreurs législatives. Mais, dans le
chapitre VII, par exemple, à propos d'une question de principes
fondamentale, je suis amené à traiter des questions spéciales, des
questions de législation.

temps et les lieux; d'autre part, entre la science du droit et la législation. C'est la science, soit du droit, soit de l'économie politique qui est l'objet essentiel, direct de cette étude, de ces méditations : les faits plus ou moins contingents n'arrivent qu'en seconde ligne.

Les Grecs avaient symbolisé en une brillante image la solidarité qui unit tous les arts, toutes les manifestations de l'esprit de l'homme dans le domaine du beau : Le chœur éternel des Muses conduit par Apollon; Clio, la muse de l'histoire, y donne la main à Melpomène et à Calliope, à la tragédie et à l'épopée, qui ont été les premières formes du récit historique; et la céleste Uranie est bien la sœur de Polymnie, la muse de l'enthousiasme lyrique. La même solidarité règne dans le domaine scientifique; et ce n'est qu'une connaissance imparfaite ou superficielle qui peut nous faire croire à un antagonisme, là où il n'y a en réalité à constater que l'harmonie la plus complète. C'est à la Philosophie qu'il appartient de conduire ce nouveau chœur des muses de la science. Aussi, ai-je pu donner à mon livre cet autre titre : *Philosophie comparée du droit et de l'économie politique*, et c'est cette pensée qui m'a inspiré les paroles que j'ai mises au frontispice même de cet écrit.

Certaines questions supposent que la discussion s'engage entre personnes suffisamment versées tant dans la science économique que dans la science du droit et la connaissance de la législature. D'autre part, je voudrais que cet écrit pût être utile à des lecteurs qui, sans être précisément jurisconsultes ou économistes, n'ayant sur ces deux sciences que des notions générales, ont cependant besoin d'être éclairés sur leurs rapports. Il ne s'agit point, en effet, ici d'une simple curiosité scientifique, mais d'un intérêt pratique considérable. Dans un pays où tous les citoyens participent plus ou moins directement à l'exercice de la puissance publique ; où ceux qui semblaient y être le moins préparés peuvent être subitement appelés à concourir à la confection des lois, il est bon que tout le monde sache un peu ce que c'est que le droit et l'économie politique, ce que ces deux sciences sont l'une par rapport à l'autre, et, par conséquent, quelles sont les limites de l'intervention de l'État dans l'ordre économique, intervention qui se produit par des actes législatifs (5). Que les plus savants me pardonnent donc quelques explications qui pourraient leur paraître superflues ; que les moins savants ne s'effrayent pas trop de quelques notions techniques que je m'efforcerai d'ailleurs de présenter dans le langage le plus simple.

J'ai dit qu'on ne trouverait point dans ce livre une exposition dogmatique des principes de l'une ou de l'autre science, un traité de droit et un traité d'économie politique. Je ne crois pas néanmoins pouvoir entrer en matière autrement que par un examen rigoureux des notions d'économie politique et de droit. S'il est toujours bon de s'entendre sur les choses dont on parle, cela est encore plus indispensable quand on se propose d'établir entre elles une comparaison, un parallèle. En vue de cette étude comparée, il faut

(5) On voit qu'il y a un rapport étroit entre la question qui fait l'objet de cette étude, et la question mise prudemment au concours par l'Académie : *du Rôle de l'État dans l'ordre économique*. — Voir mon livre, *du Rôle de l'État dans l'ordre économique, ou Économie politique et socialisme*, que l'Académie a couronné.

partir de notions d'une rectitude spéciale, user de distinctions plus délicates. Et, qu'on le remarque bien,
il ne s'agit pas seulement de s'entendre sur le fond des
choses, mais encore de fixer la terminologie. Combien
de discussions ne peuvent aboutir uniquement parce
que les adversaires ne parlent pas la même langue!
À côté des fausses notions à redresser, que de confu-
sions étranges à prévenir, de malentendus à dissiper!
En cette matière surtout, il est vrai de dire que, si une
langue bien faite n'est pas toute la science, elle en est
un bon commencement.

En repassant dans mon esprit les controverses, quelquefois passionnées, qui se sont élevées entre économistes et jurisconsultes sur les rapports du droit avec
l'économie politique, il m'a semblé que deux conditions
étaient avant tout requises pour écrire un livre comme
celui-ci : une connaissance assez étendue des deux
sciences qui en sont l'objet, et une sorte de respect
égal, un égal amour de l'une et de l'autre. Je n'oserais
dire que je remplis la première de ces conditions ;
mais je n'hésite pas à affirmer ma compétence en ce
qui concerne la seconde, à savoir le sentiment de justice et de bienveillance que j'apporterai dans toutes
mes appréciations, en tant qu'il s'agira de certains
rapports plus ou moins réels de prééminence et de subordination entre le droit et l'économie politique, deux
sciences qui se sont partagé ma vie, et dont je puis
dire, comme le poète l'a dit des Muses :

Quarum sacra fero ingenti percussus amore.

# CHAPITRE DEUXIÈME

L'économie politique ; ce qu'elle est et ce qu'elle n'est pas. — Confusion erronée de l'économie politique avec la statistique et avec la technologie industrielle. — Les faits économiques et les doctrines scientifiques. — L'économie politique *naturelle* et l'économie politique chimérique. — Distinction entre l'idéal scientifique et les chimères socialistes — La science et l'art en économie politique.

Une science se caractérise, se distingue des autres par la nature des phénomènes qu'elle constate, coordonne, étudie, et dont elle recherche les lois, c'est-à-dire l'explication, les rapports de causalité et de conséquence. Les phénomènes physiques et les phénomènes chimiques ont des caractères différents ; les lois physiques, comme la pesanteur, diffèrent des lois chimiques qui président aux combinaisons des corps. Les phénomènes économiques sont le travail, la division du travail, l'appropriation des biens, l'échange, l'emploi de la monnaie, la valeur et les prix, le crédit, les divers modes de consommation des biens, l'épargne et la formation du capital. Tous ces phénomènes ont un caractère commun en ce qu'ils se rapportent à un même objet, la richesse, c'est-à-dire à l'ensemble des choses nécessaires à la satisfaction de nos besoins, à leur production, à leur répartition, à leur consommation. L'économie politique coordonne ces phénomènes et en fait voir l'enchaînement : la division du travail rend le travail plus fécond ; elle impose l'échange ; l'échange est rendu plus facile par l'intervention de la monnaie ; le crédit supplée à la monnaie.

Le nom par lequel on désigne une science, les courtes définitions qu'on essaie d'en donner, ne sauraient déterminer exactement son domaine, indiquer les limites qui la séparent de telle autre science. Il faut, pour cela, avoir sommairement parcouru ce domaine et reconnu ces limites. Alors seulement on comprend qu'on ait pu définir l'économie politique : La science qui a pour objet la production, la répartition, la circulation et la consommation de la richesse. On a dit plus brièvement : la science de la richesse. Enfin, à raison de l'étroite corrélation qui existe entre les grands phénomènes économiques, on a pu s'attacher plus spécialement à quelqu'un d'entre eux, et dire que l'économie politique est la science du travail, ou la science de l'échange, ou bien encore la science de la valeur.

Je ne fais pas difficulté de reconnaître que toutes ces définitions sont incomplètes et ne donnent qu'une idée fort imparfaite de la science à celui qui ne la possède pas. Mais on ne peut voir que le plus étrange abus de langage dans cette assertion d'un écrivain qui, après avoir très inexactement défini l'économie politique, et voulant dire ce qu'elle n'est pas, s'exprime ainsi : « On définit généralement l'économie politique « la science qui décrit comment la richesse se produit, « se répartit et se consomme ; cette définition est com- « plètement inexacte (1). » On pourrait, à la rigueur, ne voir là qu'une critique trop sévère, une boutade ;

(1) Emile de Laveleye, *Éléments d'économie politique*, livre I, chap. I et II, p. 4. Dans les deux paragraphes de ce chapitre, l'auteur

mais voici où éclate la conception absolument erronée
de l'auteur : « Ce sont les manuels industriels et les
« traités d'agriculture qui décrivent comment la ri-
« chesse se produit ; la statistique, comment elle se
« répartit, et la description de la manière de vivre des
« différents peuples, comment elle se consomme. »
Examinons séparément chacune de ces assertions.

Ce sont, dites-vous, les manuels industriels et les
traités d'agriculture qui décrivent comment la richesse
se produit? Ces manuels décrivent les procédés en usage
pour la fabrication du fer, de l'acier, du fil, de la toile ;
les procédés de culture employés pour faire produire
à la terre des céréales, des légumes, des fruits, des
arbres, des fleurs. Il y a autant de traités que d'industries différentes, et on peut dire que chaque plante
a son manuel. L'ensemble des procédés décrits dans
ces milliers de manuels ne constituent pas la science
économique, mais la technologie. L'économie politique s'occupe aussi de la production, mais d'une
autre manière, en se plaçant à un point de vue élevé
qui lui permet d'en signaler les conditions générales en
même temps que les caractères distinctifs de chaque

a voulu donner une notion exacte de la science économique par
une double formule, en disant ce qu'elle est et ce qu'elle n'est
pas. Je me borne à établir ici qu'il s'est trompé en disant ce
qu'elle n'est pas ; je montrerai au chapitre V, qu'il n'est pas tombé
dans une moins regrettable erreur quand il a essayé de dire ce
qu'elle est. — M. Courcelle-Seneuil a porté sur le livre de M. de
Laveleye un jugement dans lequel la plus extrême bienveillance
s'allie justement avec le respect dû à la vérité : « Voici un livre
« agréable à lire, plein de maximes excellentes très bien for-
« mulées en un style charmant, auquel on ne peut reprocher
« qu'un défaut, c'est de porter un titre qui ne lui appartient pas.
« On y rencontre bien des choses; mais ce qu'on ne saurait y
« trouver, c'est une exposition des éléments de la science. »
(*Journal des Économistes*, février 1863, p. 325.)

branche de l'industrie. Elle constate que toute production suppose le concours des agents naturels, du travail et du capital. Elle analyse les notions de *production, de travail, de capital*, à propos desquelles tant de théories erronées ont été mises en avant. Elle montre comment la puissance des facteurs de la richesse s'accroît par divers arrangements sociaux ou d'atelier. Aux vues étroites et égoïstes de chaque producteur elle oppose la solidarité de tous les producteurs et de tous les consommateurs. On peut être un grand économiste sans être capable d'exercer aucun métier ou de diriger avec succès une usine. En raisonnant comme le fait notre auteur, que répondrait-on à cette question : Qu'est-ce que la science du langage? On dirait: c'est la connaissance des diverses langues. Il n'en est rien. Un individu pourrait parler plusieurs langues qu'il aurait apprises grâce à une aptitude spéciale, et ne pas connaître la science des langues, la philosophie du langage. Pareillement, que répondrait-on à cette question : qu'est-ce qu'un musicien? On dirait : C'est celui qui joue des divers instruments. Mais chacun sait qu'on peut être un grand musicien sans jouer d'aucun instrument, sans connaître le mécanisme particulier à chacun d'eux.

On dit que c'est la statistique qui décrit comment la richesse se répartit. Il y a là une confusion évidente. « La statistique tend à exposer la situation politique, « économique et sociale d'une nation ou, en général, « d'un groupe de populations : aussi lui a-t-on donné, « à ce point de vue, le nom de démographie (2). »

----

(2) Maurice Block, *Traité théorique et pratique de statistique*, page 84.

Elle est une science auxiliaire de l'économie politique,
comme la statistique médicale est un auxiliaire de la
médecine. La statistique est en effet une méthode
d'observation au service de différentes sciences. L'économie politique ne se borne pas à dire comment la
richesse *est répartie,* mais comment, par quels procédés, elle se trouve ainsi répartie. Elle étudie les
modes de répartition, et signale les avantages et les
vices de chacun d'eux : liberté des conventions et
propriété individuelle ou communisme.

On nous dit enfin que, à propos de consommation,
il s'agit uniquement de décrire la manière de vivre des
différents peuples. Cela n'est pas sérieux. L'économie politique s'attache à caractériser les divers modes
de consommation ou emploi de la richesse, et à montrer
l'influence qu'ils ont sur la condition économique des
personnes et sur la prospérité générale : consom-
mations reproductives ou improductives, épargne et
capitalisation, luxe, prodigalité, avarice, charité privée et charité publique, dépenses privées, et dépenses
publiques alimentées par l'impôt ou par l'emprunt.

L'auteur tombe encore dans la confusion que je
viens de signaler entre l'économie politique et la
technologie, lorsqu'il ajoute : « L'économie politique
« n'est pas, comme on le répète souvent, la science
« du travail. La science du travail, c'est la technologie.
« L'économie politique ne nous apprend pas comment
« il faut cultiver la terre, exploiter les mines ou faire
« du pain ; or ceci est proprement la science du tra-
« vail. » J'ai suffisamment répondu à cette assertion
erronée.

L'économie politique est une science ; mais on dit

quelquefois : l'économie politique de tel pays, de telle
époque, et on a écrit des livres bien connus sous ce
titres : *Économique politique des Athéniens, Économie
politique des Romains, Économie politique au moyen
âge.* On entend alors par économie politique les systèmes économiques, les arrangements sociaux relatifs à la production et à la répartition de la richesse,
qui ont prévalu dans ces temps et dans ces pays, et
dont les traits caractéristiques ont été, tour à tour
l'esclavage, le servage, la liberté du travail ou le régime
des corporations, le libre échange ou la prohibition.
Ces divers états économiques ont eu leur théoriciens :
Aristote a fait la théorie de l'esclavage; d'autres ont
fait la théorie du système mercantile et de la prohibition. Y a-t-il donc autant de sciences économiques
différentes qu'il y a de pratiques économiques ou de
théories différentes sur la production et la répartition
de la richesse ? Non, la science est une, en ce sens
qu'elle recherche le meilleur entre tous ces systèmes, celui qui est le plus conforme à la nature de
l'homme (3), au but qui doit être assigné à l'industrie
humaine, aux conditions générales dans lesquelles elle
doit s'exercer ; elle montre les vices et les dangers
des pratiques qui ont pu prévaloir à certaines époques,

(3) Quand on raisonne sur l'économie politique, on ne songe pas
à l'économie politique d'une horde nomade, d'une tribu patriarcale, d'un pays où tout est réglé par l'autorité, pas plus que lorsqu'on étudie l'intelligence humaine et ses facultés, on n'a en vue
un enfant chez lequel cette intelligence n'est pas formée, un
vieillard chez lequel elle est éteinte, ou un fou, mais bien un
homme sain d'esprit ; ce qui n'empêchera pas d'étudier cette
même intelligence dans les divers états d'affaiblissement ou de
perturbation. C'est ainsi que, après l'anatomie et la physiologie qui
étudient le corps humain dans son état normal, l'état de santé,
vient la pathologie qui l'étudie dans l'état morbide.

3

et, tout en expliquant (4) ce qui a été, elle enseigne ce qui doit être. La science vise donc un certain idéal économique qui serait le plus conforme à la nature de l'homme et à la nature des choses telles que nous les concevons, idéal économique dont les arrangements sociaux, actuellement en vigueur, ne sont jamais qu'une réalisation plus ou moins imparfaite, et cela, par la double raison que la science elle-même est imparfaite, quant à la connaissance absolue des rapports qui dérivent de la nature des choses, et que, cette connaissance fût-elle parfaite, ce ne serait point encore suffisant pour que les hommes y conforment leur conduite, soit par ignorance, soit par mauvais vouloir.

Mais cette économie politique idéale ou *naturelle* (5), que j'appelle ainsi parce qu'elle est conforme à la vraie notion, à la vraie nature des choses, telles qu'elles nous sont révélées par la raison et par l'expérience, n'a rien de commun avec une économie politique chimérique qui, tout au contraire, méconnaissant la vraie nature de l'homme, ses sentiments, ses instincts les plus profonds, rêve une société dans laquelle, grâce à des arrangements non encore éprouvés, les générations futures jouiront d'un bonheur sans mélange. Cette économie politique

(4) Je n'ai pas besoin de faire remarquer que autre chose es expliquer *in præteritum*, autre chose justifier *in præsens* ou *in futurum*.

(5) Le lecteur appréciera mieux la portée de cette terminologie lorsque, dans le chapitre suivant, je l'aurai appliquée au droit, lorsque j'aurai établi la vraie notion du droit, du droit naturel ou idéal. Le fond de toute science morale ou sociale n'est-il pas, d'ailleurs, un idéal dans le sens restreint et raisonnable que je donne à ce mot? L'idéal n'est pas le chimérique.

chimérique, c'est le socialisme proprement dit, l'utopie (6).

L'économie politique est donc une science, et nous en connaissons l'objet; elle n'est pas un art (7). Il ne faut pourtant pas abuser de cette formule, de cette opposition, et c'est ce qu'on fait, quand on va jusqu'à dénier à l'économie politique tout but pratique (8). Sans doute l'économie politique est, avant tout, une science d'observation; mais elle tire de là des conclusions pratiques pour la conduite de la vie, et c'est en cela qu'elle est une science morale.

Elle n'est pas seulement une sorte d'anatomie et de physiologie du corps social; elle est aussi l'hygiène et la thérapeutique, par exemple, lorsqu'elle recherche les caractères des crises commerciales; en indique les causes, les moyens de les prévenir, et d'en atténuer les effets dans une certaine mesure, et, dans tous les cas,

(6) Dans le chapitre XX j'examinerai les rapports du socialisme à la fois avec l'économie politique et avec le droit.

(7) C'est tout le contraire, suivant M. de Laveleye : « l'éco-« nomie politique, dit-il, ne peut être une science, car son objet « n'est autre que les manifestations des volontés d'un être libre « et perfectible. » On n'en est plus à réfuter de pareils arguments. L'économie politique n'est plus qu'un art; et quel art !... un ensemble de procédés empiriques. — Voir au chapitre V ci-après (*Conf. des lois naturelles et l'objet de l'économie politique*, par E. de Laveleye, *Journal des Economistes*, avril 1883, p. 102).

(8) Ainsi s'exprime M. A. B. Cherbuliez, *Précis de la science économique.* — Cette inertie, qu'on semble rêver pour l'économie politique, a été formulée en termes singuliers par M. Rivet: *Des rapports du droit et de la législation avec l'économie politique*, page 47, note 1 : « Les mots malheureux de distribution des richesses, « consacrés depuis Adam Smith, ont fait la moitié du socialisme « moderne, en impliquant un chimérique pouvoir de répara-« tion. L'économie politique ne distribue quoi que ce soit. » Nous retrouverons la suite de ce curieux passage, chapitre XV, note 2.

empêche d'appliquer des remèdes pires que le mal.
Voilà ce qu'on peut appeler l'art économique. Il consiste à faire prévaloir dans l'industrie humaine, dans la
société, les arrangements les plus favorables à une
production abondante, à une juste répartition, à une
sage consommation de la richesse. Pour cela il faut
se conformer aux enseignements de la science économique qui, à l'exemple des sciences naturelles, a pour
principal objet de découvrir la vérité derrière de trompeuses apparences. Quelles sont les résistances qui
s'opposent à ce triomphe de la vérité économique, et
comment peut-on arriver à les vaincre? Le lecteur
verra que c'est là une des plus graves questions que
nous aurons à examiner dans la suite de ce travail; car
aucune n'est plus propre à mettre en lumière les
rapports de l'économie politique avec la science du
droit et avec la législation.

# CHAPITRE TROISIÈME

Le droit. — Objet de la science du droit. — Distinction entre la
science du droit, droit naturel ou idéal et le droit positif ou
législation. — Analogie de la science du droit avec la mécanique.
— Différentes conceptions du droit naturel ou idéal. — Que la
distinction entre le droit et la législation est fondamentale dans
la question ici traitée. — La science et l'art en matière de droit
et de législation. — La technique juridique.

Quand on dit d'une loi qu'*elle est mauvaise*, cela
peut signifier, ou qu'elle est mauvaise dans son principe, c'est-à-dire que la prescription fondamentale
qu'elle renferme, le but que s'est proposé le législateur, sont contraires à la justice, ou bien simplement que cette loi est mal faite, c'est-à-dire que le
législateur a mal formulé le principe de la loi; que les
dispositions secondaires qui organisent l'application
du principe sont imparfaitement conçues, mal coordonnées, soit entre elles, soit avec d'autres parties de
la législation. Ainsi ces jugements, que nous portons
sur une disposition législative : cette loi est mauvaise,
cette loi est mal faite, attestent à la fois la réalité d'une
science et d'un art, de la science du droit et de l'art
législatif.

Quel est l'objet de la science du droit? Les sciences
sociales ont pour objet la connaissance des rapports
qui doivent exister entre les hommes vivant en
société, pour qu'ils retirent de cet état social le plus
d'avantages possibles, avantages matériels et intellec-
tuels. La morale a pour objet la connaissance des
vertus dont la pratique assurerait aux hommes la plus

grande somme de bonheur (1). Mais une pareille société, dont tous les membres pratiqueraient la pure
morale, est un idéal sur la réalisation duquel on ne
saurait raisonnablement compter. Il faut cependant
que la société subsiste, car les hommes sont faits pour
vivre en société, et la société ne pourrait subsister
si les hommes ne voulaient accepter aucune règle
de leurs actions : ce serait la lutte, le règne de la
violence, le chaos, la négation même de la vie sociale. On s'est donc appliqué à rechercher les conditions nécessaires, indispensables, de l'harmonie sociale, en quelque sorte un minimum de vertu auquel
les hommes devraient se soumettre. On a recherché
les limites dans lesquelles chacun pourrait donner un
libre cours à son activité, sans porter atteinte à la
liberté d'autrui. On a tracé ainsi les limites entre le
juste et l'injuste, c'est-à-dire, entre ce que chacun a le
droit de faire et ce qu'il n'a pas le droit de faire. On
a, par exemple, reconnu, que la société ne pourrait
subsister si les citoyens croyaient pouvoir librement
porter atteinte à la propriété, à la vie, à l'honneur,
les uns des autres ; s'ils n'exécutaient pas les contrats
librement consentis et ayant un objet licite ; si chacun
ne voulait pas supporter, en raison de ses facultés,
les charges que le maintien de la société impose à
ses membres. La science du droit est donc la science
du juste et de l'injuste, la connaissance d'un certain
ordre de lois, en prenant ce mot dans le sens élevé et
général de rapports nécessaires qui dérivent des

(1) Channing a dit avec raison que si les hommes étaient moralement parfaits, ils seraient aussi, matériellement, parfaitement
heureux.

choses. La nature des choses, c'est ici la vie en société
d'êtres intelligents et libres faits pour vivre en société;
la nécessité de mettre la liberté de chacun en harmonie avec la liberté de tous.

On comprend que les hommes aient des opinions
différentes sur cette matière, sur la distinction entre le
juste et l'injuste, sur le droit, en un mot, et qu'il en
résulte des systèmes juridiques différents comme il
y a des systèmes philosophiques différents et des
théories économiques diverses. Mais la société ne
saurait être régie par des systèmes philosophiques
plus ou moins divergents; il a donc fallu qu'une autorité supérieure proclamât et sanctionnât les principes
reconnus par la science du droit comme les fondements
de l'ordre social, comme la règle des rapports sociaux.
L'ensemble de ces prescriptions constitue le *droit positif* ou la *législation*, législation qui n'est jamais qu'une
expression imparfaite du droit, par la double raison :
1° que la science du droit n'est pas parfaite, achevée,
et que le législateur ne fait qu'appliquer un système
juridique qu'il a cru, peut-être à tort, être le moins
imparfait; 2° parce que, en supposant que le législateur fût en possession de la vérité sur les principes
du droit, il lui resterait encore une œuvre des plus dif-
ficiles à accomplir; formuler ces principes en termes
nets et précis, et en organiser l'application.

On oppose donc au droit positif, à la législation, de
tel ou tel peuple, un droit parfait, idéal, qui constitue la
pure science du juste et de l'injuste et qu'on appelle
quelquefois *droit naturel* (2), parce qu'il serait en effet

(2) Personne ne songe plus aujourd'hui à un droit naturel qui
serait le droit des hommes vivant à l'état de nature antérieur à

plus conforme à la nature des choses, telle que je l'ai définie ci-dessus. Les différentes législations positives ne sont donc que des essais progressifs de la réalisation des principes supérieurs dont la recherche est l'objet de la science du droit.

J'ai supposé que le droit positif est l'œuvre d'un législateur investi à cet effet du pouvoir législatif par une délégation expresse ou tacite de la société, et nous nous représentons ce droit positif comme gravé sur les tables de la loi ou écrit dans un code, d'où l'expression de *droit écrit*. Mais dès que les hommes se trouvent en société, si rudimentaire qu'elle soit, ils éprouvent le besoin d'avoir une règle de leurs rapports; il s'établit un *modus vivendi* fondé sur l'habitude, les mœurs, la coutume, un droit coutumier. Le droit positif est donc écrit, ou non écrit, c'est-à-dire coutumier (3).

Si l'on considère que l'homme est la plus active et la plus multiple de toutes les forces, et que la société

l'état social fondé par le contrat social, attendu que la vraie nature de l'homme est de vivre en société, et que cet état de nature, si on pouvait le concevoir, serait l'absence de tout droit autre que le droit du plus fort. — M. Courcelle-Seneuil (Des principes du droit, *Journal des Economistes*, août 1866, p. 161-180) n'est pas favorable à l'idée de droit naturel, et il insiste notamment sur ce que la propriété se fonde, non pas sur ce prétendu droit naturel, mais sur l'utilité sociale (p. 177). Mais un peu plus loin (p. 179), il conclut ainsi : « Maintenant, il est certain qu'il y a un idéal « de gouvernement comme il y a un idéal de droit. » Je n'en demande pas davantage, et voilà le droit naturel.

(3) C'est l'autorité de laquelle émane le droit positif, et non le fait matériel de l'écriture qui est la base de cette distinction. Un législateur pourrait se borner à faire publier à son de trompe la loi qu'il a édictée, et ce serait encore ce qu'on est convenu d'appeler droit écrit. D'autre part, la rédaction par écrit d'une coutume, si elle n'émane pas du législateur, ne change pas son caractère de droit coutumier.

nous présente le spectacle d'une multitude de ces forces *entre* lesquelles doit se produire un antagonisme inéluctable, on sera frappé de l'analogie qui existe entre la science du droit et la mécanique. Mais tandis que la mécanique est une science exacte qui aboutit à des formules rigoureuses, le droit est une science morale, et la recherche des lois de l'équilibre et du mouvement coordonné de tant de forces intelligentes et libres, le grand problème social, est une œuvre autrement complexe et délicate. On peut poursuivre cette analogie. Comme on distingue une mécanique rationnelle dans laquelle on fait abstraction des résistances et des frottements résultant des circonstances particulières dans lesquelles agissent les forces, et une mécanique appliquée où l'on en tient compte; de même on peut distinguer un droit purement idéal ou rationnel et un droit appliqué dans lequel on tient compte du milieu social en vue duquel il est conçu. Aussi, bien que j'aie opposé une science du droit unique, droit naturel ou idéal, aux différentes législations écrites ou coutumières, on peut dire qu'il y a plus d'un idéal du droit (4) que le législateur s'efforce de réaliser; ce qui se réduit d'ailleurs à combiner dans des proportions différentes le principe de liberté et le principe d'autorité en vue du maintien de l'ordre social. C'est, en d'autres termes, la question du progrès dans les sciences sociales, et cette perfectibilité, qui leur est inhérente, ne leur fait nullement perdre le caractère de sciences pour les transformer en aveugle empirisme.

(4) C'est ce qui sera plus amplement développé dans les chapitres X et XI.

J'ai indiqué d'une façon générale, en quoi le droit diffère de la morale. Une distinction analogue doit être maintenue entre le droit et ce vague sentiment du juste qu'on désigne sous le nom d'équité. Il ne s'agit pas là d'une opposition, mais d'une délimitation. La science du juste et de l'injuste a précisément pour objet de rechercher et de déterminer quels principes de morale et d'équité doivent être convertis en règles de droit, c'est-à-dire doivent être considérés comme indispensables au maintien de l'harmonie sociale. L'équité va au delà du droit, et la morale au delà de l'équité (5).

La distinction entre la science du droit et la législation, entre le droit naturel et le droit positif est fondamentale. Dès qu'on la perd de vue, il n'y a plus moyen de s'entendre dans l'examen des questions que soulèvent les rapports de l'économie politique avec le droit (6). J'en ai déjà donné la preuve au début de ce chapitre. Une loi, une disposition législative, peut être déclarée mauvaise à la fois par l'économiste, comme contraire aux principes de l'économie politique, et par le jurisconsulte, comme contraire aux principes de la

(5) Voir le chapitre XXI.

(6) Dans un article, plein d'ailleurs de vues excellentes (Situation et perspectives de l'économie politique), *Journal des Économistes*, septembre 1877, p. 327), M. Courcelle-Seneuil a écrit : « L'économie politique est une science au service des *trois* « branches de l'art social, politique, droit *ou* législation, et « morale. » Il y a là, à mon sens, une double inexactitude : la science du droit est confondue avec la législation ; en outre, le droit n'est pas un art, mais bien une science, au même titre que l'économie politique. J'en dirai autant de la morale. Je reviendrai sur tout cela, notamment dans le chapitre XXI, consacré à un rapide essai de synthèse des sciences morales.

science du droit. Voilà bien où éclate la distinction entre le droit et la législation.

Le droit est une science et non un art; mais je ferai ici une remarque analogue à celle que j'ai faite, dans le chapitre précédent, à propos de l'économie politique. La distinction entre la science et l'art, distinction qui se tire principalement de ce que l'une se caractérise par son objet, l'autre par son but, ne doit pas s'entendre, si rigoureusement qu'on fasse, dans la science, abstraction de tout but pratique. La morale tend à faire des hommes vertueux; le droit, à faire des hommes justes; comme l'économie tend à les éclairer dans l'acquisition et le bon emploi des richesses.

Le droit est affaire d'art à un autre point de vue. Les sciences naturelles découvrent des lois dont les arts utiles font des applications dans les diverses branches de l'industrie humaine, ce qui constitue la technologie industrielle. Il y a pareillement une sorte de technologie ou de technique juridique. La science du droit ne se borne pas, comme une pure doctrine philosophique, à proclamer quelques grands principes sur la distinction entre le juste et l'injuste; il faut tirer de ces principes assez de conséquences, et assez de règles précises pour qu'elles soient susceptibles d'une application immédiate dans la pratique de la vie, tout en évitant de tomber dans une vaine casuistique. Le droit n'est pas un simple recueil de préceptes; c'est une construction scientifique, un organisme dont toutes les parties sont si étroitement liées que la connaissance de quelques-unes d'entre elles fait deviner le reste.

Si le droit, en tant que construction scientifique,

est à la fois affaire de science et d'art, cela est bien autrement vrai de la législation qui est, à proprement parler, l'art de faire les lois, art qui suppose la connaissance de toutes les sciences morales et politiques, et c'est précisément à ce moment que se pose, d'une façon toute pratique, la question des rapports entre le droit et l'économie politique.

# CHAPITRE QUATRIÈME

Rapports généraux entre le droit et l'économie politique. — Comment les deux sciences se construisent par le même procédé et en partant des mêmes faits primordiaux : l'instinct de la sociabilité et la liberté humaine. — Tout le droit gravite autour de l'économie politique.

Avant même de pénétrer dans les détails de leur organisme, et d'après une simple vue synthétique de leurs domaines respectifs, on est tout d'abord frappé des liens étroits qui unissent l'économie politique et le droit. Ce sont deux sciences morales, ainsi appelées, par opposition avec les science mathématiques et physiques, parce qu'elles considèrent l'homme comme être intelligent et libre, et lui enseignent à faire un bon usage de son intelligence et de sa liberté. Ce sont des sciences sociales ou politiques, parce qu'elles s'occupent des hommes vivant en société et que le fondement même de ces deux sciences est que l'homme est fait pour vivre en société. On a dit que la *science n'est autre chose que la réflexion appliquée aux notions du simple bon sens*, ce qui signifie, qu'au debut de toute science on rencontre un fait primordial, une notion élémentaire qui est le point de départ, la base sur laquelle l'observation et la réflexion élèvent peu à peu l'édifice entier de la science, en constatant des faits et des rapports nouveaux qui s'enchaînent étroitement les uns aux autres. C'est par ce procédé que se construisent les sciences du droit et de l'économie politique, et nous allons voir qu'elles ont le même point de départ, qu'elles se déroulent parallèlement l'une à l'autre, et qu'elles tendent au même but, production, répartition et usage de la richesse (1).

Le fait primordial commun est celui-ci. L'état social est un fait nécessaire ; les hommes vivent et sont faits pour vivre en société. Qu'on se pose là-dessus ces deux questions qui se présentent tout naturellement à l'esprit : pourquoi les hommes vivent-ils en société ? quelles sont les conditions de la vie en société ? et on verra l'économie politique et le droit en sortir forcément.

Pourquoi les hommes vivent-ils en société ? Parce que là seulement ils trouvent le moyen de satisfaire largement leurs besoins avec le moins de travail possible. Quelle est en effet la signification économique de la société ? C'est la coopération sous sa forme la plus parfaite, la division du travail, laquelle entraîne l'échange, qui est l'expression la plus complète de la sociabilité humaine (2). Nous savons comment, en par-

(1) Je mets ici en relief les principaux traits communs au droit et à l'économie politique ; dans les chapitres suivants j'établirai les distinctions fondamentales entre les deux sciences et montrerai en quel sens chacune d'elles va au delà de l'autre.

(2) Dans son *Traité théorique et pratique d'économie politique*, tome II, appendice, page 375, M. Courcelle-Seneuil loue J. Stuart Mill d'avoir été « le premier qui se soit aperçu que l'é- « change n'est pas un phénomène primitif et nécessaire, mais seu- « lement relatif à un certain ordre de distribution, vérité impor- « tante de laquelle il résulte directement que la valeur n'est pas « une propriété naturelle et nécessaire des objets désignés sous le « nom de richesses. » Je reviendrai, dans le chapitre VI, sur cette question de la valeur. En ce qui concerne l'échange, est-il vrai que l'économie politique ne doive pas le considérer comme un phénomène primitif et nécessaire, parce qu'on peut concevoir un état social dans lequel la distribution de la richesse se ferait exclusivement par l'autorité ? Le savant économiste que je viens de citer m'autorise à penser le contraire. Voici en effet comment

tant de là, on est conduit, par une association étroite
des idées, à passer en revue tous les phénomènes, toutes
les notions économiques : besoins, utilité, travail, division du travail, échange, valeur, monnaie, prix, crédit.

Quelles sont les conditions de la vie en société?
C'est à la science du droit de répondre. Si l'état social
est un fait nécessaire, immédiatement se présentent à
l'esprit les idées de droit et de devoir, de juste et
d'injuste, de règle, de loi, de sanction, et, de déduction en déduction, on arrive à édifier toute la science
du droit : droit public, droit privé, droit pénal, procédure, organisation judiciaire et compétence.

C'est la connaissance des intérêts économiques qui
donne la pleine intelligence du droit, et on peut dire
que tout le droit gravite autour de l'économie politique. Pour se procurer les moyens de satisfaire leurs
besoins avec le moins de travail possible, les hommes
associent leurs efforts; ils comptent les uns sur les
autres, en vertu d'un accord tacite, comme cela a lieu
entre les différents peuples et les différentes industries,
ou en vertu d'un accord exprès, comme on le voit dans

il s'exprime, tome I, p. 240 : « Il semble paradoxal, au premier
« abord, de dire que, dans l'état de distribution par autorité, il n'y
« a point de lois fixes, tandis qu'on en reconnaît de constantes et
« uniformes sous l'empire de la liberté. » Ne résulte-t-il pas de
là que le premier mode de distribution ne peut être que l'objet
d'un art administratif plus ou moins perfectionné, tandis que le
second seul est l'objet d'une science, de l'économie politique, la
science de l'*ordre naturel dans les sociétés humaines*, opposition que
M. Courcelle-Seneuil fait si bien ressortir dans son *Introduction*,
tome I, pages 2 et 3. D'ailleurs, s'il est vrai que dans une société où
la distribution de la richesse se ferait exclusivement par voie
d'autorité, la notion de valeur disparaît en même temps que celle
d'échange et d'industrie commerciale, il n'en est pas moins vrai
que la division du travail subsiste et qu'il y a encore en ce sens un
échange de services.

chaque entreprise industrielle particulière où le propriétaire foncier, le capitaliste, l'ouvrier, l'entrepreneur, concourent à la fabrication d'un même produit.
Les hommes se rendent des services mutuels, services
industriels qui s'incorporent aux choses qu'on extrait
de la terre, transforme et transporte ; ou services
non industriels, qui s'incorporent aux personnes dont
ils accroissent la force morale, intellectuelle ou physique. Or, quel est le prélude de tous ces échanges de
services? Un accord sur les conditions dans lesquelles
il interviendra, sur la rémunération de ces services,
c'est-à-dire une convention, un contrat : contrats de
louage, louage de choses et de services, prêt, société,
mandat, dépôt, contrats de garantie, cautionnement,
nantissement, hypothèque. Mais le contrat c'est presque
toute la matière du droit. Là où vous n'apercevez pas
un contrat proprement dit, il y a un quasi-contrat,
une obligation directement imposée par la loi. Le
tuteur est un mandataire légal. A côté du mariage,
de l'union des personnes, il y a un contrat qui règle la
question des intérêts pécuniaires. Les contrats, en un
mot, ne sont que les arrangements que les hommes
font entre eux en vue de la production, de la répartition et de l'usage de la richesse (3). Je viens de le
montrer en matière de production et de répartition,
et la chose n'est pas moins évidente en matière de
consommation. Sous le régime de la division du travail,
alors que chaque producteur ne consomme qu'une

---

(3) C'est ainsi que dans mon *Droit français*, deuxième partie,
section VIII, j'ai pris le point de vue économique comme base de
ma division des contrats. Voir aussi mon *Cours analytique d'économie politique*, chapitre VI, sur la distinction entre les contrats
suivants, qu'ils aient ou non un caractère économique.

faible partie des objets qu'il produit, l'échange, ou, pour mieux dire, la vente-achat est le prélude obligé de toute consommation personnelle. S'agit-il de consommation reproductive, d'épargne, c'est alors le contrat de crédit qui apparaît sous ses différentes formes, et on retombe d'ailleurs dans la théorie de la production.

Ce qu'il importe surtout de mettre en lumière, c'est que le droit et l'économie politique sont également fondés sur la liberté humaine. Dans une société dont les membres ne jouiraient d'aucune liberté civile ou politique, il n'y aurait point de place pour le droit. Un pareil état social peut être volontairement accepté, comme dans le régime patriarcal, ou imposé par un pouvoir tyrannique. Dans un pareil régime, il n'y a d'autre règle de conduite que la volonté du souverain, dont on peut seulement espérer qu'il n'abusera pas d'un pouvoir sans bornes, qu'il sera bon, humain ; mais, en somme, les individus vivent dans l'incertitude de leurs véritables rapports soit entre eux, soit à l'égard du souverain ; on ne saurait les convier à méditer sur les principes du droit, sur la science du juste et de l'injuste. On peut seulement adresser au souverain des conseils sur la meilleure manière de gouverner le troupeau confié à sa garde (4).

Dans un pareil état social, dont la tribu patriarcale

---

(4) Il va sans dire que, hors du régime patriarcal proprement dit, cet état ne s'est jamais complètement réalisé. A défaut de liberté politique, il y a toujours eu un droit civil écrit ou coutumier, une science du droit plus ou moins rudimentaire. Les vieilles formules, *Si veut le Roy si veut la loi, car tel est notre bon plaisir*, n'ont jamais été prises à la lettre ; elles affirmaient que le roi était investi de la puissance législative.

nous offre l'idéal, il n'y a pas de place non plus pour une science économique qui enseignerait comment la richesse se produit et se consomme. Le souverain sait de science certaine ce qu'il convient de produire, comment et dans quelle proportion. Il assigne à chacun sa tâche, à chacun sa part, règle la consommation de chacun. C'est la tutelle économique la plus absolue. Il n'y a pas là une économie politique, mais une simple économie domestique. C'est affaire d'administration et de technologie industrielle.

La liberté est d'ailleurs le fondement de toute science morale. Le droit est la science de la liberté appliquée à l'ensemble des rapports entre les hommes vivant en société ; l'économie politique est la science de la liberté appliquée à la production et à la répartition de la richesse.

# CHAPITRE CINQUIÈME

Distinction fondamentale entre le droit et l'économie politique.
— Confusion erronée de l'économie politique, soit avec le droit
et la morale, soit avec la législation. Fausse définition de l'économie politique. — L'économie politique s'attache au principe
même et au ressort de l'activité sociale ; le droit n'en détermine
que les conditions. — Comment chaque science va plus loin que
l'autre dans un sens différent. L'économie politique se trouve
avec le droit dans le rapport de cause à effet. Les intérêts sanctionnés par le droit dépassent les purs intérêts économiques.

Après avoir constaté les principaux caractères communs à l'économie politique et au droit, il faut rechercher, d'une manière générale (1), en quoi ces deux
sciences diffèrent, quel est le domaine propre de
chacune d'elles, son objet spécial, et réfuter les doctrines erronées qui confondent l'économie politique
avec la morale et le droit, et vont même jusqu'à ne
laisser subsister qu'un art législatif purement empi-
rique. Il me paraît utile de commencer par cette réfutation, de préférence à une exposition dogmatique.

On a donc écrit : « L'intérêt est-il distinct du droit?
« L'utile est-il séparable du juste? et le principe écono-
« mique l'est-il du principe moral? S'il faut répondre
« affirmativement? L'homme a deux boussoles pour se
« diriger. S'il en a deux, il est possible qu'il n'en ait
« aucune, car il est possible que les deux l'orientent

(1) Je dis d'une manière générale, car je n'épuise pas, dans ce
chapitre, la question de la distinction entre le droit et l'économie
politique, pas plus que je n'ai entendu épuiser, dans le chapitre
précédent, celle de leurs caractères communs. Les chapitres VI et
VII, sont en quelque sorte, la continuation du présent chapitre, et
le chapitre VIII se rattache au chapitre IV.

« dans deux sens contraires. Donc, il n'y a pas un prin-
« cipe économique propre, car autrement l'écono-
« mie politique pourrait être la négation de la morale,
« et la morale celle de l'économie politique, c'est-à-
« dire qu'il n'y aurait ni morale, ni économie politique
« et, par conséquent, nulle science de l'homme. Donc
« finalement le principe est un..... Que font donc les
« hommes de ce temps en cherchant des solutions
« isolées? Ils s'épuisent en efforts stériles, car le mot de
« toutes les solutions est nécessairement le même, et
« il n'est pas plus possible de faire de bonne économie
« politique sous un gouvernement autocratique ou
« monarchique, que de faire un bon gouvernement
« républicain avec une économie politique qui nie le
« droit individuel (2). » Ainsi on se refuse à distinguer
entre les principes du droit, de l'économie politique et
de la morale; et on pense que deux boussoles condui-
ront nécessairement l'homme aux abîmes. Il n'en est
rien. Chaque science a son principe propre, ce qui ne
veut pas dire contraire aux autres. La science de la vie
est de résoudre en harmonie des contradictions qui
sont plus apparentes que réelles. Les enseignements
de l'économie politique, qui se préoccupe des résultats,
sont utiles à la morale qui juge surtout les intentions.

(2) Accolas. *Philosophie de la science politique*, pages 66-69.
Je laisse de côté, dans mon appréciation, ce qui a trait aux
rapports de l'économie politique avec les différentes formes du
gouvernement. Je suis de l'avis de l'auteur quand il dit, qu'il n'y a
pas d'économie politique avec la négation absolue du droit de l'individu. Mais que de réserves à faire sur la confusion entre gouvernement autocratique et gouvernement monarchique, et sur la
distinction entre l'économie politique monarchique et l'économie
politique républicaine. Je me demande en quoi l'économie politique républicaine des États Unis est supérieure à celle de la
monarchique Angleterre.

Que signifie cet argument des deux boussoles? J'ai trois boussoles pour me conduire dans la vie : la morale me prescrit la tempérance comme une vertu ; l'hygiène me la conseille dans l'intérêt de ma santé ; et l'économie me dit que la modération dans l'usage des biens de la fortune est un moyen de la conserver et de l'accroître ; et l'économie politique, d'accord avec la morale et l'utilité sociale, m'apprend qu'en augmentant mon capital par le travail et l'épargne, je fais œuvre de bon citoyen. J'ai plusieurs boussoles pour me conduire sur mer : l'aiguille aimantée, les étoiles, la connaissance des moussons et des courants, la configuration des côtes. La nuit, quand le ciel est voilé, je consulte le compas qui est mon unique boussole; si le ciel est clair, je consulte les étoiles; le jour, je fais le *point*, je prends la hauteur du soleil ; je fais aussi usage de montres marines.

Il est fort possible que l'auteur dont je critique la doctrine, soit allé, dans ses paroles, au delà de sa pensée. Peut-être a-t-il simplement voulu affirmer qu'il y a des rapports étroits entre la morale, le droit et l'économie politique, ce que je suis loin de contester; seulement, il a eu le tort d'affirmer ces rapports en niant que chacune de ces sciences peut avoir son principe propre. A la place d'un rapprochement fécond il a mis la confusion.

C'est un reproche analogue que j'adresserai à un écrivain dont les opinions, sur ce sujet, nous sont déjà en partie connues (3). « Il ne faut pas s'étonner, dit-il, « si l'on a prétendu qu'il n'existait nul rapport entre « l'économie politique et les autres sciences sociales.

(3) Voir ci-dessus chapitre II, note 1.

« La plupart des anciens économistes n'ont pas aperçu
« ce rapport et ont même essayé de démontrer qu'il
« n'existait pas. L'économie politique, suivant eux,
« avait un domaine à elle, strictement circonscrit, où
« elle se développait rigoureusement, en partant de
« principes nettement établis, et en dehors de toute
« influence étrangère. On la définissait : *la science*
« *qui détermine comment la richesse se produit, se*
« *distribue et se consomme...*; mais cette définition si
« généralement acceptée ne donne aucune idée de ce
« qu'est en réalité l'économie politique... Sans doute,
« en démêlant avec soin les rapports de cause à effet
« qui rattachent les uns aux autres les faits écono-
« miques; en analysant la division du travail, les fluc-
« tuations des prix, la loi de l'offre et de la demande,
« les variations du salaire, des profits, de l'intérêt et de
« la rente, et les autres questions du même ordre, les
« économistes ont rendu un grand service ; mais ce
« n'est là que l'A B C de la science, ce n'est pas la
« science elle-même, pas plus que la calligraphie
« n'est l'art d'écrire. L'objet propre de l'économie
« politique est si bien l'influence des lois et des insti-
« tutions sur le développement de la richesse, que les
« économistes dans leurs réunions, dans les *meetings*,
« dans les assemblées politiques, partout où ils ne
« s'adressent pas à des élèves, ne parlent que de lois
« à réformer ou à adopter, — non des prétendues
« lois naturelles nécessaires, qu'on laisse dans les
« manuels, — mais des lois de l'État faites librement
« par le législateur (4). »

(4) E. de Laveleye. *Des rapports de l'économie politique avec la
morale, le droit et la politique* (*Revue des Deux Mondes* du 15 fé-

Est-il besoin de réfuter une pareille doctrine, et
le passage qu'on vient de lire ne contient-il pas sa
propre réfutation? Vous reconnaissez que les économistes ont rendu un grand service en analysant soigneusement les faits économiques, et en démêlant les
rapports de cause à effet qui les rattachent les uns aux
autres, et vous énumérez les principaux de ces phénomènes ; mais voilà la science économique, son domaine,
son objet! C'est en vain que vous cherchez à atténuer
l'effet de cette déclaration en prétendant que ce n'est
là que l'A B C de la science. Vous voulez dire que
ce n'est là que la science pure, laquelle sera mise à
contribution par l'homme d'État et le législateur : rien
n'est plus vrai. D'ailleurs la comparaison dont vous
usez pour rendre votre pensée plus claire est complètement inexacte et atteste la confusion qui caractérise
votre doctrine. A vous entendre, ce que nous appelons
économie politique ne serait pas plus la science elle-
même que la calligraphie n'est l'art d'écrire. Si vous
voulez une comparaison de ce genre qui ait quelque
justesse, il faudra dire que l'économie politique est
à l'art de gouverner les hommes, en leur donnant de
bonnes lois, ce que la science du langage, la connaissance de la grammaire est à l'art d'écrire ; et la grammaire est tout autre chose que la calligraphie.

Que dire de cet argument : au parlement, dans un
*meeting*, à la société d'économie politique, on n'expose
pas la théorie de la rente et du salaire, la loi de l'offre

vrier 1878, pages 895 et 897). — L'auteur a reproduit la même
manière de voir dans ses *Éléments d'économie politique.* Voir
ci-desous chap. II, note I. — Voir dans le *Journal des Économistes*
d'avril 1883, l'article de M. de Laveleye : *les Lois naturelles et l'objet
de l'Économie politique.*

et de la demande? On pourait en effet calquer là-
dessous cet autre raisonnement : l'objet propre des
sciences mathématiques et physiques n'est pas, comme
on le croit généralement, la connaissance des propriétés des nombres ou des phénomènes physiques :
tout cela est tout au plus l'A B C de la science,
qu'on laisse dans les manuels pour les élèves; le
véritable objet de ces sciences, c'est la construction
des chemins de fer, des machines, etc., et la preuve
en est que les ingénieurs, quand ils se trouvent dans
une réunion, traitent bien des questions de machines,
de chemins de fer, de canaux, et ne parlent pas des
quatre règles, de la théorie du plus grand commun di-
viseur, de l'extraction des racines carrée et cubique,
du parallélogramme des forces. — Quel étrange mépris
pour la science pure, pour les manuels et pour les
élèves ! Mais ce sont ces élèves, instruits d'abord par
ces manuels d'économie politique, de mathématiques,
de mécanique et de physique, qui discuteront avec
compétence les projets de lois et les plans de machines. Telle est d'ailleurs la conclusion à laquelle
aboutit l'auteur. Après avoir loué les manuels qui
contiennent un exposé clair et méthodique des éléments de la science économique, il ajoute : « C'est en
« se servant de ces manuels qu'on peut aborder l'étude
« des vrais problèmes économiques, c'est-à-dire, cher-
« cher quelles sont les lois et les institutions que les
« sociétés doivent se donner pour arriver au bien-
« être (5). »

(5) Voir le premier article cité à la note précédente, page 901.
Il semble qu'on pourrait, en la forme, donner satisfaction à
M. de Laveleye en distinguant, comme on le fait en matière de
mathématique et de physique, une écouomie politique élémentaire

Peut-être n'y a-t-il là qu'un vice de terminologie et de méthode, et c'est encore trop. On confond en une seule science la morale, le droit, l'économie politique, la politique, sous le nom de sociologie ou tout autre. On parle ensuite des vrais problèmes économiques; mais il s'agit en réalité de problèmes *sociaux*, les plus complexes de tous, et dont la solution réclame le concours des différentes sciences morales. On semble croire que ce concours sera d'autant plus efficace que l'on confondra davantage toutes ces sciences en une seule; c'est précisément le contraire. — L'harmonie naît ici non pas de la monotonie, dans le sens propre du mot, mais comme en un concert de la variété. La distinction entre les diverses sciences sociales ne constitue pas une vaine classification basée sur ses caractères extrinsèques; elle est fondée sur des considérations tirées de la nature des choses, ainsi qu'on va le voir.

Voici ce qui me frappe tout d'abord: En considérant l'activité incessante qui règne au sein de la société, industrie agricole et extractive, manufacturière, commerciale, industrie des transports, le jurisconsulte, aussi bien que l'économiste peuvent dire: voilà mon domaine? Tout cela, en effet, se rapporte à la production, à la répartition, à la consommation des richesses, et, d'autre part,

et une économie politique spéciale, supérieure ou transcendante. Ce serait parler une langue inexacte. Il y a plus loin de l'économie politique au droit et à la législation, qu'entre les mathématiques élémentaires et les spéciales, qui ne forment qu'une seule et même science. Mais, ce qu'il faut surtout ne pas perdre de vue, c'est qu'il n'y a aucun rapport entre les éléments d'une science exacte et les éléments d'une science morale. Les premiers se rencontrent au début même de la science, les éléments des sciences morales et sociales ne sont que le couronnement tardif de l'édifice.

engendre toute la série des contrats, ainsi que je l'ai
fait voir dans le chapitre précédent. Où donc est la distinction? L'observation des règles prescrites par le droit
est sans doute une condition de cette activité, car le
droit, c'est la paix, l'ordre, la sécurité ; mais elle n'en
est pas la cause, le principe, le moteur. C'est l'économie
politique qui remonte à ce principe et en fait voir les
conséquences : l'homme a des besoins et s'applique à
les satisfaire avec le moindre effort possible, d'où résultent les arrangements sociaux et industriels recom-
mandés et étudiés par l'économie politique (6), et
sanctionnés par le droit.

Ainsi l'économie politique va plus loin, remonte plus
haut que le droit, avec lequel elle se trouve, en
quelque sorte, dans le rapport de cause à effet. Mais,
en un autre sens, le domaine du droit dépasse celui
de l'économie politique, et cela à différents points de
vue.

On peut sans doute dire de chacune de ces deux
sciences, qu'elle est la science des intérêts ; mais il y
a plusieurs sortes d'intérêts, les intérêts matériels et
les intérêts moraux ; or, l'économie politique ne s'occupe directement que des premiers, de ce qui a trait à
la production et à la répartition de la richesse. C'est,
il est vrai, un principe de droit, que l'intérêt est la
mesure des actions; mais cela s'entend de tout intérêt
légitime, et va bien au delà des purs intérêts écono-

(1) On ne saurait rien imaginer de plus contraire à la vérité
des faits sociaux que cette assertion de Rivet. *Des rapports du Droit
et de la législation avec l'économie politique*, page 47 : « Ce sont
« donc les hommes et la société qui, dirigés et commandés par le
« droit, donnent occasion par leurs actes aux phénomènes de
« l'économie politique, dont quelques-uns, à leur tour, viennent
« réagir sur les lois. »

miques : droits de puissance paternelle ou maritale, qualité de citoyen, propriété d'un nom, peu importe d'ailleurs qu'une action de ce genre se résolve en une indemnité pécuniaire. L'action intentée par une personne injuriée ou diffamée est autre chose que l'action intentée contre un industriel pour concurrence déloyale ou usurpation d'une marque de fabrique.

Il y a, en outre, tout un ordre de conventions qui sont l'objet du droit et qui sont comme en dehors de l'économie politique : je veux parler des conventions à titre gratuit. Au point de vue économique, les hommes forment entre eux une société d'échange, échange de produits ou de services, et ce n'est point sur des produits livrés et des services rendus gratuitement que repose l'activité économique. La donation proprement dite, et les autres contrats à titre gratuit, mandat, dépôt, prêt d'obligeance, ne sont donc pas des contrats ayant un caractère économique; ils se rapportent à un état social primitif dans lequel la vente-achat ne s'était pas encore complètement substituée à l'échange proprement dit, *au troc* : on échangeait les services aussi bien que les produits, on rendait un service prétendu gratuit, c'est-à-dire à charge de revanche. D'ailleurs les relations économiques n'étaient pas bien étendues, et c'était entre parents, amis et voisins qu'intervenaient généralement ces échanges de services. Aujourd'hui, il y a des gens qui font profession de rendre ces mêmes services moyennant une rémunération d'autant plus faible qu'ils sont plus multipliés, et tout le monde y trouve son compte (7).

(7) Ai-je besoin de dire que je n'entends nullement condamner ici d'une façon absolue la bienfaisance et tous les nobles senti-

Cependant la science du droit a dû se préoccuper de réglementer toutes ces conventions à titre gratuit qui, en somme, n'ont rien de contraire à la notion du juste. Toutefois, quant à la donation proprement dite (8), la donation entre vifs, toutes les législations l'ont vue de mauvais œil, et se sont plus ou moins appliquées à l'entraver, en dehors de certains cas exceptionnels où elle a paru mériter un traitement relativement favorable, et on ne peut pas dire que ce soient là de purs caprices législatifs. Même en se plaçant au point de vue de la science, on peut se demander si cette donation, cet enrichissement subit, obtenu sans effort, est bien conforme à la notion de justice, d'utilité sociale. Quoi qu'il en soit, il n'y avait pas là des raisons suffisantes pour porter atteinte au principe de liberté.

Les rapports de puissance qui naissent de la famille ne sont pas du ressort de l'économie politique; c'est affaire de morale et de droit pur. Mais si la politique s'en mêle pour donner à la famille une organisation artificielle en vue d'un ordre social particulier, l'économie politique devra être admise à en contrôler les

---

ments qui s'y rattachent; je veux simplement dire que la gratuité des produits et des services ne peut fournir la base d'un système quelconque de production et de répartition de la richesse.

(8) La libéralité testamentaire, le legs, n'est une libéralité que unilatéralement; s'il y a enrichissement à titre gratuit pour le légataire, le donateur ne se dépouille de rien, puisqu'il ne dispose que pour le temps où il ne sera plus, et que l'acte est d'ailleurs révocable. La législation a usé des procédés les plus divers pour détourner de la donation : le droit français, en imposant au donateur un dépouillement actuel et irrévocable, par application de la maxime *donner et retenir ne vaut*; le droit romain, au contraire, faisait de la donation un avantage précaire pour le donataire, en réservant, dans une très large mesure au donateur la faculté de revenir sur sa libéralité, *un jus pœnitendi*.

effets sur le développement de la richesse et sa répartition.

La science du droit s'occupe de régler les rapports internationaux soit publics, soit privés. Ceci
est, en principe, étranger à l'économie politique, et
Turgot a dit avec raison : « Quiconque n'oublie pas
« qu'il y a des États politiques séparés et constitués
« diversement, ne traitera jamais bien une question
« d'économie politique (9). »

J'ai dû anticiper quelque peu ici sur le chapitre XIV
où je traiterai des rapports de l'économie politique avec
les différentes parties du droit.

(9) *Lettre à M^{lle} de l'Espinasse.* Œuvres complètes, édition
Guillemin, tome II, page 800.

# CHAPITRE SIXIÈME

Dans une question comme celle qui est l'objet de cette étude, l'erreur ou les malentendus peuvent tenir à ce qu'on n'établit pas nettement la distinction entre les *choses dont s'occuppe une science* et *l'objet de cette science*. Le mot *chose* est essentiellement vague. Toutes les sciences physiques et naturelles s'occupent des choses physiques, ce qui ne veut pas dire qu'elles ont le même objet : dans une chose matérielle on peut considérer ses propriétés physiques ou chimiques, sa qualité de corps organisé, et voilà des objets différents et, par conséquent, des sciences différentes, la physique, la chimie, l'histoire naturelle.

Appliquons ce principe à l'économie politique et au droit. A première vue, on peut dire que les deux sciences s'occupent pareillement de l'homme et du monde extérieur considérés dans leur action réciproque l'un sur l'autre. Il s'agit de préciser les qualités économiques et juridiques des hommes et des choses, et la nature des rapports économiques ou juridiques qui en naissent.

L'économie politique considère dans l'homme ses besoins, la faculté qu'il a de se procurer par le travail les moyens de les satisfaire, et la tendance à n'y employer que le moindre effort possible ; dans les objets extérieurs, la propriété qu'ils ont de pouvoir servir à la satisfaction de nos besoins, c'est-à-dire leur utilité.

Au point de vue du droit, l'homme est une personne ; ce qui veut dire qu'il joue dans la société un certain rôle, ou, pour parler plus exactement, des rôles divers qui lui confèrent des droits et lui imposent des devoirs. Il est compris dans des collectivités différentes, la Famille, la Commune, l'État ; il est créancier ou débiteur ; il est propriétaire ; il est engagé dans quelque procès comme demandeur ou défendeur. Tout cela se résume dans deux mots : le *patrimoine*, qui est l'ensemble des droits actifs et passifs d'une personne, et le *domicile*, qui est le lieu où ils s'exercent. L'homme est donc une personne qui a une sorte de domaine dont le domicile est le centre. — En ce qui concerne les choses du monde extérieur, le droit les considère aussi au point de vue de leur utilité, et c'est pour cela qu'elles prennent le nom de *biens*. Seulement, ainsi que je l'ai fait voir dans le chapitre précédent, la notion juridique de biens va au delà de celle de biens économiques.

Voilà donc un trait d'union entre l'économie politique et le droit : l'utilité est à la fois la qualité économique et juridique des choses. Mais est-ce bien d'utilité qu'il faut parler ici, n'est-ce pas plutôt de valeur ? Je reconnais que la valeur n'est pas, comme l'utilité, une propriété inhérente aux choses ; le pain, le vin, le diamant, ont par eux-mêmes la propriété de satisfaire un besoin, la faim, la soif, la vanité, tandis que l'idée de valeur suppose un système de distribution des richesses par l'échange ; mais, ainsi que je l'ai fait remarquer (1), l'économie politique et le droit n'ont pas à se préoccuper d'une société d'où toute liberté serait absolument bannie ; et on peut affirmer que dans un état économique basé sur la division du travail et l'échange, la valeur est la qualité économique et juridique des choses : on travaille pour alimenter le marché, sur lequel on se procure par l'échange tout ce dont on a besoin. On peut affirmer que, même dans un état économique très rudimentaire, les peuples, sans analyser l'idée abstraite de valeur, s'attachaient déjà à quelque grossière évaluation monétaire (2). Cette idée que la valeur et, principalement, la valeur en argent, est la qualité juridique des choses, se retrouve dans ce principe du vieux droit romain, que toute condamnation doit être pécuniaire (3).

Il faut signaler, entre l'économie politique et le droit, en ce qui concerne l'idée de valeur, cette différence, que l'économie politique, considérant les choses d'un point de vue général, social, distingue entre les richesses et leur valeur, et établit que la hausse ou la baisse des valeurs est complètement distincte de l'idée

(1) Chap IV, note 2, et la fin du chapitre précédent.
(2) Alors que, dans le sein de la tribu, on ne pratiquait pas l'échange, encore moins la vente et l'achat, on les pratiquait dans les rapports avec les peuples voisins, et on voit déjà les métaux précieux figurer comme intermédiaires de ces échanges.
(3) Ce qui ne s'applique pas seulement aux obligations de faire ou de ne pas faire, mais à toute espèce de réclamations. Vous revendiquez un meuble ou un immeuble qui sont en la possession du défendeur : la mission du juge est de rechercher si votre prétention est fondée, d'estimer la valeur de l'objet, et de condamner le défendeur à vous en payer le prix : *quanti ca res erit tanti condemna*.

d'accroissement ou de diminution de richesse. Il en est
de même de la hausse ou de la baisse des prix. Au point
de vue du droit, au contraire, comme il ne s'agit que des
rapports d'individu à individu, la notion de richesse se
confond avec celle de valeur. Si la richesse de la société
ne s'estime que d'après la quantité de choses propres à
la satisfaction des besoins, la richesse d'un individu
s'estime d'après la valeur de celles qu'il possède (4), car
c'est la mesure de la somme d'objets qu'il peut se procurer, de services qu'il peut commander. On voit par
là qu'il y a lieu de distinguer entre la notion économique de *richesses* et la notion juridique de *biens*, et que
les *biens incorporels*, tels que les créances, ne sont pas
par eux-mêmes une portion de la richesse sociale (5).
Si deux individus possèdent, l'un pour 1000 francs
de marchandises, l'autre 1000 francs en monnaie, et
qu'il intervienne entre eux un contrat de vente, il en
résultera pour chacun un titre de créance, obligation
de livrer et obligation de payer, mais il ne faudra pas
ajouter à l'inventaire social ces deux titres dont la
création n'a pour but que de constater un échange
dont on peut seulement dire qu'il est profitable aux

(4) L'agiotage vise une création de valeur, de prix, non de
richesse.

(5) Je réponds ainsi à la question posée dans les termes suivants
par M. Courcelle-Seneuil dans son examen du livre de M. E. de
Laveleye (v. ci-dessus chap. II, note 1): « L'auteur préfère la langue
« des jurisconsultes, qui appellent *biens* ce que les économistes
« appellent *richesses*. ce qui n'est pas fort important. Toutefois, il
« importait en introduisant ce changement de nomenclature,
« d'éclaircir un point important, les jurisconsultes, occupés seule-
« ment de la propriété privée, reconnaissent des biens incorporels,
« les créances, par exemple. L'économiste doit-il les compter
« au nombre des biens d'une nation ou du genre humain ? M. de
« Laveleye ne nous le dit pas. »

parties s'il met à la disposition de chacune d'elles l'espèce de capital dont elle peut le mieux tirer parti.

Puisque nous en sommes à rechercher quel est l'objet propre de chacune des deux sciences, nous pouvons constater entre elles une différence importante. Le droit, ayant pour objet de déterminer, d'une manière rigoureuse, dans quelle mesure chacun peut user de sa liberté, sans porter atteinte à la liberté d'autrui, doit se résumer dans des règles précises, dans l'obligation de faire ou de ne pas faire ; et comme à chacune de ces obligations correspond un droit au profit de telle ou telle personne ou collectivité, il en résulte que c'est un objet essentiel de la science, de déterminer quelle sera la sanction des droits, c'est-à-dire la conséquence attachée à la violation de la loi, sanction de nullité, sanction satisfactoire, sanction pénale. De là, la distinction que l'on fait quelquefois entre les droits *déterminateurs* et les droits *sanctionnateurs*, la théorie générale des actions. De là la grande place que tiennent dans la société les institutions qui ont pour but de faire appliquer la sanction de la loi, organisation judiciaire, procédure civile et criminelle.

Il n'en est pas des enseignements de l'économie politique (6) comme des règles du droit. Sans doute ils ne doivent pas rester stériles ; ils ont une sanction, et,

(6) Proudhon l'entendait tout autrement. Dans ses *Contradictions économiques*, ce vigoureux et chimérique esprit, égaré à la recherche de l'absolu, affirme qu'on découvrira infailliblement une loi d'ordre social, un principe d'harmonie qui agira avec la même puissance que les lois du monde physique, que la gravitation universelle, en sorte que les phénomènes moraux, sociaux, économiques, s'accompliront désormais avec la même régularité imperturbable que les mouvements des corps célestes.

si on ne s'y conforme pas, la société et les individus
en souffrent; mais il ne saurait être question de sanc-
tions analogues à celles qu'indique la science du droit,
lesquelles se résolvent en des actions accordées à ceux
qui ont souffert de la violation des règles du droit, action en revendication, action en dommages-intérêts,
action pénale. Les enseignements pratiques de l'économie politique sont en effet de deux sortes : ils s'a-
dressent, soit aux individus, soit à la société, c'est-à-
dire, à l'État qui la représente quand il s'agit d'intérêts
communs. Aux individus, elle conseille les meilleurs
arrangements en vue de la production et de la répartition, le meilleur emploi de la richesse, et démontre les
conséquences fâcheuses de la violation de ces préceptes,
à savoir une production moins abondante, et les divers degrés de la déchéance économique : mais il n'est
pas question d'une sanction, d'une contrainte, d'une
action à accorder à une personne quelconque. A l'Etat
elle demandera l'ordre, la sécurité, la liberté du travail,
la liberté commerciale; mais ici encore l'idée d'une
sanction proprement dite échappe complétement, et il
n'y en a pas d'autre que la déchéance économique qui
menace aussi les nations rebelles aux enseignements
de l'économie politique, déchéance dont l'histoire offre
tan td'exemples. Il en est des enseignements de l'économie politique comme des conseils de l'hygiène. Toutefois l'oubli de ces enseignements et de ces conseils
pourrait être poussé si loin qu'il nécessiterait la mise
en tutelle de l'individu : ce serait alors affaire de capacité juridique.

# CHAPITRE SEPTIÈME

Des préoccupations différentes que les économistes et les jurisconsultes apportent dans l'examen des questions qui leur sont
communes. — La technique juridique et la technique économique. Le domaine réservé de chaque science. Exemples et
applications. Le droit de propriété; les servitudes; la prescription, l'indivision et le partage. — La théorie générale des contrats.
— Du contrat de vente en particulier. De la rescision de la
vente d'immeubles pour cause de lésion, condamnée tant par la
science du droit que par l'économie politique.

A une époque où l'économie politique était bien loin
d'être constituée à l'état de science distincte (1), il y a
eu des jurisconsultes éminents dont on peut tout au
plus dire qu'ils n'étaient pas complètement dépourvus
de certaines notions d'ordre économique. Si aujourd'hui
que les deux sciences sont fondées, il y a des jurisconsultes économistes et des économistes jurisconsultes,
on ne peut pas encore dire que ce soit précisément la
règle; il n'en devrait d'ailleurs pas résulter une confusion des deux sciences, mais bien au contraire, une
vue plus nette de leurs limites naturelles. Sans doute
aucun de ceux qui s'occupent de question dont la solution réclame le concours des diverses sciences so-

(1) Je considère les observations contenues dans ce chapitre
comme étant de la plus haute importance théorique et pratique,
et comme fournissant les éléments les plus sûrs de la solution que
comporte la question qui fait l'objet de cette étude. Je dis *étude*,
et je saisis cette occasion de faire remarquer que c'est en effet
ici une simple *étude* et non un *traité*. L'examen d'une question, si
importante et si étendue qu'elle soit, ne comporte pas un traité
proprement dit, une exposition dogmatique en forme, mais seulement une étude aux allures plus libres.

ciales, ne doit rester étranger à une quelconque de ces sciences, et c'est le cas d'appliquer ici le *homo sum et nihil humani a me alienum esse puto*; mais le principe de la spécialité scientifique ne s'en impose pas moins, et il y a dans chaque science comme un domaine réservé dans lequel il n'est pas indispensable d'avoir pénétré pour avoir voix délibérative dans le grand congrès des sciences morales et politiques.

J'ai constaté, dans le chapitre II, la distinction élémentaire entre l'économie politique, qui s'occupe certainement d'industrie, et la technologie industrielle. Sans doute l'économiste doit avoir une vue sur la ferme, l'usine, l'atelier, le comptoir du commerçant et du banquier, mais il n'en étudie pas tous les détails tous les rouages intérieurs ; il n'y pénètre pas ; il ne s'y installe pas ; on pourrait dire qu'il reste sur le seuil. Il y a de même une technologie juridique à laquelle l'économiste peut rester étranger ; et, par une juste réciprocité, si le jurisconsulte doit ne pas ignorer l'économie politique, on peut dire qu'il y a une certaine technologie économique dans laquelle il ne lui est pas absolument indispensable d'avoir pénétré. C'est là ce que j'appelle le domaine réservé de chaque science, et j'exprimerai la même pensée en disant que chacun, économiste et jurisconsulte, apporte des préoccupations particulières dans l'examen des questions qui leur sont soumises. C'est ce que je vais mettre en lumière par quelques exemples.

L'économie politique et le droit s'occupent de la propriété. Quelles sont les questions qui se posent à ce propos? Légitimité de la propriété ; nature et étendue de ce droit ; objets auxquels il s'applique ; limitations dont il est susceptible; modes d'acquisition et de transmission; garanties.

L'économiste et le jurisconsulte seront d'accord sur la question de justice, mais chacun s'attachera à quelque ordre particulier de considérations. Le jurisconsulte consacrera le droit de propriété parce que, le voyant universellement établi, il reconnait en lui une émanation de la conscience juridique des peuples. C'est ainsi que les grands écrivains prennent la langue telle que le peuple l'a faite, se bornant à l'épurer, à la perfectionner conformément à son esprit, à son génie propre. — L'économiste s'attachera à montrer que la propriété est un fait, non seulement universel, mais constant et nécessaire; que l'appropriation a toujours existé dans la forme et dans la mesure indiquées par l'état économique de la société et de l'art industriel; que la propriété est, en un mot, un phénomène économique, permanent dans son principe qui est l'accord de la justice avec l'utilité publique, variable seulement dans ses manifestations.

L'économiste et le jurisconsulte sont d'accord sur ce point, que le droit de propriété comporte des limitations : expropriation pour cause d'utilité publique, servitudes établies par la loi ou par la volonté de l'homme. C'est ici surtout affaire de technique juridique : déterminer dans quelle mesure le propriétaire pourra grever son fonds; distinguer les services fonciers des services personnels qui ne peuvent être stipulés à titre de servitude, analyser le caractère des différentes espèces de servitudes, apparentes ou non apparentes, continues ou discontinues, et établir que les mêmes modes de constitution, titre, prescription, destination

du père de famille, ne s'appliquent pas indistinctement
à toutes.

La nécessité de la prescription, comme mode d'acquisition et de libération, n'est pas sérieusement
contestée; et on peut dire que les mêmes arguments
sont communs aux économistes et aux jurisconsultes;
mais l'œuvre spéciale de ceux-ci commence lorsqu'il
s'agit d'organiser le principe. C'est à la science du droit
de rechercher les caractères que doit présenter la
possession pour servir de fondement à la prescription
acquisitive; de préciser les cas dans lesquels la prescription ne sera pas admise, les causes de suspension
et d'interruption de la prescription.

La propriété d'une même chose peut appartenir à
plusieurs personnes. Cette copropriété, cette indivision, qui est imposée, par exemple, à des cohéritiers,
ne ressemble en rien à la société qui est l'effet d'un
libre contrat entre les associés. De là le principe accepté
par tous : nul n'est tenu de rester dans l'indivision.
On sortira donc de l'indivision par un partage volon-
taire ou forcé. C'est plus spécialement à la science du
droit de déterminer quels seront les effets de ce partage. Faudra-t-il dire qu'on ne doit pas tenir compte
du temps qu'a duré l'indivision; que chaque coparta-
geant est censé avoir, dès l'origine, possédé seul, à
titre de propriétaire, la part qui lui est échue et n'avoir
jamais eu de droit sur la part des autres? C'est ce
que les jurisconsultes expriment en disant que le
partage est simplement *déclaratif* de propriété. Ou
bien faudra-t-il dire que chaque intéressé n'est devenu
propriétaire exclusif de son lot qu'au moyen de plusieurs cessions réciproques, chacun ayant cédé aux

autres la quote-part de propriété qui lui revenait dans
ce qui leur a été attribué? On exprime cela en disant
que le partage est *translatif* de propriété. On aperçoit
les conséquences différentes des deux systèmes relativement aux actes passés par les copropriétaires avec
les tiers, pendant que durait l'indivision.

Le partage est-il considéré comme translatif de
propriété, il faut maintenir, après le partage, les
droits réels consentis au profit des tiers par chaque
copropriétaire sur la part qu'il est réputé avoir cédée
aux autres. Mais de là résultent des complications
infinies qui sont de nature à faire préférer le système
du partage déclaratif, qui coupe court à toutes les
difficultés.

J'ai sommairement indiqué, au chapitre V, quelle
place importante tient la matière des contrats, tant dans
le droit que dans l'économie politique (2). C'est incontestablement à la science du droit qu'il appartenait de
faire la théorie générale des contrats et des obligations
qui en naissent; et on doit reconnaitre que les grands
jurisconsultes, organes de la science, ont élevé un
monument impérissable, chef-d'œuvre de bon sens et
de raison, admirable traité de philosophie pratique, qui
sera longtemps encore la base solide sur laquelle repo-
sera la législation de tous les peuples civilisés. Notion
du contrat et de l'obligation, classification des contrats;
conditions nécessaires de leur existence et de leur vali-

(2) C'est dans la matière des obligations qu'on rencontre ce
qu'il y a de plus technique dans la science du droit : Les
différentes modalités dont peut être affectée l'obligation, notamment la condition; les questions de solidarité et d'indivisibilité, de
cession des créances et de subrogation; les modes d'extinction des
obligations; la théorie générale des preuves. — Je ne saurais
évidemment insister sur tout cela.

dité; vices dont peut être infecté le consentement, violence, dol, erreur ; modalités dont peut être affecté l'obligation, effets, extinction, preuve des obligations : tout a été parfaitement analysé et coordonné, et demeure à l'abri de toute critique (3) de la part des économistes. Il en est un peu autrement quand on aborde l'examen des divers contrats. L'économie politique intervient alors, soit pour mettre en lumière la portée économique d'un contrat, soit pour critiquer la conception étroite ou l'organisation imparfaite à laquelle les jurisconsultes ont cru devoir s'arrêter au nom de la science du droit. Ce sont là des points sur lesquels je devrai revenir, notamment dans les chapitres IX, X et XVII.

Le contrat de vente me fournit l'exemple le plus saisissant que je puisse invoquer pour justifier l'idée dont le développement fait l'objet de ce chapitre, à savoir le partage naturel d'attribution entre économistes et jurisconsultes. C'est affaire des jurisconsultes d'analyser les éléments du contrat, ses effets, les obligations du vendeur et de l'acheteur. Je m'attache à un seul point : Toute vente suppose un prix. Ce prix doit être sérieux (*pretium verum*). S'il en est autrement, si on a stipulé un prix dérisoire (*venditio nummo uno*), il n'y a pas vente, mais donation déguisée sous l'apparence d'un contrat à titre onéreux, et c'est aux jurisconsultes à déterminer les effets juridiques de cette simulation. Mais lorsque, au nom de la science du droit, on vient prétendre qu'il faut qu'il y ait un

(3) J'en excepte ce qui concerne la lésion considérée comme vice du consentement entre personnes capables d'ailleurs de contracter. Je vais y arriver à propos de la vente.

juste prix (*pretium justum*), les économistes sont fondés à dire aux jurisconsultes : ceci nous regarde ; c'est là une théorie économique par excellence, et il n'y a pas d'autre juste prix que celui dont les parties ont convenu, à moins qu'on ne relève chez l'une d'elles un vice du consentement résultant de l'incapacité juridique, du dol, de la violence ou de l'erreur substantielle. Nous invoquons un principe fondamental de la science du droit en cette matière : La convention est la loi des parties. Il ne faut donc voir qu'un caprice législatif contraire au droit dans l'article 1674 du code civil qui autorise le vendeur d'un immeuble à demander la rescision de la vente pour cause de lésion, à savoir lorsqu'il a été lésé de plus des sept douzièmes du juste prix (4).

Quel peut être, en effet le fondement de cette disposition ? Est-ce une raison d'équité, de justice absolue ? Y a-t-il eu dol, erreur ou contrainte ? Mais alors pourquoi ne pas accorder l'action en rescision au vendeur de meubles aussi bien qu'au vendeur d'immeubles. Pourquoi ne pas venir en aide à l'acheteur qui a surpayé aussi bien qu'au vendeur qui a reçu moins que le juste prix ? En réalité, c'est toujours la vieille maxime *vilis mobilium possessio* qui est ici en jeu, et l'exposé des motifs d'une pareille loi se réduit à cette considération : on ne vend un immeuble, c'est-à ·

---

(4) Ce n'est certainement pas M. de Laveleye qui tiendra un pareil langage. Il s'extasie sur la théorie juridique du juste prix, et admire fort M. Gladstone dont le *landbill* « a consacré le grand et « fécond principe proclamé par le droit romain, par le droit canon, « par St. Thomas, et entrevu dans notre code, qu'il y a un principe « d'équité dominant le libre contrat. » *Journal des Economistes* d'avril 1883 : *Les lois naturelles et l'objet de l'Economie politique*, p. 103.

dire, on n'échange un bien précieux contre un bien aussi périssable qu'une somme d'argent, que pressé par le besoin, et l'acheteur est réputé avoir abusé de cette situation pour ne pas payer le juste prix.

Cette disposition législative est absolument mauvaise en soi, et combien plus aujourd'hui (5), dans les

(5) Je veux consigner ici un exemple mémorable des résultats prodigieux auxquels les juges les mieux intentionnés peuvent arriver avec une loi mauvaise en principe, devenue absurde par suite des modifications profondes qu'ont subies les conditions économiques de la société; loi appliquée dans des circonstances auxquelles il est impossible que la prévision du législateur se soit étendue, et cela, conformément à un rapport d'experts, certainement non moins bien intentionnés que les juges, mais qui n'ont pas compris la mission qui leur était donnée au nom de la loi (L'article 1678 du code civil porte, en effet, que la preuve de la lésion ne pourra se faire que par un rapport de trois experts). Le sieur R... possède dans le territoire de Cannes une propriété rurale de la contenance de 9 hectares, d'un revenu annuel de 800 francs, d'une valeur intrinsèque de 30,000 francs. C'est ce qu'ont déclaré les experts eux-mêmes. Le sieur B... lui en offre 13,7000 francs ; mais comme il agit en qualité de représentant d'une compagnie immobilière qui s'occupe d'achat et de revente des terrains, il est dit que la vente ne sera définitive que si elle a été ratifiée dans le délai d'un mois. Le sieur R... accepte avec empressement, et stipule un dédit de 2,000 francs pour le cas où la vente ne serait pas ratifiée. Elle le fut quelques jours après. Un mois plus tard, le sieur R... intente une action en rescision pour cause de lésion de plus des sept douzièmes, et le Tribunal de Grasse lui donne gain de cause conformément aux conclusions du rapport des experts, qui ont évalué l'immeuble à 124,270 fr. 22 c. L'article 1677 porte que « la preuve de la lésion ne pourra être admise que par juge- « ment, et dans le cas seulement où les faits articulés, seraient « assez vraisemblables et assez graves pour faire présumer la lésion. On demande où sont les faits graves qui, avant toute expertise, faisaient présumer la lésion ? le Tribunal de Grasse relève le fait que le sieur B... a été déterminé à acheter par la connaissance qu'il avait de l'établissement d'une gare de marchandises en vue de laquelle la compagnie du chemin de fer de Paris à Lyon et à la Méditerranée venait de faire une acquisition de terrains dans cette région. Mais c'est précisément pour cela que le sieur B... offrait 137,000 francs d'un terrain qui n'en valait pas 30,000 ! Je crains bien que le Tribunal n'ait fait ce raisonnement à l'usage de bien

nouvelles conditions économiques, quant à la prétendue supériorité intrinsèque de telle espèce de biens
sur telle autre. Il y a là une présomption encore moins
fondée que cette autre présomption qui a fait prohiber
la liberté du taux de l'intérêt : tout homme qui emprunte est aux abois, et le prêteur abuse de cette

des gens : Ah ! M. B... vous offrez 137,000 francs d'un terrain
qui n'en valait pas 30,000 ; cela prouve qu'il en valait 500,000 ! Le
prochain établissement d'une nouvelle gare de marchandises était
d'ailleurs un fait prévu depuis longtemps, que le sieur R... n'igno-
rait pas, et le Tribunal me paraît commettre une énormité lorsque,
dans un des considérants de son jugement, il insinue que le
sieur B... a manqué aux règles de la morale en ne prévenant pas le
sieur R...; que, s'il lui offrait un prix aussi élevé de son misérable
immeuble, c'était parce qu'il connaissait les projets de la compagnie
du Chemin de fer. Il y a, du reste, dans le rapport des experts, un
mot qui, à lui seul, est la condamnation du rapport et du jugement.
Les experts disent que dans la soirée du jour où la compagnie
du Chemin de fer fit son acquisition de terrains, « il y eut comme
« une *explosion de hausse* pour tous les terrains placés à proximité
« de ceux sur lesquels on supposait que la compagnie ferait des
« constructions importantes, probablement une gare de marchan-
« dises. » Un peu plus loin ils ajoutent que cette vente « a modifié
« en quelque sorte *instantanément* la valeur des terrains placés
« dans le voisinage de ceux achetés par la compagnie. » Enfin les
experts déclarent que leur mission se borne « à rechercher la
« valeur acquise par les terrains du sieur R... à la suite de la vente
faite à la compagnie. » Évidemment l'imagination des experts a
éprouvé le contre-coup de cette *explosion de hausse*. Voilà donc un
immeuble rural, une ferme, traitée comme valeur de bourse! Mais
là où il y a des *explosions de hausse*, il peut y avoir des *explosions
de baisse*! Mais alors ce n'est plus seulement de la spéculation, c'est
l'agiotage le plus effréné; c'est la rue Quincampoix et les actions
du Mississipi. Et les experts ne voient rien au delà de l'effet instan-
tané de ces explosions. Et c'est à l'instant précis où *l'explosion* de
hausse se produit qu'ils opèrent et se livrent à l'évaluation à la fois
la plus divinatoire et la plus précise : 422.270 francs 22 centimes.
Ils évaluent des parcelles de-ci, des parcelles de-là, qui sont dans
les conditions les plus diverses; ils prennent une moyenne et voilà
comment ils arrivent à ce chiffre de francs et de centimes. Et le
tribunal de dire que « ce chiffre, — déterminé par des hommes
« capables et honnêtes, doit être adopté; que, du reste, en le
« réduisant dans une proportion même considérable, la demande

situation. Il s'en faut de beaucoup, d'ailleurs, que la disposition de l'article 1674 du code civil soit considérée par les jurisconsultes comme un de ces grands principes de la science du droit devant lesquels ils somment les économistes de s'incliner. On dit que c'est un principe proclamé par le droit romain. C'est

« du sieur R... se trouverait encore justifiée. » Mais à cette bourse d'un nouveau genre, à cette bourse des immeubles, les *explosions de hausse* et les *explosions de baisse* peuvent se succéder à quelques jours, à quelques heures d'intervalle. Et c'est un peu ce qui est arrivé. Aussi lorsque le sieur R... est venu dire au sieur B... qu'il entendait demander la résiliation de la vente pour cause de lésion celui-ci a répondu : « qu'à cela ne tienne. Reprenez votre « immeuble et rendez-nous nos 132.000 francs ; seulement sup- « portez les frais de cette opération qui n'aboutit pas, et cela par « votre faute. » Rien n'était plus juste ; on ne peut reprocher aucune faute au sieur B... et l'insinuation qu'il se serait rendu coupable d'un dol n'est pas sérieuse. On a donc plaidé pour les frais ; et cette question des frais n'est pas ce qu'il y a de moins piquant dans cette anecdote juridique. Voilà un contrat de vente réputé non avenu par le tribunal. Il me semble que le fisc devrait resti- tuer les droits de mutation perçus sur cette vente. Or, non seule- ment il les garde, mais, voyant dans cette réscision une revente du sieur B... au sieur R... revente faite au prix de 122.270 francs 2 ! cen- times, il réclame les droits de mutation sur cette seconde vente. C'est une quarantaine de mille francs qu'il devrait en coûter au sieur B...—Il y a là un ample sujet de méditations pour l'écono- miste.—Le jugement du tribunal de Grasse est en date du 14 fé- vrier 1883. Il a été confirmé par arrêt de la cour d'Aix en date du 10 août 1883. Le moyen, pour la Cour, de réformer un juge- ment rendu par d'honorables magistrats sur le rapport d'experts affirmés par eux être les plus honnêtes et les plus capables qu'on ait pu trouver dans l'arrondissement de Grasse ?

Ce qui précède a été écrit à la fin de l'année 1883. L'année 1884 devait faire éclater les funestes conséquences de cette spéculation effrénée sur les immeubles qu'on payait cinq ou six fois leur valeur, que le tribunal de Grasse estimait valoir bien plus encore, et dont le prix, dans l'imagination des spéculateurs devait monter indéfini- ment. Les immeubles étant devenus l'objet d'un pareil commerce, il en est résulté une crise commerciale de la pire espèce. La spé- culation était alimentée par le crédit, et le crédit a été retiré avant que les entreprises eussent été réalisées. Il n'en pouvait être autre- ment. C'est le consommateur qui est suprême liquidateur de toute

là une erreur. Jamais les vrais organes du droit
romain, la coutume, le préteur, ou les jurisconsultes,
n'ont rien proclamé de pareil. — L'action en rescision
pour cause de lésion accordée au vendeur a son origine dans une décision (6) des empereurs Dioclétien
et Maximien, qui ne se base sur aucun monument
antérieur de doctrine ou de législation. Elle a tous les
caractères d'un acte de juridiction purement gracieuse. C'est une de ces décisions dont on dit aujour-
d'hui qu'elles ne sont bonnes que pour ceux qui les
ont obtenues. L'action en rescision, admise dans notre
ancienne jurisprudence, avait été abolie par la loi du
14 fructidor an III. Elle ne fut rétablie dans le code

entreprise commerciale. Or, lorsque la spéculation porte sur des
denrées de grande consommation, les prévisions peuvent être
trompées par une baisse persistante des prix ; mais enfin on trouve
des acheteurs, et, dans tous les cas, l'affaire se liquide à courte
échéance. Il en est autrement quand on spécule sur des terrains
qui doivent être convertis en boulevards, villas, jardins et parcs.
En mettant les choses au mieux, combien de temps ne faut-il pas
pour que ces valeurs de bourse d'un nouveau genre sortent des
mains des spéculateurs pour se classer définitivement? Les consommateurs de terrains et de villas sont ce qu'il y a de plus capricieux
au monde. On ne se heurte pas seulement à une baisse de prix,
mais à une absence de prix. Les experts du tribunal de Grasse
avaient parlé d'une *explosion de hausse* ; on a vu maintenant
*l'explosion de baisse*.—On a vu, là aussi, quel est le sort réservé
à de simples banques d'escompte qui se mêlent de commanditer
largement une pareille industrie, d'immobiliser des dépôts qui ne
leur ont pas été confiés dans ce but.

(6) Elle forme la loi 2 au code de Justinien, livre IV, titre XLIV,
*De rescindenda venditione*. A peu près toutes les constitutions
renfermées dans ce titre émanent des deux mêmes empereurs,
Dioclétien et Maximien. Ce sont des rescripts adressés à des ven-
deurs qui demandent à faire résilier une vente sous divers pré-
textes. Ainsi dans la loi 6 un vendeur demande à l'Empereur de
contraindre son acheteur à lui rétrocéder l'objet vendu dont il
offre un prix double de celui qu'il avait lui-même reçu. — L'Empereur repousse cette prétention.

civil, qu'après une discussion fort vive au conseil d'Etat, discussion dans laquelle le premier Consul se prononça en faveur de ce prétendu principe d'équité. L'article 1674 est une tache dans notre code civil; il se rattache à un ensemble de dispositions qui tendent à rendre plus difficile la circulation des biens immobiliers, lesquels, ainsi que toutes les formes du capital, ont une tendance à passer dans les mains de ceux qui sont le mieux en état d'en tirer parti.

Je m'arrête, car en poursuivant dans la voie où je suis entré, je serais amené à passer en revue toutes les parties de la législation. Il est impossible, d'autre part, de renfermer dans une formule nette et précise les conclusions qu'il faut tirer de tout cela; il me suffit d'avoir montré qu'il y a entre économistes et jurisconsultes une coopération indispensable, une sorte de division du travail dans une œuvre commune, coopération qui ne doit pas dégénérer en antagonisme. Là, toutefois, est le germe de contestations qui peuvent s'élever entre les deux coopérateurs, chacun se croyant autorisé à dire à l'autre : vous avez mal fait la besogne qui vous incombait. C'est le bien fondé de pareilles prétentions que nous aurons à examiner dans plusieurs des chapitres suivants. Quelques-uns de ces griefs réciproques sont légitimes; il est aussi des points sur lesquels il faudra se résigner à dire des économistes et des jurisconsultes ce que Horace a dit des grammairiens :

*Certant et adhuc sub judice lis est.*

# CHAPITRE HUITIÈME

Qu'il ne saurait y avoir, en principe, d'opposition entre la science économique et la science du droit, mais seulement entre l'économie politique et la législation, ou entre la science du droit et un état économique particulier. — Accord de l'économie politique et du droit dans la justice. — La justice dans la répartition de la richesse par la propriété et la liberté des conventions. La libre concurrence. La loi de l'offre et de la demande. — La question de la réserve héréditaire.

Il n'y a pas contradiction entre la rubrique de ce chapitre et le chapitre V où j'ai réfuté l'erreur qui consiste à confondre le droit avec l'économie politique. Pareillement, dans le chapitre qui précède, j'ai maintenu la distinction entre les deux sciences. Ici j'affirme leur accord.

Comment, en effet, pourrait-il y avoir opposition entre l'économie politique et la science du droit ? Le droit a pour objet la distinction entre le juste et l'injuste et établit, en conséquence, des règles que l'économie politique applique à un certain ordre de faits, aux rapports qui se forment entre les hommes en vue de la production et de la répartition de la richesse. Un désaccord pourra exister sur une question de justice entre économistes et jurisconsultes ; mais le même désaccord peut se produire soit entre jurisconsultes, soit entre économistes, il ne procède donc pas d'un antagonisme entre les deux sciences. Il est bien entendu qu'il faut ici, moins que jamais, perdre de vue la distinction fondamentale entre la science du droit et la législation, d'où il résulte que le droit et l'écono-

mie politique peuvent s'accorder pour déclarer une
loi mauvaise. Mais il convient de formuler la question
dans toute sa généralité. Au chapitre I", j'ai posé,
comme base de cette étude, la double distinction,
d'une part, entre la science économique et l'état économique de tel peuple ou de telle époque; d'autre part,
entre la science du droit et la législation. Voilà donc
quatre termes, que l'on peut rapprocher, deux par
deux, afin de se demander s'ils présentent quelque
opposition. Cela donne lieu aux six combinaisons
suivantes : 1° Économie politique et état économique ;
2° Économie politique et droit; 3° Économie politique
et législation ; 4° Droit et état économique ; 5° Droit
et législation ; 6° Législation et état économique. —
Examinons séparément chacune de ces combinaisons,
et constatons les oppositions là où elles existent. J'entends là où elles sont possibles. Il ne s'agit pas de
dogmatiser, mais de rendre la chose claire par des
exemples.

Que l'état économique d'un pays puisse être en
opposition avec les principes de la science, cela n'est
pas douteux. La science enseigne la liberté et non
l'esclavage ou le servage qui ont formé la base du
régime économique dans l'antiquité et au moyen âge.
Que, si l'on veut plaider les circonstances atténuantes
en faveur de tel ou tel régime économique qui, mauvais en lui-même, aurait eu sa raison d'être suivant
les temps, il n'en est certes pas de même lorsque l'on
condamne le régime du travail tel qu'il avait été maintenu dans la seconde moitié du dix-huitième siècle.

Je n'insiste pas sur l'opposition qui peut exister
entre les principes de la science économique et la

6

législation (1). Dans le chapitre XVII, nous examinerons les principaux griefs de la science.

Au nom du droit, aussi bien que de l'économie politique, on peut condamner, soit le régime économique, soit la législation à laquelle un pays est soumis.

Il peut y avoir opposition entre le régime d'un pays et certaines dispositions législatives. Un régime économique, quoique vicieux en principe, n'en forme pas moins un organisme, c'est-à-dire, un tout, dont les diverses parties sont rationnellement coordonnées entre elles. C'était le cas du système des corporations ouvrières au moyen âge, système qui s'encadrait si bien dans l'organisation sociale de ce temps.

La législation de ce même temps devait en refléter le régime économique social, et cette législation formait aussi un organisme analogue au premier. C'est ce qui constitue l'harmonie entre l'état économique et la législation. Mais cette harmonie disparaîtra si l'on introduit dans la législation quelque disposition qui soit contraire au principe sur lequel repose l'état économique, et, par conséquent au principe même de la législation (2). Le privilége a été la première forme de la liberté : c'est sur cette base que reposait l'organisation sociale et industrielle du moyen âge ; il y avait solidarité entre la féodalité industrielle et la féodalité militaire. Les lois, ordonnances ou règlements qui tendirent à relever le pouvoir royal sur les ruines de la

---

(1) Ce cas d'opposition se confond d'ailleurs, à certains égards, avec le précédent, car le régime condamné par la science est, en somme, un produit de la législation coutumière ou écrite.

(2) Il n'y a donc pas contradiction entre ce que j'affirme ici, c'est-à-dire l'opposition possible entre l'état économique et la législation, et la remarque contenue dans la note précédente.

féodalité militaire, cessaient donc d'être en harmonie avec le régime économique.

Quand on arrive enfin à l'économie politique et au droit, ce n'est pas seulement la raison, c'est-à-dire la notion même de ces deux sciences, qui nous dit qu'aucune opposition ne doit exister entre elles : on cherche en vain à construire une hypothèse dans laquelle cette opposition se manifesterait. Si nous avons constaté des oppositions dans tous les autres cas, c'est qu'il y a toujours là quelque application imparfaite de l'une ou l'autre de ces deux sciences sociales, à savoir, état économique ou législation, contraires au droit ou à l'économie politique. Il est dans la nature des choses que les différentes sciences d'un même ordre concourent au même but, se complétant sans se contrarier.

Ceux qui parlent d'une opposition entre l'économie politique et le droit prennent souvent pour une opposition la diversité dans les considérations qui déterminent le jurisconsulte et l'économiste à adopter une solution d'ailleurs identique. C'est là un point que j'ai déjà touché dans le chapitre précédent. On connaît cette formule de nombre d'arrêts rendus par les cours d'appel : « Attendu en fait que, etc..... Attendu en « droit que, etc..... adoptant, au surplus, les motifs « des premiers juges, la Cour confirme le jugement « dont est appel. » C'est le même langage que tiennent les jurisconsultes et les économistes : le *dispositif* de leurs jugements est le même, les *motifs* seuls peuvent être différents, ce qui ne veut pas dire contraires (3),

(3) On discutait, à la société d'Économie politique, le 5 octobre 1862 (*Journal des Économistes* d'octobre 1862, page 140), la question : En quoi consiste la justice au point de vue économique et relativement au principe de propriété. M. Dupuit objecta que ce

sans compter que cette différence est bien souvent plus
apparente que réelle.

Mais il y a plus qu'une confusion, il y a une erreur
grossière dans l'esprit de ceux qui croient à un antagonisme permanent entre le droit et l'économie politique qu'ils se représentent comme l'art de s'enrichir,
belle définition qui va de pair avec cette affirmation,
qu'on ne peut s'enrichir qu'aux dépens d'autrui, que
le profit de l'un est nécessairement le dommage de
l'autre (4). A ce compte, il est certain qu'il y aurait
opposition entre l'économie politique et le droit qui
interdit la violence et le dol, qui interdit, dans une
juste mesure, de profiter de l'ignorance et de l'erreur
d'autrui. Mais ce n'est là que de l'économie politique
travestie. L'économie politique étudie le grand phénomène de la richesse d'un point de vue élevé, social ;
elle recherche les causes de la richesse des nations, et
c'est ainsi qu'elle enseigne que l'or n'est pas la richesse,
bien qu'un individu soit d'autant plus riche qu'il
possède plus d'or ; que la fraude et la spoliation, qui
peuvent enrichir quelques individus, ne sont pas des
moyens d'accroître la richesse ; que l'activité économique n'a rien de commun avec le jeu, dans lequel
l'un ne peut gagner que ce que l'autre perd ; qu'il

« n'est pas la justice, mais l'utilité publique qui préside à la distri-
« bution de la justice. » A cela l'économie politique et le droit
répondent que la justice est la suprême utilité publique.

(4) Autre chose est s'enrichir aux dépens d'autrui, autre chose
tirer un profit considérable d'un acte parfaitement juste en le
considérant en lui-même, comme si, par des circonstances for-
tuites, l'objet acheté augmente subitement de valeur. Le contraire
aurait pu arriver. En ce sens, tout contrat a un caractère aléatoire. On peut, en usant de son droit, être cause que quelqu'un
éprouve un dommage ou manque de faire un bénéfice, mais il n'y
a pas de droit contre le droit, *qui jure suo utitur neminem lædit.*

n'est pas vrai que le profit de l'un soit le dommage de
l'autre, car l'humanité n'aurait point passé du dénue-
ment primitif à l'état de richesse dans lequel nous la
voyons, s'il n'y avait jamais eu que cette balance du
gain et de la perte.

Ainsi *a priori* les deux sciences, du droit et de
l'économie politique, nous apparaissent comme ne
pouvant pas être en opposition l'une avec l'autre.
Examinons les choses de plus près et recherchons si,
dans quelque cas particulier, cette opposition ne pourrait pas se produire.

Le droit et l'économie politique veulent une juste
répartition de la richesse, et la justice consiste en ce
que chacun obtienne une rémunération proportionnée
au concours qu'il a fourni à l'œuvre de la production;
en termes plus précis, en ce que l'on attribue à chacun
la valeur qu'il a créée. L'économie politique établit
qu'on ne peut pratiquement arriver à ce résultat que
par la libre convention entre les intéressés, dont le
prétentions contraires sont contenues dans de justes
limites par la loi de la concurrence, loi conforme à l'intérêt général qui veut que les produits soient apportés
sur le marché aussi abondants et à aussi bas prix que
possible. Aussi, la propriété et la liberté des conventions forment la base de la répartition de la richesse.
Ce principe est commun au droit et à l'économie politique. Le droit y apporte un tempérament : on ne
peut déroger par des conventions particulières aux
lois qui intéressent l'ordre public et les bonnes mœurs.
Comment l'économie politique y contredirait-elle ?
L'ordre est la condition de toute activité économique.

On objectera que le législateur pourra se tromper

sur ce qu'exige l'ordre public, et apporter ainsi à la
liberté des conventions des entraves jugées inutiles et
nuisibles par l'économie politique; mais il faut remarquer qu'il s'agira alors d'un conflit entre l'économie
politique et la législation, ce qui est tout autre chose,
et le jurisconsulte pourra être d'accord avec l'économiste pour condamner cette disposition législative (5).

On invoquerait en vain de prétendues considérations
d'équité pour les opposer aux lois économiques de la
concurrence, de l'offre et de la demande, et soutenir que
tel prix, tel intérêt, tel salaire n'est pas juste, c'est-à-
dire qu'il est soit insuffisant, soit exorbitant. Les ferez-
vous fixer par l'autorité? Le droit et l'économie politique sont d'accord pour repousser un remède pire que
le mal, si mal il y a. On sait quelles conséquences ont
produites les essais législatifs tentés dans ce sens. N'est-
il pas juste, dit-on, qu'un produit ne soit pas payé au
moins ce qu'il a coûté à produire? Sans doute, et on
arrivera dans l'avenir, à ce résultat, par le jeu de forces
économiques qui tendent à faire graviter le prix du
marché autour du coût de production; mais, pour le
moment le producteur subira le prix courant; tant
mieux ou tant pis pour lui, suivant qu'il produit dans
des conditions plus ou moins favorables.

Le droit et l'économie politique font la même

(5) M. de Laveleye a produit contre la loi de l'offre et de la
demande un argument pour le moins plaisant : « Supposez, dit-il,
« une loi religieuse qui interdise de manger du poisson; il aura
« beau être rare, il sera à vil prix. » (V. l'article de M. de
Laveleye cité à la note 4 du chapitre précédent, page 100); mais
c'est la confirmation éclatante de la règle. Le poisson sera à vil
prix parce qu'il sera surabondant en présence d'une demande
nulle. Personne, en effet, ne demandera de ce poisson, qui est
devenu un *poison*... moralement.

réponse à certaines doléances sur l'inégalité des salaires dans les diverses professions, inégalité que l'on qualifie d'injuste, ce qui conduit à la chimère socialiste de l'égalité des salaires. Cette inégalité est conforme à la justice et à l'intérêt social. Qui donc se soumettrait à un long et pénible apprentissage, s'il n'avait pas la perspective d'un salaire supérieur à celui de l'ouvrier qui n'apporte sur le marché qu'un travail se rapprochant du pur effort musculaire? La liberté du travail, d'autre part, ne va pas sans la responsabilité, et l'ouvrier doit justement souffrir d'avoir embrassé une profession dans laquelle, à un moment donné, l'encombrement abaisse les salaires.

Abordant un ordre d'idées un peu différent, je me demande s'il faut voir une opposition entre l'économie politique et le droit dans le principe de justice qui sert de base à la réserve héréditaire. Je ne le pense pas, quand bien même il serait établi que la liberté absolue de tester, la faculté d'exhéréder ses enfants, présenterait des avantages au point de vue économique, la science du droit n'en serait pas moins fondée à maintenir l'obligation imposée au père et à la mère de laisser une portion de leurs biens à ceux envers lesquels ils sont incontestablement tenus de la dette alimentaire. Ce qui est seulement matière à discussion, parce que c'est affaire de législation, c'est le chiffre et la nature de la réserve héréditaire. Mais la preuve dont s'agit n'a pas été faite aussi complètement que quelques-uns veulent bien le dire (6). Cette liberté absolue de tester produirait des effets très différents suivant l'esprit qui animerait les testateurs, et elle est

(6. Voir ci-après chapitre XV, note 10.

aujourd'hui réclamée par des personnes qui y voient le moyen d'atteindre les buts les plus divers. Les uns n'y voient qu'un intérêt moral, celui de resserrer les liens trop relâchés de la famille, en tenant suspendue sur la tête des enfants insoumis la menace d'une exhérédation. D'autres invoquent l'intérêt économique de la société. Quelques-uns précisent l'inconvénient qui résulte de l'égalité des partages, à savoir le morcellement indéfini de la propriété foncière. Il en est enfin qui espèrent que les pères de famille useraient de la liberté de tester pour rétablir le droit d'aînesse et, au moyen de substitutions perpétuelles, reconstituer une société basée, comme l'ancienne, sur ce qu'on appelle une forte organisation de la famille considérée comme institution politique.

Je conclus que la science du droit, la science du juste et de l'injuste, que l'économie politique, la science de l'utile, poursuivent leurs recherches avec la hauteur de vues qui doit caractériser la science, et elles se rencontrent dans la justice. Je dirais peut-être mieux : qu'elles se posent l'une et l'autre pour but de leurs recherches ce qui est la vraie justice, et se rencontreront dans la vraie utilité sociale. C'est la parole de l'Evangile : « Cherchez premièrement la justice, et « tout le reste vous sera donné par surcroît. »

# CHAPITRE NEUVIÈME

Rapports généraux de la science du droit et de la science de l'économie politique avec la législation et l'état économique d'un
pays. — Du défaut d'harmonie entre la législation et l'état économique de la société. — Comment l'harmonie, qui a toujours
existé à un moment donné, est-elle fatalement détruite? A
quelles conditions elle peut être rétablie? — La législation est
toujours en retard sur le progrès économique. — Exemple du
Code civil.

J'ai montré, dans le chapitre précédent, comment et
pourquoi l'harmonie existe entre la science économique et la science du droit. La conséquence en est
que les deux sciences font cause commune contre une
législation imparfaite et contre un régime économique
défectueux (1), et il faut bien reconnaître que les législations et tous les régimes économiques ont plus ou
moins présenté ce caractère, de ne réaliser qu'incom-
plètement l'idéal juridique et l'idéal économique, le
droit naturel et l'économie politique naturelle, en prenant ces mots *idéal* et *naturel* dans le sens que je leur
ai donné, chapitres II et III. Mais, à défaut de perfec-
tion absolue, la législation et le régime économique
d'un peuple, considérés soit séparément, soit dans
leurs rapports, peuvent présenter ce caractère de per-
fection relative, qu'ils sont appropriés à l'état social,

(1) Et *a fortiori* contre le socialisme proprement dit, qui est le
plus défectueux de tous les régimes économiques, la négation de
tous les principes de la science, une impossibilité, une utopie.
Mais ce point de vue mérite des développements particuliers, ce
sera l'objet du chapitre XX.

au degré de civilisation de ce peuple, et que, par conséquent, il y a harmonie entre l'état économique et la
législation. On peut même affirmer, et l'histoire le
prouve, qu'il y a toujours eu un moment, dans la vie
d'un peuple, où cette harmonie a existé, ce qui
s'explique par ce fait que, à l'origine, toute législation
est essentiellement coutumière, et que l'organisation
économique et le droit sont, en quelque sorte, de
formation spontanée et simultanée, les deux faces d'un
même organisme. Dans les premiers temps du moyen
âge les corps de métiers ne se sont pas constitués
d'après des règlements promulgués par un pouvoir
législatif quelconque en vue de leur établissement; les
gens du même métier se sont entendus pour faire la
police du travail et empêcher des gens incapables
ou indignes de déshonorer le métier et de tromper
le consommateur. C'était affaire d'intérêt général et
d'ordre public; cela fut vu de bon œil par tout le
monde, et les officiers royaux ou seigneuriaux, qui
scellèrent de leurs sceaux les coutumes du métier que
leur présentait un groupe d'artisans, n'avaient pas la
pensée de leur conférer un monopole exorbitant (2).

Il est dans la nature des choses que cette harmonie
entre le régime économique et la législation ne soit
pas de longue durée. *La figure du monde change sans
cesse*, et il en est ainsi des conditions économiques de
la société. L'art industriel fait des progrès; la science
appliquée à l'industrie lui ouvre des voies nouvelles; le
marché s'étend; c'est dans la libre concurrence bien

---

(2) Voir dans le *Journal des Économistes* de mars 1879 un intéressant article de M. Hubert Valleroux : *Les chambres syndicales
comparées aux unions anglaises et aux anciennes corporations.*

plus que dans la réglementation, qu'il faut chercher
des garanties pour le consommateur; chaque jour les
avantages de l'ancien ordre de choses diminuent, les
inconvénients se font de plus en plus sentir. Il faudrait
modifier la vieille législation et la tenir au courant des
changements opérés dans l'ordre économique... On
n'en fait rien, et, au lieu de maintenir l'équilibre par
une sage évolution, on se voit contraint de le rétablir
brusquement par une révolution.

Pourquoi ces changements dans la législation ne
sont-ils pas réalisés en temps opportun? Les raisons
en sont multiples. Il y a d'abord là une question
délicate de diagnostic. Les transformations économiques ne s'accomplissent pas en un jour. Quelques
esprits supérieurs seulement sont capables d'en
discerner les premiers germes, d'en prévoir les
conséquences éloignées, de remonter des effets aux
causes. Quant à la masse de la nation, elle éprouve
un malaise qu'elle ne s'explique pas. Il faut donc
beaucoup de clairvoyance et de courage à un législateur pour appliquer une sorte de remède préventif que
personne ne réclame d'une manière positive. Notre
Code civil nous offre de tout cela un mémorable
exemple. « Si à la promulgation du Code la révolution
« sociale était achevée, la révolution économique était
« loin du terme de sa carrière. Elle aussi remonte
« par ses commencements à une époque déjà re-
« culée... Sans doute le travail était libre, et un autre
« grand fait s'était accompli, l'affranchissement et la
« division de la propriété territoriale. Mais ces faits,
« d'une immense portée morale et politique, ne pou-
« vaient pas réaliser à l'instant même toutes leurs

« conséquences. La France, pendant quelque temps
« encore, devait rester un pays essentiellement agri-
« cole. L'industrie proprement dite était alors pauvre,
« faible, presque ignorée, le commerce maritime
« anéanti, le crédit presque inconnu, l'esprit d'asso-
« ciation bégayait à peine quelques projets sans
« portée, et la science de l'économie politique n'exis-
« tait que pour un petit nombre d'esprits... alors
« parut le Code civil. Mais cet état de choses ne tarda
« pas à se modifier profondément... Que sommes-nous
« aujourd'hui? un pays agricole qui a pris dans le sol
« son point d'appui pour s'élancer vivement vers l'in-
« dustrie, vers le commerce, qui a réuni dans sa main
« les trois forces productives, et travaille puissamment
« à une rénovation économique de la société. — Nos
« codes, par le cours naturel des choses, se sont
« trouvés placés entre deux faits immenses, dont l'un
« les a précédés, dont l'autre les a suivis : la révolution
« sociale et la révolution économique. Ils ont réglé le
« premier; ils n'ont pu régler le second. — Il y a
« donc, sans qu'on puisse en faire un reproche à
« personne, une lacune à remplir, une harmonie à
« rétablir entre notre droit privé et notre état
« économique (3). »

Un mot résume la plupart des inconvénients engen-
drés par ce défaut d'harmonie entre l'état économique
et la législation, c'est le mot *abus*. Les droits conférés
à certaines personnes dans un intérêt public, n'ont

(3) Rossi. *Mélanges d'économie politique, de politique, d'histoire et
de philosophie*; tome II. Observations sur le droit civil français
considéré dans ses rapports avec l'état économique de la société, — pages 18 et 22. Ce morceau magistral a été écrit bien
avant 1840.

plus de raison d'être et sont abusivement exploités dans un intérêt privé. C'est l'histoire de tous les privilèges, qui furent, à l'origine, la compensation de charges sérieuses, les charges disparaissent et les privilèges restent. Il se forme alors une ligue de tous ceux qui vivent de ces abus contre ceux qui veulent les supprimer; et l'intérêt de quelques-uns crie plus fort que l'intérêt collectif de la société. La tentative infructueuse de Turgot pour la suppression des corps de métiers, en 1776, en fournit un mémorable et douloureux exemple. On doit, dans une certaine mesure, ranger parmi les adversaires des innovations législatives, tous ceux qui font profession de les appliquer : ils ne se soucient pas de faire l'apprentissage d'une nouvelle législation.

D'ailleurs, toute question d'intérêt à part, les peuples ont une répugnance marquée à modifier les lois sous l'empire desquelles ils ont longtemps vécu, qui sont entrées dans les habitudes, dans les mœurs ; et il en est particulièrement ainsi lorsqu'il s'agit d'une législation coutumière.

Le chapitre suivant sera consacré à étudier de plus près le bien qui existe entre les transformations économiques de la société et les modifications juridiques qui s'accomplissent tôt ou tard pour le maintien ou le rétablissement de l'harmonie.

# CHAPITRE DIXIÈME

Les dogmes économiques et les dogmes juridiques. Comment ils se modifient et se transforment. Permanence des grandes lois économiques et des grands principes juridiques ; diversité dans leurs manifestations. — Le régime patriarcal, exclusif de la notion de droit et d'économie politique. — Modifications dans l'état économique qui amènent la substitution de la vente au troc. Conséquences. Développement de l'industrie commerciale. — Le contrat de louage de services substitué à l'esclavage. — Transformation du contrat de société. — Le contrat de *commodat* et de *mutuum*. Le prêt à intérêt. — La lettre de change. La faillite.

Les deux sciences dont nous étudions les rapports présentent l'une et l'autre ce spectacle dans l'histoire, que leurs principes fondamentaux, ce qu'on pourrait appeler les dogmes économiques et juridiques, tout en persistant dans ce qu'ils ont d'essentiel, ont éprouvé des modifications profondes par suite des changements qui se sont produits dans le degré de richesse et de civilisation à laquelle la société est parvenue. Il n'en pouvait être autrement, et on ne saurait tirer de là un argument contre le caractère scientifique de l'économie politique et du droit. Ces deux sciences ne sont pas des sciences exactes, achevées, immuables. Ce sont des sciences morales fondées sur l'observation des conditions d'existence et de prospérité des sociétés humaines, et à mesure que les observations se multiplient, que l'expérience se prolonge, la science sociale elle-même s'étend, se perfectionne, se rectifie, et distingue mieux les vérités fondamentales des faits sociaux qui n'ont qu'un caractère contingent. Rien n'est plus propre à mettre en lumière les rapports nécessaires qui relient les deux grandes branches de la science sociale. C'est là une matière immense, qui, à proprement parler, comprend toute l'histoire de l'économie politique et du droit ; je me bornerai à une rapide esquisse d'un aussi vaste tableau.

Je prends pour base de cette étude les modifications qui se sont produites dans la manière de concevoir les principaux contrats, ce qui conduit nécessairement à rechercher quelles transformations économiques ont imposé ces modifications ; car les contrats embrassent toute l'activité économique et ne sont autre chose que l'ensemble des arrangements en vue de la production, de la répartition, de la circulation et de la consommation des richesses.

Le régime patriarcal ou communiste, qui a été la première forme des sociétés humaines, est exclusif de l'idée de contrat. Tout y est réglé par l'autorité du chef qui impose à chacun sa tâche et fait à chacun sa part. Et comme il n'y a pas de contrat, il n'y a pas de place non plus pour l'économie politique, mais simplement pour l'économie domestique.

Au sortir de cet état social rudimentaire, le principal contrat que l'on rencontre est l'échange direct ou troc. Les développements que prend l'échange sur un marché plus étendu et par suite d'une plus grande division du travail, font sentir le besoin d'une marchandise-monnaie, que tout le monde est disposé à donner et à recevoir en échange des divers produits. La *vente-achat* se substitue au troc. Mais tant que cette monnaie n'est elle-même qu'une espèce particulière

de produit plus recherché, à raison de son utilité
générale et comme propre à satisfaire directement
quelque besoin de première nécessité ; on en est encore
dans une certaine mesure au régime du troc primitif.
C'est avec l'introduction de la monnaie métallique
que la *vente-achat* revêt son caractère spécial, qu'on
distingue nettement la chose du prix. L'établissement
définitif du système monétaire a une portée immense.
Ce n'est pas seulement au troc ou échange des choses
que la vente est substituée : la vente-achat des services
est substituée au troc ou échange des services ; les
salaires en argent aux fournitures d'aliments ; les
tributs en argent aux redevances en nature ; l'impôt en
argent aux prestations en nature et aux services personnels, et on sait quels avantages matériels et
moraux résultent de cette forme nouvelle de l'impôt.
On peut donc affirmer que, par suite des changements
survenus dans les conditions économiques de la société,
l'échange proprement dit est un contrat qui a perdu
presque toute signification (1) dans la science du droit,
et n'est plus qu'affaire de paléontologie juridique.

(1) Après avoir consacré cent vingt articles au contrat de vente,
le Code civil en consacre six (articles 1702-1707) à l'échange,
et on aurait pu faire à moins, car sur ces articles, il y en a cinq
qui sont à peu près inutiles ; l'article 1706 seul était nécessaire
pour dire que la rescision pour cause de lésion n'a pas lieu dans le
contrat d'échange. Ce titre de l'échange tient aussi peu de place
dans la pratique que dans le Code. On dit qu'il faudrait favoriser l'é-
change des parcelles par un abaissement de plus en plus considérable
des droits de mutation ; je veux bien, mais il n'est aucun économiste qui ne se récrie sur l'exagération des droits de mutation en
cas de vente. Déjà pour les jurisconsultes romains, qui ont si bien
fait ressortir les avantages économiques de la vente sur l'échange,
l'analyse de ce dernier contrat, la *permutatio rerum*, n'était qu'un
moyen de mettre en lumière les caractères du seul contrat pratique, l'*emptio venditio*.

La substitution de la vente à l'échange a une autre signification économique. Sans doute le contrat d'échange consiste aujourdhui (2) dans la promesse réciproque que se font les co-échangistes, et il peut être convenu que les choses qui en sont l'objet, ne seront livrées que plus tard ; mais il en était autrement du troc primitif qui, ne s'appliquant qu'à des choses mobilières, supposait une tradition immédiate de part et d'autre. Le contrat de vente, au contraire, est parfait, c'est-à-dire produit des obligations réciproques, dès que les parties sont d'accord sur la chose et sur le prix, bien que la chose ne doive être livrée et le prix payé que plus tard. Nous trouvons là une vente à livrer et un contrat de crédit (3), et cette transformation juridique correspond à un grand fait économique, à savoir le développement de l'industrie commerciale qui a besoin de crédit et s'accomode (4) mal du troc primitif, lequel intervenait directement entre le producteur et le consommateur.

(2) Il n'en était pas tout à fait ainsi pour les jurisconsultes romains ; l'échange n'était pas un contrat proprement dit, mais un simple *contrat innommé*, c'est-à-dire qu'il fallait que la livraison eût été accomplie par l'une des parties pour que celle-ci eût une action, afin de contraindre l'autre à s'exécuter ; et même, pendant longtemps, ne lui accorda-t-on qu'une action en répétition.

(3) Il me paraît certain que, dans le vieux droit romain, le crédit n'était accordé qu'à l'acheteur qui pouvait rester débiteur du prix, mais que la chose vendue lui était livrée immédiatement par le vendeur. On ne comprenait pas encore qu'on vendît une chose dont on n'était pas possesseur, tout en admettant qu'on pût acheter sans avoir l'argent en main. Le plus souvent le vendeur non payé stipulait le prix, et l'acheteur produisait un grand luxe de cautions *sponsores, fidepromissores, fidejussores.*

(4) Les peuples civilisés ne s'en accommodent, au contraire, que trop dans leurs relations avec les peuples barbares. Ce fut une source de richesses pour les premiers trafiquants Phéniciens.

7

Je n'ai pas à insister ici sur les services que rendit l'industrie commerciale, non seulement par les commodités qu'elle offrait aux producteurs et aux consommateurs, mais encore en répandant de plus justes notions sur la valeur et en empêchant le prix d'osciller au gré du vendeur ou de l'acheteur, alternativement à la merci l'un de l'autre.

L'instinct de la coopération est inné dans l'homme, et il a compris de bonne heure qu'aucune production abondante et régulière n'était possible si l'on ne pouvait, par des arrangements quelconques, s'assurer le concours d'autres individus, dans un but déterminé.

De là les contrats de louage de services et de société.

C'est par la contrainte absolue qu'on est d'abord arrivé à ce résultat, par l'esclavage, qui a réalisé un progrès à la fois économique et moral sur l'époque où le vainqueur mettait à mort le vaincu qu'il ne pouvait associer à son industrie, l'industrie de la chasse ou de la guerre, en lui donnant des armes, encore moins le nourrir sans rien faire. On reconnaissait que l'esclavage était contraire au droit naturel, mais Aristote le déclarait imposé par une nécessité économique. D'ailleurs, dans les temps primitifs, l'esclavage était loin d'avoir le caractère odieux qu'il présenta plus tard, avec l'accroissement de la richesse. Ce qu'il y eut de plus fâcheux dans l'esclavage, ce fut l'influence qu'il exerça sur la condition de l'ouvrier libre. Le contrat de louage de services est une convention des plus simples, dont les caractères juridiques ont été nettement déterminés par les anciens jurisconsultes. Malheureusement, l'esclavage étant considéré comme le régime naturel du travail, on méprisait l'homme libre qui, volontairement, s'assujétissait à un travail manuel pour le compte d'autrui (5). D'autre part, l'ouvrier libre rencontrait dans le travail servile une concurrence formidable, soit que le maitre utilisât directement les services de ses esclaves, soit qu'il les louât à des tiers. Enfin la liberté du travail était plus ou moins limitée par la loi ou la coutume qui assignaient à certaines personnes, ou catégories de personnes, des fonctions industrielles particulières; ce qui alla, dans les derniers temps de l'empire romain, jusqu'à *enchaîner* absolument l'ouvrier au métier et à la manufacture (6). La défaveur qui s'attachait au louage de services et les souvenirs du régime patriarcal avaient donné une grande importance aux contrats par lesquels on s'engage à rendre un service gratuit, tels que le mandat et le dépôt. En réalité, il y avait là tacitement un échange de services; c'était entre parents

(5) les jurisconsultes romains ont très bien distingué entre le louage de services (*operæ*) proprement dit, *locatio conductio operarum*, et la convention par laquelle l'ouvrier promet un résultat déterminé (*opus*) de son travail, *locatio conductio operis*, convention dans laquelle il apparaît comme entrepreneur, ce qui relève singulièrement sa condition. Ils ont fait ressortir l'analogie du louage avec la vente : *locatio conductio proxima est emptioni venditioni, iisdemque regulis juris constitit*, ce qui est surtout vrai de la *locatio conductio operis*. Ils examinent le cas où, au lieu d'une vente de services, il y avait un échange de services, ce qui fut en effet la première forme de la convention, et ici, comme pour l'échange, ils considéraient qu'il n'y avait plus un contrat proprement dit, *locatio conductio*, mais seulement un *contrat innommé*. (Voir la note I ci-dessus.)

(6) Autrefois, quand on manquait de forçats pour ramer sur les galères du roi, on engageait des rameurs libres appelés *bonevoglie* (*Buona voglia*, gens de bonne volonté); mais ils devaient se soumettre à être enchaînés sur leurs bancs à côté des forçats et à recevoir les coups qu'on distribuait si libéralement à la chiourme. Le mot *bonevoglia* est resté dans le patois provençal comme terme de mépris. — Voir PIERRE CLÉMENT, *Histoire de Colbert*.

et amis qu'intervenait le contrat, qu'on se rendait ces services, ces bons offices à charge de revanche.

Rien de plus naturel à l'homme que le contrat de société. La famille, la tribu, la cité lui en on tout d'abord offert les modèles; et, comme ces associations, il a eu d'abord pour but d'assurer aux associés le premier des biens, la sécurité.

Nous définissons aujourd'hui la société : un contrat par lequel deux ou plusieurs personnes conviennent de mettre quelque chose en commun, dans le but de partager le bénéfice qui pourra en résulter. Dites, en termes plus généraux : *en vue de participer aux avantages* qui pourront en résulter, et vous aurez de ce contrat une définition qui conviendra à tous les temps, à toutes les formes qu'il a pu revêtir, et quel que soit le genre d'avantages que les associés ont eu en vue. Le contrat de société est la réalisation de cette maxime, que *l'union fait la force*, et il peut s'agir de force morale, matérielle, économique. Dans l'antiquité, on a vu de misérables esclaves s'associer dans l'unique but de s'assurer une sépulture décente après leur mort. Les artisans, au moyen âge, se constituèrent en corporations et en communes pour repousser la concurrence des ouvriers étrangers et pour résister à la tyrannie des seigneurs. C'est le même esprit qui présida à la formation de ces associations puissantes de cités industrieuses et commerçantes, la ligue Helvétique, la ligue de Souabe, la ligue Hanséatique. Bien que les jurisconsultes romains nous aient donné du contrat de société la définition économique que j'ai reproduite ci-dessus, à savoir : mise en commun de certains objets en vue de réaliser et de partager un bénéfice, on retrouve encore dans leur conception juridique du contrat bien des traits qui nous le représentent comme une association dont les membres sont unis par d'autres liens que celui de l'intérêt purement économique. Ce qui domine dans ce contrat, disent-ils, ce sont des rapports de fraternité, *jus quoddam fraternitatis*. A moins de stipulation contraire, tous les associés ont une part égale dans les bénéfices, quelle que soit l'inégalité de leurs apports. En cas de procès entre deux associés, celui qui succombe n'est condamné que dans les limites de ses facultés. La société est dissoute par la mort d'un associé, et ne continue pas avec les héritiers; il est de principe, en effet, que la considération des personnes est ce qui détermine à entrer dans une association.

Voilà bien des dogmes juridiques qui ont dû se modifier devant les nécessités économiques. Sans doute il y a encore des sociétés qui se forment entre un petit nombre de personnes qui se connaissent, et, pour cette raison, consentent à s'unir par les liens de la plus étroite solidarité, mais ces associations assez restreintes ne s'auraient réunir les énormes capitaux que réclament les grandes entreprises industrielles et commerciales de notre temps; il y faut la puissance indéfinie de la société anonyme dans laquelle des milliers de personnes parfaitement inconnues les unes aux autres viennent apporter leurs capitaux dans les proportions les plus diverses. Tout est changé. Il ne s'agit plus de fraternité entre gens qui s'ignorent; l'association n'a plus pour objet de grouper des personnes, mais des capitaux; la mort d'un associé est chose

indifférente pourvu qu'on ait son rapport ; par la même
raison, un associé peut être substitué à un autre.

Des contrats par lesquels on s'assure les services
d'autres individus, je passe à ceux qui ont pour but de
nous procurer, soit l'usage, soit la libre disposition des
capitaux d'autrui. Le contrat de société a, sous ce
rapport, un caractère mixte ; car on met en commun
soit l'insdustrie, soit les différentes espèces de biens
meubles ou immeubles. Mais j'ai à considérer ici
spécialement : le louage des choses, le prêt à usage
ou *commodat*, le prêt de consommation ou *mutuum*,
l'achat à crédit, et, plus généralement, tout ce qui se
rattache à l'idée de crédit.

J'ai déjà eu l'occasion de constater le caractère
anti-économique du commodat, par lequel un propriétaire abandonne gratuitement à un tiers l'usage
de sa chose pour un temps déterminé (7). La fré-
quence de ce contrat est l'indice d'une société pauvre,
dans laquelle le capital est rare, le goût de l'épargne
et l'esprit d'entreprise peu développés. Ce n'est pas
avec des objets mobiliers dont on a obtenu l'usage
gratuitement et pour un temps naturellement assez
court, qu'on entreprend quelque chose de sérieux ;
et on n'épargne pas un capital pour en abandonner
gratuitement l'usage. Le louage des choses est, dans
cet ordre d'idées, le contrat ayant un véritable caractère économique ; et encore, qu'on le remarque bien,
cela ne doit s'entendre que du louage des immeubles.
Rien de plus pratique que de se procurer par un

---

(7) C'est là ce qu'il importe de noter dans le *commodat*. On
comprend mieux le *précaire* dans lequel le propriétaire se réservo
de reprendre sa chose quand bon lui semble.

bail à ferme ou à loyer l'usage d'une terre ou d'un édifice qui sera l'emplacement de l'industrie, agricole ou manufacturière ; mais, quant aux objets mobiliers dont l'usage industriel nous est nécessaire, nous entendons généralement en avoir la libre disposition, nous les achetons au comptant ou à crédit. Mais ce contrat de louage des choses, le bail à loyer notamment, qui joue un rôle si important dans l'industrie, fut, à l'origine, marqué de ce caractère anti-économique que j'ai signalé dans le *commodat*. Comme le *commodat*, le bail à loyer, est jusqu'à un certain point, tenu pour un acte d'obligeance de la part du bailleur, et nous trouvons dans le droit romain cette singulière disposition que le propriétaire de cette maison louée, peut, avant l'expiration du contrat, expulser le locataire, s'il établit qu'il a besoin de sa maison (8). Voilà qui accuse une triste situation économique, et ne peut s'expliquer juridiquement que par une clause de résolution sous-entendue.

Le véritable contrat par lequel nous nous procurons les capitaux nécessaires à une entreprise industrielle, c'est le prêt de consommation ou *mutuum*, en vertu duquel nous acquérons la libre disposition d'une certaine quantité d'objets, et nous nous engageons à en

---

(8) *Si propriis usibus dominus cam necessariam esse probaverit.* C'est la loi 3 au Code de Justinien, livre IV, titre LXV, *De locato et conducto*, une constitution de l'empereur Antonin ; et ici trouve encore sa place la remarque contenue dans la note 6 du chapitre VII. On ne peut voir là qu'un acte de juridiction gracieuse, un caprice législatif sous prétexte d'équité, équité qui fait encore plus défaut qu'en matière de rescision pour cause de lésion. — J'imagine que cette fameuse loi *Æde*, comme on l'appelle d'après son premier mot, ne s'appliquait qu'aux maisons d'habitation et pas aux immeubles industriels.

restituer pareille quantité et qualité; et ce prêt est de la plus grande utilité et de la plus grande commodité, lorsqu'il porte sur une somme d'argent, la plus *fongible* des choses, disent les jurisconsultes, le plus circulant, le plus dégagé des capitaux, disent les économistes. Nous voici en présence de la question de l'intérêt de l'argent et d'un curieux conflit de doctrines juridiques, économiques et morales, qu'il s'agit d'expliquer. Je considère, bien entendu, la légitimité de l'intérêt comme une vérité acquise à la science.

La doctrine des jurisconsultes romains est parfaitement correcte : ils admettent le *mutuum* simple, ou avec intérêts; seulement ils exigent une stipulation formelle pour faire courir les intérêts (9). Arrivent les moralistes, les Pères et docteurs de l'Église des quatorzième, quinzième siècles, qui fulminent contre l'intérêt. Ils avaient le sentiment confus des misérables conditions économiques de leur temps; le *mutuum* n'était le plus souvent que ce mauvais crédit de consommation fait à des gens qui empruntent pour vivre, et qui se trouveront dans l'impossibilité de rendre le capital : on peut donc accepter leur doctrine comme prédication morale, mais ils eurent le tort de s'approprier les détestables arguments des moralistes païens, d'Aristote et de Plutarque. Les jurisconsultes du moyen âge firent cause commune avec les pères de l'Église, les papes et les conciles contre l'intérêt, et comme c'était naturellement à eux de trouver quelque

(9) C'était là une simple affaire de formalisme. Le *mutuum* était un contrat de droit strict et un contrat *réel*: en tant que contrat de droit strict, un simple pacte ne pouvait suffire à étendre l'obligation de l'emprunteur qui, étant obligé, *re*, ne pouvait être tenu au delà de la *res* reçue.

argument juridique, quelques-uns s'arrêtèrent à ce beau raisonnement : Le prêt, aussi bien le *mutuum* que le *commodat*, est un contrat de bienfaisance, tout à l'avantage de l'emprunteur, il ne peut pas être que le prêteur stipule un prix pour le service qu'il rend. — La conséquence de cette stipulation d'intérêts est bien simple : il y aura un louage d'une somme d'argent, un contrat à titre onéreux au lieu d'un contrat à titre gratuit. Les jurisconsultes avaient fait un meilleur usage de leur dextérité lorsqu'ils s'étaient appliqués à découvrir des moyens juridiques d'éluder la défense de prêter à intérêt, comme, par exemple, le contrat de constitution de rente : là, disaient-ils, il n'y a plus prêt, *mutuum*, mais aliénation d'un capital mobilier. Comme si, dans le *mutuum*, on n'aliénait pas la somme prêtée, ainsi que le dit le nom même du contrat : *mutuum, ex meo tuum!*

Ce fétichisme juridique peut nous faire sourire; et cependant nous en sommes-nous complètement affranchis aujourd'hui? L'exemple de la lettre de change prouve le contraire. Toute opération de crédit, prêt ou vente, peut donner lieu à la création de deux espèces de titres : 1° un titre souscrit par le débiteur, simple promesse de payer à l'échéance, ou billet à ordre; 2° un titre souscrit par le créancier, c'est-à-dire une lettre de change tirée par lui sur le débiteur au profit d'un tiers qui lui a remis la valeur de la créance cédée. Mais, dans ce qu'on pouvait appeler la théorie classique de la lettre de change, il faut qu'elle soit tirée d'un lieu sur un autre; qu'il y ait remise de place en place. La lettre de change, dit-on, est à la fois la preuve et le mode d'exécution du contrat de change, qui n'est que l'échange de valeurs situées dans des lieux différents. Elle a été créé pour éviter les frais et les dangers d'un transport réel d'espèces : le preneur donne une somme d'argent au tireur, qui lui cède et transporte pareille somme à toucher dans un autre lieu. Or, si la lettre de change est payable dans le lieu même ou elle est souscrite, la lettre de change n'a plus sa raison d'être. C'est sur ces données qu'a été édifiée une fort belle théorie de la lettre de change, théorie consacrée par notre législation. D'autres législations ont admi, au contraire, que la lettre de change peut être souscrite dans le lieu même où elle est payable. A qui donc cela fait-il-tort, a-t-on dit avec raison? Certaines nécessités ont fait découvrir cet effet de commerce ingénieux qui tient à la fois de la vente, de l'échange, de la cession, du mandat : pourquoi ne pas en tirer le meilleur parti possible, en dehors des prévisions de ceux qui, les premiers, s'en sont servis? Ce titre de crédit (10) offre de nombreux avantages. C'est un mode de cession-transport autrement simple et énergique que la cession du droit civil. Ce titre est créé par le créancier sans le concours du débiteur. D'ailleurs celui au profit duquel la lettre a été souscrite dans le lieu même où elle est payable, pourra ultérieurement lui restituer ce caractère de

---

(10) Certains économistes sont très attachés à la vieille théorie de la lettre de change. Je veux parler des ennemis du billet de banque, de la circulation fiduciaire, de l'*or supposé*. Lorsqu'on leur objecte que, s'ils sont conséquents, ils doivent aussi faire le procès à la lettre de change, ils répondent que la lettre de change n'est pas créée pour alimenter le crédit; qu'elle n'est qu'un mode économique de paiement : c'est de l'*or à distance*, disent-ils, comme le chèque est de l'*or sur place*.

remise de place en place, en la transmettant par l'endossement à un tiers dans un autre pays.

Nous considérons aujourd'hui la faillite comme un accident naturel de la vie commerciale, et nous distinguons soigneusement entre la faillite, la banqueroute simple et la banqueroute frauduleuse, c'est-à-dire entre le malheur, la faute et le dol. Autrefois, au contraire, on disait : *Fallitus ergo fraudulosus*. Voilà encore des dogmes juridiques différents à propos du même fait, différence qui s'explique par un changement dans les conditions économiques de la société (11). Autrefois l'outillage industriel était peu de chose; chacun travaillait avec son propre capital pour un marché borné, souvent même sur commande, et, si les affaires n'allaient pas bien, on pouvait resteindre son activité industrielle ou commerciale sans avoir trop à souffrir de ce que le capital engagé dans une entreprise restait improductif. Dans ces conditions-là on ne s'expliquait la faillite que par manquement grave aux devoirs professionnels, spéculation effrénée, gaspillage, intentions frauduleuses à l'encontre des créanciers. De là la maxime : Dans toute faillite il y a dol; de là une législation rigoureuse en matière de faillite. Tout cela est bien changé aujourd'hui. L'industrie moderne vit de crédit; toutes les industries sont solidaires par le crédit qu'elles se font réciproquement; on ne peut sans grand dommage laisser chômer un énorme capital fixe, et l'on travaille souvent dans de mauvaises conditions, attendant une reprise des affaires; enfin, sur un marché immense, les opérations à long terme ont nécessairement un caractère aléatoire. Dans ces conditions-là le

(11) Voir ci-après, chapitre XIV, note 13.

plus sage et le plus honnête peut faire faillite, et une
faillite peut en entraîner beaucoup d'autres. C'est ce
qu'on voit dans les crises commerciales.

Ainsi, de tout temps, les hommes ont cherché à se
procurer avec le moindre effort possible les moyens
de satisfaire à leurs besoins; ils ont eu l'instinct de la
coopération, et senti la nécessité de s'assurer leur
concours réciproque en vue de la production, d'où
sont nés des arrangements sociaux et des contrats
divers. De tout temps il y a eu une propriété, un mode
d'appropriation de la richesse; on a eu quelque notion
de la monnaie et du crédit, et on a pu distinguer les
diverses branches de l'activité économique, industries
agricole, manufacturière, commerciale, industrie des
transports. Mais quelles différences profondes se
cachent sous une apparente uniformité! Combien sont
différents les moyens par lesquels on a cru pouvoir
arriver à pareilles fins! Combien différentes les fins
qu'on a poursuivies par des moyens en apparence
semblables.

# CHAPITRE ONZIÈME

Comment s'est accompli le progrès dans l'ordre économique et dans l'ordre juridique, dans la science économique et dans la science du droit. — Intelligence de plus en plus parfaite des vrais rapports économiques et juridiques. — Le progrès par la liberté. — Le droit et l'économie politique dans la cité antique : formalisme juridique; étroite subordination de l'ordre économique à l'ordre politique. — Le régime féodal. Féodalité militaire et industrielle. Les germes de progrès que renfermait ce régime. Émancipation économique et juridique.

On voit tout d'abord comment ce chapitre se relie au précédent. Nous avons constaté les modifications qui se sont produites dans les conditions économiques de la société et dans les principes juridiques qui les reflètent. Quelle est la portée de ces changements? En est-il résulté un progrès dans la science, et, dans ce cas, en quoi précisément a consisté ce progrès?

Qu'on ne s'étonne pas de voir poser la question en ces termes. La science est imparfaite, car elle consiste dans une croyance conforme à la véritable nature des choses que nous ne pouvons pas pénétrer complètement. Il y a toutefois sur ce point, une distinction essentielle entre les sciences exactes, d'une part, et les sciences naturelles et morales, d'autre part. Dans les sciences exactes, l'imperfection de la connaissance humaine consiste, non point en ce que elle est entachée d'erreur, mais en ce qu'elle est bornée (1). Dans

(1) C'est ce qu'exprimait Pascal lorsqu'il écrivait : « La méthode « de ne point errer est recherchée par tout le monde; les logi- « ciens font profession d'y conduire; les géomètres seuls y arrivent. « et, hors de leur science et de ce qui l'imite, il n'y a point de « véritables démonstrations. »

les sciences naturelles et dans les sciences morales,
au contraire, l'imperfection de notre connaissance
consiste généralement dans des opinions plus ou moins
contraires à la vérité. Le progrès consiste à découvrir
la vérité derrière des apparences trompeuses, et, sur
ce terrain, il y a toujours des découvertes à faire. On
peut même affirmer que le progrès, dans les sciences
sociales, s'est souvent réduit à substituer à une erreur
grossière une erreur moindre (2).

L'histoire est, pour les sciences morales et sociales
le champ d'observations et d'expérimentations par
lesquelles elles confirment ou rectifient leurs conclusions. Eh bien, on peut affirmer que, grâce à l'expérience des siècles, les sciences de l'économie politique
et du droit sont allées se perfectionnant, s'épurant, se
complétant sans cesse, et que le progrès s'est accompli, dans les faits, par la liberté, et, dans la doctrine,
par cette grande déclaration de principe que le droit
et l'économie politique sont la science de la liberté.
Cela ne doit pas être entendu en ce sens que le progrès a été incessant, continu, année par année; qu'il
n'y a pas eu de temps d'arrêt et même de mouvement
de recul : il s'agit uniquement des résultats généraux
de l'expérience des siècles, et si des siècles de barbarie ont succédé à des siècles de civilisation, cette
barbarie fait aussi partie des leçons de l'histoire. Il
faut encore noter que les progrès, dans la science du
droit et dans la science de l'économie politique, ne se

(2) C'est ainsi que les physiocrates ont opposé à la maxime : *la
richesse, c'est l'or*, cette autre maxime : *la richesse, c'est la terre*,
qui est sans doute plus près de la vérité, mais qui est elle-même
trop absolue et qui a, comme on le sait, singulièrement embar-
rassé leur doctrine.

sont pas accomplis parallèlement, et que le droit s'est
constitué à l'état de science distincte bien avant l'économie politique (3).

Il s'agit maintenant d'examiner de plus près et de
justifier cette formule : le progrès en droit et en économie politique s'est accompli par la liberté.

A en croire Rousseau, les temps historiques s'ou·
vriraient par l'irrémédiable déchéance de l'humanité.
Les hommes jouissaient, dans l'état de nature, d'une
liberté complète, lorsqu'il leur plut de l'aliéner par le
contrat social. On se demande ce qui a pu les déterminer à ce contrat, et si ce contrat n'aurait pas été
affecté d'un vice radical, la violence? Cela n'est pas
sérieux. Le prétendu état de nature n'a été que le
dénûment économique qui engendre la servitude, et le
plus détestable état social est, au point de vue du
droit comme de l'économie politique, préférable à
l'anarchie naturelle. Ce que nous trouvons, en réalité,
à l'origine des temps historiques, ce sont des groupes
sociaux rudimentaires dans lesquels il n'y a place ni
pour le droit, ni pour l'économie politique; c'est le
régime patriarcal, dans lequel il n'y a place que pour
une économie domestique, et on ignore cette opposition d'intérêts qui nécessite l'intervention du droit
se substituant à la force brutale.

Le droit et l'économie politique apparaissent avec
la cité antique, qui succède au régime communiste
du patriarcat, mais dans laquelle la liberté n'est nulle
part (4), pas plus dans l'ordre politique que dans

(3) Ce point sera l'objet d'un examen particulier dans le chapitre
XIII ci-après.

(4) Ce n'est pas l'avis de Rousseau, qui estime que les Grecs ont
seuls réalisé l'idéal de la liberté. Et il faut lire les raisons qu'il en

l'ordre économique. La cité n'est qu'une association, étroite et égoïste, d'un petit groupe de citoyens qui assure une certaine sécurité à ses membres contre les ennemis du dehors, à la condition qu'ils abdiquent toute indépendance à l'intérieur. Ils sont dans la cité comme une garnison assiégée dans une place forte, soumis à la plus dure discipline.

L'ordre économique se distingue de l'ordre politique, mais lui demeure étroitement subordonné, et les différentes branches de l'industrie peuvent être considérés comme autant de fonctions sociales que la coutume ou la loi imposent aux diverses catégories de citoyens, castes, classes ou corporations. Le droit est un ensemble de prescriptions rigoureuses dont le sens demeure caché à la masse du peuple; un mystère et une arme (5) aux mains des classes supérieures pour maintenir les classes inférieures dans une étroite dépendance. La rigueur, on pourrait dire la raideur, du droit primitif se caractérise par les traits suivants :

donnel « Tout ce que le peuple avait à faire, il le faisait par lui-« même. Il était sans cesse assemblé sur la place; il habitait un « climat doux; il n'était point avide; des esclaves faisaient ses « travaux; sa grande affaire était sa liberté. N'ayant plus les « mêmes avantages, comment conserver les mêmes droits? — Quoi! « la liberté ne se maintient qu'à l'appui de la servitude? Peut-être. « Les deux excès se touchent. Tout ce qui n'est point dans la « nature a ses inconvénients, et la société civile plus que tout le « reste. » *Contrat social*, Livre III, ch. XV; Nous savons un peu mieux que Rousseau ce qu'était la Cité antique.

.5) Ce que voulait la plèbe romaine en réclamant des magistrats chargés de rédiger le code de lois qui fut la loi des XII Tables (*ut magistratus crearentur legibus scribundis*), ce n'était pas un code de lois nouvelles mais une rédaction exacte du droit existant, afin de savoir à quoi s'en tenir là-dessus, et de ne plus être livré à l'arbitraire des juges. Aussi la publication des Fastes, du calendrier juridique, fut-elle considéré comme une de ses plus précieuses conquêtes.

1° Le droit civil, celui qui règle les rapports des citoyens entre eux quant à leurs intérêts privés, est considéré comme faisant partie intégrante du droit public. On peut dire que toute affaire privée est affaire d'état. C'est sur la place publique, *forum* ou *agora*, que les citoyens font leurs affaires. Le testament et l'adoption sont de véritables lois;

2° De cette dépendance étroite du droit privé à l'égard du droit public, il résulte que chaque peuple a son droit propre auquel les étrangers ne participent pas: *Jus civile, jus proprium civium romanorum* (6);

3° Enfin le formalisme le plus rigoureux, consistant dans l'accomplissement de rites symboliques, dans la prononciation de formules solennelles, domine tous les actes de la vie juridique; c'est ainsi que tout procès débute par le simulacre d'un combat.

Comment donc s'est accompli le progrès? Le droit privé se sépare de plus en plus du droit public. Les distinctions entre les personnes, entre les choses auxquelles on avait attribué des caractères juridiques particuliers, s'effacent. On retranche les vaines formalités, les rites purement symboliques, pour ne maintenir que les solennités qui ont un caractère d'utilité pratique, en ce sens qu'elles assurent la sincérité et l'authenticité des actes juridiques dans lesquels on ne voit plus que ce qui en constitue réellement l'essence, à savoir une manifestation sérieuse de volonté de laquelle résultera le lien obligatoire, le transfert de la propriété. Le droit, considéré dans son développe-

---

(6) Cicéron (*Topiques*, 2), a ainsi défini le droit: *æquitas constituta iis qui ejusdem civitatis sunt ad res suas obtinendas.* L'équité est le principe vivifiant du droit.

ment historique, nous présente un spectacle analogue
à celui que nous offre l'histoire des religions. Comme
le pur sentiment religieux se dégage peu à peu du
fétichisme grossier des premiers âges et des pratiques
superstitieuses, de même le sentiment du droit et la
vraie notion de justice se dégagent des rudes prescriptions et du symbolisme barbare des temps primitifs.
Ce progrès s'opéra principalement par une sorte d'éclec-
tisme résultant de la prédominance du droit des gens
sur le droit civil, de la conception d'un droit commun
à l'humanité supérieur aux étroites conceptions de
ce *particularisme juridique* ; et l'on peut ajouter que
ce progrès eut pour principaux instruments les jurisconsultes et les préteurs romains, et fut favorisé par
la domination universelle de Rome.

Je dois m'expliquer ici sur la signification qu'il
convient d'attribuer, du point de vue particulier auquel
je me suis placé dans ce chapitre, à ce grand fait
historique de la période barbare et du moyen âge,
venant, à ce qu'il semble, brusquement interrompre
le développement régulier de la civilisation gréco-
romaine. N'y a-t-il pas eu là un retard funeste à
l'avancement des sciences du droit et de l'économie
politique? Je ne le pense pas. On peut tout d'abord
affirmer que l'antique civilisation avait porté tous ses
fruits; que cette vieille société n'était plus qu'un édifice chancelant qu'on étayait tant bien que mal depuis
des siècles; que ce ne fut pas une destruction violente,
mais un long et irrémédiable effondrement. Cela est
hors de doute; mais ce n'est point là la question.
Il s'agit de savoir ce que le pénible enfantement de
la société moderne a apporté d'éléments nouveaux à la

science sociale. On peut répondre en peu de mots : ce fut une notion plus vraie et plus large de la justice et de la liberté; ce fut la revanche du droit individuel sur le droit social qui avait trop exclusivement triomphé dans l'antiquité. Pour contrôler l'exactitude de ces assertions il ne faut pas, bien entendu, se placer à un moment unique de cette longue période de quinze siècles, à quelqu'un de ces moments où il semble que toute fortune publique et privée est anéantie; que le naufrage de la civilisation est complet; que le monde, en un mot, va finir, comme ce fut la croyance populaire vers l'an 1000. Il faut embrasser dans leur ensemble les temps nouveaux, qui vont de la chute de l'empire romain jusqu'à nos jours; rechercher ce que contenaient de germes plus ou moins heureux les essais les plus grossiers d'organisation politique et industrielle et constater les résultats généraux.

Certes, le régime féodal, qui enserra dans ses liens la société tout entière, la société civile et religieuse, politique et industrielle, ne semble pas, au premier abord, ouvrir de brillantes perspectives à la justice et à la liberté. C'est le servage universel des personnes et des choses; c'est, en apparence, la négation même de tout droit; car il ne faut pas seulement dire : *point de terre sans seigneur*, mais bien : *point de droit sans seigneur*, c'est-à-dire point de droit sans une personne qui vous l'a expressément concédé et vous en garantit l'exercice, en échange, bien entendu, de prestations et de services divers, service militaire, corvée ou redevances. Mais voici les faits considérables dont il faut tenir compte. A la suite des invasions, tous les liens de la société humaine, avaient été rompus. Il

s'était bien rencontré encore, parmi les premiers
carlovingiens, quelques hommes vaillants, héritiers
des grands césars, pour lutter contre les nouvelles
invasions; mais ils n'avaient rien fondé de durable.
La notion de l'État s'était perdue; celle de Patrie ne
devait venir que bien plus tard. Le régime féodal eut
sa raison d'être dans l'impuissance reconnue de la
royauté à remplir son principal office, qui est de
garantir la sécurité. A. Mersen, en 847, à Kiersy,
en 877, la royauté signa l'acte de sa déchéance, ce fut
un *sauve qui peut* général. Le mot est rigoureusement
vrai; chacun se choisit un protecteur, un sauveur. Si
le contrat social, tel que l'a conçu Rousseau, est une
chimère, rien n'est plus réel que l'ensemble de ces
*contrats de sauvement* qui intervinrent alors. On peut
dire que l'état social nouveau, le régime féodal, est
essentiellement un *état contractuel*, en ce sens que
tous les membres de la société se trouvèrent enlacés
dans cet immense réseau de contrats, depuis le plus
humble artisan et le plus pauvre tenancier jusqu'au
roi, et que la condition des personnes et des terres
fut réglée par quelque convention, charte, fief ou
bail (7), dont les clauses présentaient la plus grande
diversité quant au degré de franchise ou de sujétion,
à la nature des droits et des obligations réciproques.

(7) On sait que le mot *bail* a un sens beaucoup plus large dans
la langue du moyen âge que de nos jours. Il ne désigne pas seulement les divers systèmes de *tenure* et d'*amodiation* du sol, mais
encore des contrats qui doivent être considérés comme de véritables aliénations. Seulement, dans ce temps où la terre était
regardée comme la source de toute richesse et de toute puissance,
on ne voulait jamais avouer qu'on avait aliéné; on entendait toujours conserver sur la terre une sorte de domaine éminent et
n'avoir cédé que les *droits utiles*.

Jamais il n'a été plus vrai de dire que la convention est la loi des parties, et on chercherait en vain à cette liberté une restriction analogue à celle que le code civil a entendu formuler dans l'article 6 : « On ne peut « déroger par des conventions particulières aux lois « qui intéressent l'ordre public (8). »

Quelle est donc la valeur de cet état social, non pas tant considéré en lui-même que eu égard aux germes d'un avenir meilleur qu'il pouvait contenir? d'abord, en ce qui concerne l'ordre économique, je n'hésite pas à mettre l'organisation industrielle du moyen âge au-dessus de celle qui avait prévalu dans l'antiquité : L'esclavage en était banni, et le corps de métiers n'a rien de commun avec la corporation romaine, qui était devenue un véritable bagne. Mais ce qu'il importe surtout de constater, c'est que ce régime fut la dure, mais salutaire école de la liberté individuelle. Dans le corps de métiers et dans la commune qui en est issue, dans les campagnes ou le serf est devenu *vilain*, c'est-à-dire propriétaire, mais soumis à des corvées sans nombre et à de lourdes redevances, un même but à atteindre par les mêmes moyens s'est nettement posé pour tous ; conquérir la liberté des personnes et la franchise de la terre ; se soustraire à une tutelle onéreuse et placer les garanties de l'ordre et de la sécurité non plus dans un contrat avec des individus, mais dans un droit commun dont la royauté fut d'abord le symbole; à l'indépendance purement collective de la commune ou de la corporation subtituer l'indépen-

(8) Parmi les conventions que vise cet article il faut précisément comprendre celles qui tendraient à faire revivre un état social se rapprochant du régime dont la Révolution de 1789 a fait disparaître les derniers vestiges.

dance de l'individu, fonder l'égalité civile et politique.
Ce but fut poursuivi, dans l'ordre économique par le
travail et l'épargne; dans l'ordre politique, par l'alliance avec la royauté contre la féodalité militaire;
puis, quand le tiers état eut acquis à la fois la richesse et les lumières, contre la royauté elle-même
faisant cause commune avec les privilégiés; et une
révolution dut assurer le triomphe de principes que la
science sociale, instruite par l'expérience des siècles,
venait de proclamer.

Le grand enseignement à retenir de tout cela c'est
que, en matière de droit comme d'économie politique,
le progrès s'est toujours accompli par la liberté, c'est-
à-dire par la suppression de quelque entrave: vaines
formules, rites ou symboles, privilèges et monopoles.
On a reconnu que tout acte juridique se réduit en
principe, à une libre manifestation de volonté. On a
proclamé la liberté du travail, la liberté des conventions et l'affranchissement de la propriété qui a les
mêmes caractères dans toutes les mains.

L'économie politique et le droit doivent donc faire
cause commune contre ceux qui tenteraient de réaliser un progrès quelconque par l'amoindrissement
de la liberté, par l'établissement de quelque privilège
en haut ou en bas.

# CHAPITRE DOUZIÈME

L'école rationnelle ou philosophique et l'école historique en
matière de droit et d'économie politique. — Réquisitoire fulminé
par l'école historique contre l'école philosophique. Condamnation de la méthode déductive, supériorité de la méthode inductive. Il n'y a pas une science de l'économie politique, pas plus
qu'une science du droit. Tout essai de codification est contraire
à la nature des choses. — Réfutation de ces doctrines, au nom
de l'école philosophique. L'abstraction et la généralisation sont
la condition de toute science. Impuissance de l'école historique;
elle se méprend sur les enseignements que l'on doit demander
à l'histoire. L'idéal rêvé par l'école historique. — Exagérations
de l'école philosophique.

J'aborde un débat célèbre, d'un grand intérêt théorique et pratique, qui porte à la fois sur l'économie
politique et sur le droit, et présente néanmoins certaines particularités propres à chacune de ces deux
sciences. Il devait trouver place dans cette étude. Ce
chapitre se rattache étroitement aux trois chapitres
qui précèdent. Nous venons, en effet, d'y traiter des
changements qui se sont produits dans les pratiques
économiques et juridiques par suite des modifications
survenues dans la constitution de la société; nous
avons constaté et formulé la loi du progrès; et nous
avons reconnu que les variations dans les phénomènes sociaux, fournissant une base toujours plus
large à l'observation, ont profité à l'avancement des
sciences sociales. Nous voici sur le terrain choisi par
l'école qui s'intitule l'école *historique* pour livrer bataille
à l'école qu'il lui plait d'appeler l'école rationnelle,

philosophique, antihistorique (1). Ici, comme toujours, on donne volontiers à ses adversaires des qualifications inexactes, et on leur prête des doctrines qu'ils se défendent de professer. Les deux écoles arrivent du reste à des conclusions pratiques très différentes et bien autrement graves que leur antagonisme doctrinal. Quoi qu'il en soit, et pour exposer plus clairement le débat, qui est pour ainsi dire en partie double, droit et économie politique, nous avons à examiner ; 1º le réquisitoire fulminé par l'école historique contre l'école

---

(1) C'est sur le terrain du droit que l'antagonisme s'est d'abord produit, que les doctrines et les prétentions contraires se sont nettement formulées. Lorsque, en 1815, Savigny, Eichhorn et Gœschen entreprirent la publication du Journal pour la science historique du droit (*Zeitschrift für geschichtliche Rechts Wissenschaft*), Savigny rédigea le manifeste de l'école historique. « L'une « des deux écoles, dit-il (tome I, page 2), est suffisamment carac- « térisée par son nom d'école historique. Quant à l'autre, il est « assez difficile de lui trouver une qualification positive, attendu, « qu'elle n'offre une certaine homogénéité que dans son antago- « nisme avec l'école historique, et réunit d'ailleurs dans son sein « les doctrines les plus diverses et les plus contradictoires, s'an- « nonçant tour à tour comme système philosophique, comme « théorie du droit naturel, comme l'école du sens commun. Faute « d'une dénomination plus convenable, nous l'appellerons donc « l'école *antihistorique*. Mais l'opposition qui existe entre ces deux « écoles de jurisconsultes ne peut être parfaitement comprise si « l'on se borne à considérer la science du droit, car c'est là un « antagonisme général de sa nature, que l'on rencontre plus ou « moins dans toutes les choses humaines, particulièrement dans « tout ce qui touche à la constitution et au gouvernement des « États. » Cette dernière remarque est très juste, et nous allons voir que l'économie politique n'est pas moins intéressée que le droit dans ce débat. Il n'en est pas de même de cette autre re- marque que l'école qu'il plaît à Savigny d'appeler *antihistorique* ou *non historique* (*ungeschichtliche*) ait le monopole de la diversité et de la contradiction entre les doctrines qui se rangent sous son drapeau. Il en est ainsi, pour le moins autant, de la prétendue école historique ; et dans les deux écoles, on rencontre, à côté de gens sérieux, de savants du premier ordre, des excentriques qui se valent. C'est ce qu'on verra à la fin de ce chapitre.

philosophique; 2° l'exposé des doctrines de cette même
école historique ; 3° la défense produite par l'école
philosophique ; 4° enfin l'accusation que l'école philosophique formule à son tour *reconventionnellement* contre
le système de l'école historique.

Quels sont donc les griefs de l'école historique contre
l'école philosophique? L'école philosophique procède,
dit-on, comme si l'homme et la société fournissaient
des données invariables à la science pour la démonstration de ses théorèmes et la solution de ses problèmes. On édifie une science du droit et une science
de l'économie politique, qui ont pour objet commun
l'homme, être intelligent, libre, perfectible, vivant en
société avec ses semblables, mais on ne dit pas de quel
homme et de quelle société il s'agit. Est-ce l'homme et
la société des temps primitifs, de l'antiquité, du moyen
âge, des temps modernes? En réalité, on s'occupe
de l'homme *abstrait*, tel qu'il n'a jamais existé et
n'existera peut-être jamais. Le point de départ est
donc une pure abstraction, ce qu'on appelle la nature
humaine; et, spéculant sur cette donnée arbitraire,
on nous dit quels doivent être les rapports des hommes
vivant en société, soit d'une manière générale, ce qui
est l'objet de la science du droit, soit au point de vue
plus restreint de la production et de la répartition de
la richesse, ce qui est l'objet propre de la science de
l'économie politique. Méthode déductive et école philosophique, c'est tout un. On pose des principes révélés
par la raison, la conscience, le bon sens, et, par le
raisonnement, on en déduit toutes les conséquences
qu'ils paraissent contenir, et c'est l'ensemble de ces
conséquences qui constitue la science de l'économie

politique. C'est le procédé qui convient aux sciences
exactes dans lesquelles on part de principes rigoureusement démontrés ou acceptés par tous comme
vérités évidentes, et dont on tire indéfiniment des
corollaires toujours justes. Mais ce qu'on est convenu
d'appeler la nature humaine est quelque chose d'autrement complexe et variable qu'un principe ou un
axiome mathématique. La nature humaine se compose d'une infinité de penchants, d'idées, de sentiments, de besoins, qui varient suivant les temps, les
lieux, les individus. Que fait-on cependant? On pose
en principe que l'intérêt personnel est le moteur de
toute activité; et tel est le point de départ de la science
économique qui méconnaît ainsi les plus nobles instincts de l'homme : le dévouement, le désintéressement, le patriotisme.

Comme l'économie politique se réduit à un petit
nombre de dogmes mis au-dessus de toute discussion,
à une sorte de catéchisme, de même la science du
droit aboutit à un code, c'est-à-dire à un formulaire,
à un ensemble de règles, de prescriptions brèves,
précises, immuables. Ce code est en désaccord avec
le droit vivant tel qu'il existe dans la conscience
juridique du peuple; ou bien, si le législateur a
entendu qu'il en fût l'expression, cela n'est vrai qu'à
un moment de son développement historique qui est
incessant. Enfin ce code, dont la rédaction a eu pour
but de fixer le droit, de faire une réalité de la fiction
que *nul n'est censé ignorer la loi*, n'est intelligible qu'à
grand renfort de commentaires, inaccessibles à la
masse des citoyens, et dont la multiplicité atteste les
incertitudes de l'interprétation doctrinale; à quoi il

faut ajouter les variations d'une jurisprudence qui, avec plus ou moins de succès, s'efforce de plier le texe inflexible de la loi aux exigences de faits nouveaux que le législateur n'a pas pu prévoir (2).

Ce réquisitoire en forme contre l'école philosophique fait suffisamment pressentir ce que doivent être les doctrines des représentants de l'école historique en matière d'économie politique. Ils se vantent tout d'abord de suivre, non la méthode déductive, mais la méthode inductive ; c'est-à-dire d'étudier les faits sans parti pris pour en induire.... quoi? des principes dont l'ensemble constituerait une science de l'économie politique ou du droit? Ils s'en garderaient bien. Il n'y a pas une science de l'économie politique; il y en a autant qu'il y a eu de régimes économiques pratiqués. Tout ce qu'on peut demander à la science, c'est de faire la théorie de ces divers régimes : La théorie de l'économie politique de l'âge patriarcal, de la cité antique, du moyen âge; et encore faut-il distinguer dans chaque époque, les divers pays, à raison de leurs conditions géographiques et climatériques. L'école · historique repousse les théories absolues (3) et le cosmopolitisme qui caractérisent l'économie politique de l'école

(2) L'école historique se plaît à rappeler que les commentaires font le désespoir des législateurs. Elle ne manque pas de relever ce fait étrange, que le code pénal de Bavière, promulgué en 1813, contenait dans son préambule la « *défense expresse à tout fonctionnaire public et à tout jurisconsulte d'imprimer un commentaire sur le présent code pénal.* » On s'était souvenu en Bavière du désappointement de l'empereur Napoléon apprenant que Maleville venait de publier un commentaire du code civil.

(3) Aussi *Karl Knies, Die politische Œkonomie vom Standpunkte des geschichtlichen Methode* (l'économie politique au point de vue de la méthode historique), § 2, page 24, exclut-il de l'école historique Frédéric List, bien que dans son *Système national d'économie*

contraire. Chaque époque et chaque pays ont, en général, pratiqué l'économie politique qui leur convenait le mieux, et l'objet de la science est de rechercher ce qui convient le mieux à chaque pays.

Il en est du droit comme de l'économie politique. Il n'y a pas *une* science du droit. Le droit est essentiellement d'origine coutumière. Chaque époque, chaque peuple a su trouver le droit qui lui convenait le mieux, et la science du jurisconsulte consiste à faire la théorie, à exposer le système de tel ou tel droit. L'un fera la théorie du droit grec, l'autre la théorie du droit romain (4), un troisième la théorie du droit germanique, et ainsi de suite. Ce sera un travail

*politique*, il ait combattu le cosmopolitisme de l'école anglaise. Knies fait remarquer, non sans raison à son point de vue, que la doctrine de Frédéric List est entachée d'absolutisme, car il soutient que toutes les nations sont destinées à suivre la même marche et à arriver au même résultat dans leur développement économique, sans tenir compte des conditions particulières de territoire, de climat, de population dans lesquelles elles se trouvent. Ainsi tous les états européens doivent viser à devenir, comme l'Angleterre, puissances industrielles, maritimes, coloniales et à entretenir un grand commerce direct avec leurs colonies. Par la même raison, Knies rejette de l'école historique le socialisme, qui se caractérise en effet par l'absolutisme de ses théories.

(4) L'illustre chef de l'école historique en Allemagne, Savigny, a donné à la fois le précepte et l'exemple dans son grand ouvrage, *System des heutigen rœmischen Rechts* (système du droit romain moderne). Le droit romain est encore aujourd'hui le droit commun de l'Allemagne, en ce sens que quiconque peut invoquer un texte glossé du corps du droit romain (*quidquid agnoscit glosa agnoscit forum*), peut, sur ce fondement, intenter une action en justice (*habet fundatam intentionem in jure*), sauf à être repoussé par une exception tirée de quelque autre source du droit, droit canonique, constitutions impériales, code moderne, en vertu de la maxime *lex posterior priori derogat*. Ainsi le droit romain n'est pas, comme chez nous, simplement la raison écrite : c'est un texte de loi livré aux interprétations des juges. De là la nécessité d'une étude appro-

d'antiquaire, d'historien, de jurisconsulte. On demandera peut-être si personne ne se chargera de faire la
théorie ou le système du droit contemporain? c'est là
une œuvre à peu près impossible. Pour faire la théorie
d'un droit, il faut qu'il soit arrivé au terme de son
développement, comme le droit romain, le vieux droit
germanique, autrement dit qu'il soit mort. Mais le
droit moderne est simplement en voie de formation; et
il se modifie d'autant plus chaque jour, que la société
moderne subit des transformations plus rapides dans
toutes ses parties, progrès des sciences et de l'industrie, bouleversements sociaux et politiques. Rien n'est
plus difficile que d'écrire l'histoire de son temps, y

fondie de ce droit pour les praticiens et la place considérable qu'il
tient dans l'enseignement des universités où le cours de *pandectes*
a précisément pour objet l'*usus modernus juris romani*. Il faut
connaître cet état de choses pour bien comprendre l'importance
pratique qui s'attache en Allemagne, à ces controverses passionnées
entre l'école historique et l'école philosophique, controverses qui
se réduisent, en dernière analyse, à cette question : Faut-il codi-
fier ? Dans les chapitres II et III du livre I de son *Système du
droit romain*, Savigny s'occupe des sources du droit : la coutume,
la loi, et enfin le droit scientifique (*Wissenschaftliches Recht*). « Avec
« les progrès de la civilisation, dit-il (§ 14) il s'opère une sorte de
« division du travail intellectuel. Le droit avait d'abord été l'affaire
« de tout le monde; mais il arrive un moment où les rapports qu'il
« doit régler sont si nombreux et si compliqués, que la masse du
» peuple est impuissante à en embrasser le vaste ensemble. Alors se
« forme dans la société un ordre particulier, l'ordre des juris-
« consultes (*der Juristenstand*), chargé de représenter le peuple
« dans ce genre d'activité intellectuel. Le développement du droit
« dans cet ordre n'est que la continuation et le développement de
« l'activité populaire. Ainsi le droit vit maintenant d'une double
« vie : Dans ses traits essentiels il est toujours vivant dans la
« conscience universelle du peuple ; quant à son perfectionnement
« et à son application aux détails, il devient l'occupation profes-
« sionnelle de l'ordre des jurisconsultes. » Voilà un passage qui
est à noter pour qui veut se rendre compte des conceptions de
l'école historique.

compris l'histoire du droit (5). Mais s'il est si difficile
de faire la théorie ou le système du droit contemporain, encore moins peut-on songer à le renfermer,
à l'immobiliser dans un code. Pas de code! c'est la
conclusion, le mot d'ordre de l'école historique.

Je réponds d'abord aux attaques dirigées contre
l'école philosophique, c'est-à-dire contre la vraie
science, soit du droit, soit de l'économie politique. Elle
accepte les qualifications d'école rationnelle ou philosophique et s'en glorifie; mais elle a de plus la prétention de ne pas être moins historique que la prétendue
école historique. La question est de savoir ce qu'il
faut chercher dans l'histoire. L'école philosophique
étudie dans l'histoire l'homme et la société; elle étudie
les différents régimes économiques et les différents
systèmes juridiques qui ont tour à tour prévalu afin
d'établir une distinction entre les phénomènes sociaux
qui n'ont eu leur raison d'être que dans des circonstances particulières de temps et de lieu, et ceux qui
ont un caractère permanent conforme à la nature de
l'homme et à l'ordre essentiel des sociétés humaines.
Quoi qu'on en dise, il y a une nature humaine et les
hommes sont faits pour vivre en société. On reproche

(5) « Chaque époque de l'histoire est une énigme pour les con-
« temporains; l'avenir seul en dira le mot. » Ihering, *Geist des
römischen Rechts auf den verschiedenen Stufen seiner Entwickelung*
(L'esprit du droit romain aux différentes époques de son développement). — L'éminent romaniste n'est certes pas un adversaire
quand même de l'école historique; il a néanmoins fait remarquer avec raison que la réception en masse du droit romain en
Allemagne, comme droit commun, va directement contre les théories
outrées de cette école, car on ne peut pas dire que ce droit ait été
le produit d'une lente élaboration de la conscience juridique du
peuple allemand; c'est à titre de *ratio scripta*, comme un Code, qu'il
a été reçu.

à l'école philosophique de procéder par la méthode
déductive. A cela elle répond qu'elle n'a pas de
méthode exclusive; que, suivant les cas, elle fait de
l'induction ou de la déduction, de l'analyse ou de la
synthèse. Dans l'ordre moral, aussi bien que dans les
sciences exactes, il y a des vérités d'évidence, des
principes certains, desquels il est permis de déduire
des conséquences plus ou moins rigoureuses : tel est
le principe que l'homme est fait pour vivre en société.
En outre, lorsque par l'observation des faits, on est
arrivé à une conclusion, à un principe, quand on a
ainsi fait de l'induction, il est bien permis de faire
de la déduction, de tirer des conséquences de ce principe. On reproche encore à la science, et spécialement
à la science économique, de faire de l'abstraction, de
la généralisation. C'est toujours le même grief sous
une forme différente. L'économie politique n'est que
la théorie, la doctrine de l'intérêt personnel; elle
néglige les autres instincts de la nature humaine. Oui,
il est certain que l'économie politique ne fait pas la
théorie d'une société où le dévouement, l'abnégation,
la charité, lo désintéressement, seraient l'unique
ressort de l'activité industrielle : c'eût été là une
conception tout à fait chimérique. Elle est, au
contraire, demeurée sur le terrain de la réalité, en
considérant comme le principal ressort de cette activité: l'intérêt personnel, le mobile le plus constant le
plus universel, le plus profondément instinctif, et le
plus légitime, car il est la condition même de l'existence individuelle, comme l'instinct de la légitime
défense. Ce mobile n'exclut pas les autres, et on ne
peut plus parler sérieusement de nos jours d'une

opposition entre l'économie politique et la morale.
L'abstraction et la généralisation sont la condition de
toute science.

En ce qui concerne plus particulièrement la science
du droit, l'école historique accuse l'école philosophique de vouloir, en vertu de principes abstraits,
briser violemment le lien qui relie le présent au passé,
et telle serait nécessairement la signification d'un
code. Il n'en est rien. Jamais un code, surtout un
code de droit privé, n'a été une œuvre nouvelle de
toutes pièces. Le passé est comme une succession
qu'on accepte sous bénifice d'inventaire. On rejette
ce qui est devenu absolument incompatible avec une
rénovation sociale et politique jugée nécessaire ; mais
le fonds de code est toujours un legs du passé. Il en
est ainsi du Code civil français, qui est tiré tout entier
du droit romain et du droit coutumier, et auquel on a
bien plutôt reproché de n'avoir pas suffisamment rompu
avec le passé, à raison des nouvelles conditions économiques de la société (6).

Ce n'est point assez de repousser les injustes
attaques dirigées contre l'école philosophique, c'est-à-
dire contre la véritable science du droit et de l'économie politique, il faut encore montrer le néant des
doctrines de la prétendue école historique. A quoi
aboutit-elle avec cette soigneuse investigation du passé
qui est certes une chose excellente en soi ? que
demande-t-elle à l'histoire ? La vraie science lui demande des leçons, des enseignements ; elle y étudie
le principe de causalité dans les mille circonstances
diverses au milieu desquelles il s'est manifesté. Pour

(6) Voir ci-dessus, chapitre IX, note 2.

l'école historique, l'histoire est un vaste amas de faits et de solutions des problèmes sociaux qui se sont posés dans tous les temps, et, en présence des problèmes analogues qui se posent aujourd'hui, que fait-on? on fouille dans l'histoire pour y chercher des solutions, et, arbitrairement, capricieusement, on admet celle-ci, on rejette celle-là. Cela n'est qu'*une catégorie historique,* telle est la banale formule de condamnation à l'usage du socialisme, qui a aussi la prétention (7) de se rattacher à l'école historique. L'école historique, n'admettant pas une science de l'économie politique, est réduite à un empirisme sans règles, sans principe. Les représentants de cette école, qui ont par-dessus tout la prétention à l'esprit pratique, abordent résolument de front les problèmes soulevés de leur temps, et en cherchent à tâtons la solution dans le vaste répertoire de faits qu'ils ont étudiés, « mais sans passer par le travail de généralisation « qui constitue la science pure. Ils procèdent comme « un physicien, qui, après avoir constaté plus ou « moins exactement une série de phénomènes phy- « siques d'un certain ordre, sans les avoir rattachés à « une loi générale, voudrait tirer de cette étude la « solution d'un problème d'application, la construc- « tion d'une machine, par exemple. Il est évident « que ce physicien, si l'on pouvait lui donner ce nom, « ne réussirait pas ou ne réussirait que par à peu près. (8) » Enfin l'école historique fait grand bruit de sa méthode inductive qu'elle oppose triomphalement à la

(7) Voir la note 3 ci-dessus.
(8) M. Courcelle Seneuil, *Situation et perspectives de l'économie politique. Journal des Économistes,* Sept. 1877, page 322.

méthode déductive de l'école philosophique. A cela il y
a une double réponse à faire : 1° les représentants de
l'école historique usent de la déduction autant que qui
que ce soit, en quoi nous ne saurions les blâmer, car
la déduction est un mode de raisonnement parfaitement légitime, et nous avons tous un fond de connaissance acquise (9) d'où nous déduisons continuelle-
ment, sauf à rectifier nos déductions par l'expérience ;
2° L'induction n'est pas un procédé infaillible (10) et
bien souvent une induction n'est qu'une conjecture.

Au nom des jurisconsultes de l'école philosophique
prenons maintenant plus spécialement à partie les
jurisconsultes de l'école historique. Les griefs sont
nombreux et sérieux.

Ce n'est pas le pur intérêt de la science qui a
excité le zèle des chefs de l'école historique en Allemagne. La passion s'en est mêlée. Sous couleur de
patriotisme (11), ils ont attaqué les Codes français qui

(9) Voir dans le *Journal des Économistes* d'août 1876 l'article sur
*les deux écoles économiques* : 1, *la nouvelle école autoritaire et les socialistes en chaire*, dans lequel M. Maurice Block reproduit l'excellente
réfutation présentée par M. Cairnes des prétentions de la méthode
inductive ou historique et des reproches qu'elle adresse à la
méthode dite abstraite, déductive, logique.

(10) « J'aime encore mieux des déductions que des conjectures.
« Une induction, le plus souvent, ce n'est que l'opinion d'un indi-
« vidu sur un fait mal observé. » M. Maurice Block : *Une nouvelle
définition de l'économie politique ; Journal des Économistes* de décembre 1881, page 390; c'est à propos du gros livre de M. Schæffle.
*Bau und Leben des Socialen Körpers* (structure et vie du corps
social).

(11) Ce n'est pas l'article de la *Zeitschrift* cité à la note 1 ci-
dessus qui est le véritable manifeste de l'école historique, mais
bien l'écrit à sensation publié l'année précédente, en 1814, par
Savigny, *Vom Beruf unserer Zeit zur gesetzgebung und Rechtswis-
senschaft.* (De la vocation de notre temps pour la codification et
la science du droit). Ce livre, de l'aveu de Savigny, est dirigé

avaient été introduits dans quelques pays allemands,
et il fallait à tout prix faire disparaître ces traces de la
domination étrangère. Au nom de l'esprit conser-
vateur, ils ont attaqué la Révolution dans laquelle ils
voyaient un abus de l'esprit philosophique, et dont ils
croyaient retrouver les tendances chez les jurisconsultes de l'école historique partisans de la codification des lois. Ils n'ont ostensiblement invoqué que
les intérêts sacrés de la science; mais, en réalité, ils
ont confondu dans une haine commune les codes, la
Révolution française et les principes au nom desquels
elle s'était faite.

Laissons cela; allons au fond du débat, et examinons
la valeur intrinsèque des doctrines de l'école historique. Il faut d'abord écarter un malentendu. Quand
on demande aux jurisconsultes de l'école historique :
mais vous ne voudrez donc jamais d'un code de lois ?
Ils répondent : nous ne disons pas cela; seulement

contre Thibaut, l'illustre chef de l'école philosophique. Dans le premier volume de la *Zeitschrift*, page 375, Savigny, rendant compte du
livre de *Gœnner, Ueber Gesetzgebung un Rechtsvvissenschaft in unser
zeit* (Codification et science du droit dans notre temps), s'exprime ainsi : « Lorsque je publiai mon livre sur la codification
« et la science du droit, je pus, avec une véritable joie, recon-
« naître que Thibaut contre lequel cet écrit était principalement
« dirigé, s'était prononcé de tout son cœur pour la cause de la
« patrie. Il en est tout autrement de l'ouvrage dont je viens de
« rendre compte ici. Les vues et les principes les plus funestes qui
« ont pu prévaloir sous la domination de Bonaparte, y sont effron-
« tement développés et rattachés à la défense de la codification
« contre l'école historique. » Cela est assez clair. Le soin que prend
Savigny de rendre hommage au patriotisme de Thibaut, le défaut
de patriotisme amèrement reproché à Gœnner, font bien voir que
tout cela était en effet quelque peu affaire de patriotisme. Il ne
manqua pas alors, en 1814, d'excellents patriotes, jurisconsultes
distingués, pour reprocher à certains néophytes, subitement convertis à l'école historique, d'avoir brûlé ce qu'ils avaient adoré,

nous ne sommes pas encore prêts pour entreprendre
une œuvre pareille. — Et quand serez-vous prêts? —
Nous ne saurions le dire : Il nous reste tant à faire!
tant de législations mortes à étudier, à faire revivre! Et
puis il nous faudra pénétrer dans ce dédale du droit contemporain, en faire l'analyse et la synthèse, et, pour
cela, dépouiller le formidable dossier qui se compose
de tout ce qui a été écrit là-dessus, *opus desperatum,
quasi per medium profundum euntes!* (12) — A de pareils
discours les jurisconsultes de l'école philosophique sont
fondés à répondre : c'est là un faux fuyant; vous
ressemblez à l'homme qui attend, pour passer la
rivière, que toute l'eau se soit écoulée. Ce n'est pas
une exception dilatoire, c'est une fin de non-recevoir
que vous nous opposez : vous ne voulez pas entendre
parler de codes. Raisonnons donc en conséquence.

Les jurisconsultes de l'école historique sont des
*dilettanti* qui se complaisent dans des travaux d'érudi-

---

à savoir Napoléon et ses codes, qu'ils portaient aux nues un an
auparavant. Certes Savigny n'a rien de commun avec ces obscurs
blasphémateurs, mais on ne peut méconnaître chez lui l'influence de
préoccupations étrangères à la science. Il y a eu, dans la conduite
de Thibaut, quelque chose de plus ferme et de plus correct. Il
n'a pas cru que le nom qu'il portait, un [nom français, que son
origine française lui imposât, en quelque sorte, l'obligation de
donner des gages particuliers à la patrie allemande en faisant
parade de sentiments antifrançais, à propos d'un débat qui lui
semblait devoir rester purement scientifique. Caractère élevé,
cœur généreux, esprit supérieur, Thibaut n'a pas laissé une
œuvre scientifique aussi considérable que celle de Savigny; mais
son nom est resté populaire dans les universités allemandes, notamment à Heidelberg. Il était de ceux qui pensent que le patriotisme
n'est pas nécessairement la haine de l'étranger. On a fait depuis
beaucoup de chemin en arrière vers la barbarie antique.

(12) C'est en ces termes que Justinien, dans le *proemium* de ses
*Instituts* caractérise le travail qu'a coûté la compilation des Pandectes.

tion sans doute fort intéressants, mais qui semblent oublier que le droit est une science d'application à l'usage de la masse du peuple. A défaut de code, où donc trouvera-t-on ces règles de droit auxquelles chacun est tenu de se conformer? Il y aura : 1° une sorte de *bulletin des lois*, un immense recueil de lois, décrets, ordonnances sur toutes les parties de la législation, droit civil, droit criminel, droit commercial, droit administratif, etc. ; 2° des traités dogmatiques, des commentaires, de monographies; 3° des recueils contenant les décisions des cours de justice. C'est dans ce chaos qu'il faudra se reconnaître ! On nous propose comme un idéal le système romain : des édits prétoriens combinés avec les réponses des prudents (13).

(13) La *Zeitschrift*, dont il est question dans la note 1 ci-dessus, contient, en tête du troisième volume, pages 1-52, un long article de Savigny, intitulé *Stimmen für und wider neue Gesetzbücher* (Voix pour et contre de nouveaux codes). A la page 37 il rend compte du livre d'un fervent adepte de l'école historique, Schrader, professeur de droit civil et membre du tribunal supérieur de Tubingue : *Die prætorischen Edicte dez Rœmer auf unsere Verhœltinisse uebertragen*. (Les édits prétoriens des romains adaptés à nos besoins). Les Romains, dit Schrader, à partir des XII Tables, n'ont pas modifié leur droit civil à l'aide de lois votées dans les comices ; ils ont eu, dans les édits annuels de leurs préteurs, un mode continu de perfectionnement et de revision de leur droit privé, qui a produit les meilleurs résultats. Faisons quelque chose d'analogue. Que tous les dix ans, chaque état allemand institue une commission composée de représentants des cinq ordres suivants : juges des tribunaux supérieurs, avocats près ces mêmes tribunaux, juges des tribunaux inférieurs, avocats près ces mêmes tribunaux, jurisconsultes théoriciens. Cette commission ne fonctionnera que pendant un an et rédigera une sorte d'édit prétorien. Dans cet édit, le droit existant pourra être changé, à la majorité des deux tiers. Les lois votées dorénavant par les États ne pourront être changées qu'après être restées en vigueur pendant cent ans. Durant cette période on ne pourra introduire un principe de droit qu'à la condition qu'il soit emprunté à un autre État allemand. — Telle est pourtant la conception qui excite l'admiration de Savigny!.

C'est toujours la même manière de comprendre les leçons de l'histoire, y chercher, non pas des enseignements, mais des solutions. Un autre idéal de l'école historique allemande, c'est le système anglais : pas de code, mais un vague droit coutumier, dont personne ne saurait dire en quoi il consiste et où l'on peut le trouver (14), modifié par des statuts royaux, mais surtout transformé par la jurisprudence. S'il est un système de législation qu'on ne puisse pas emprunter à un peuple, c'est bien celui-là. Grâce à un grand sens pratique, les Anglais excellent à tirer parti des institutions les plus défectueuses, ce qui est fort heureux, car toutes les institutions humaines sont plus ou moins défectueuses; mais, si leur chaos législatif est propre à exercer la sagacité de leurs jurisconsultes et à leur

(14) Nous avons là-dessus le témoignage d'un éminent jurisconsulte anglais : « Toute la discussion entre les juges et les « avocats roule sur cette supposition qu'il ne s'élève et ne peut « s'élever aucune question qui rende nécessaire l'application de « principes autres que les anciens, ou de distinctions autres que « celles qui sont admises depuis longtemps. On tient pour absolu- « ment démontré qu'il y a quelque part une règle de droit connue « qui s'applique aux faits de la cause et que, si cette règle n'est pas « découverte, c'est seulement parce qu'on n'a pas eu assez de « patience, de science ou de pénétration pour la découvrir..... « Probablement, à l'origine, la doctrine courante était quelque part, « dans les nuages, ou dans le sein des magistrats; il existait un « corps de droit anglais complet bien lié, bien ordonné, d'une « ampleur suffisante à fournir les principes applicables à toutes « les combinaisons de circonstances imaginables. On croyait « beaucoup plus à cette théorie à l'origine qu'on n'y croit main- « tenant, et, en effet, elle avait peut-être de meilleurs fondements « qu'aujourd'hui. Les juges du treizième siècle avaient peut-être à leur « disposition une mine de lois inconnue du barreau et de la masse « du public, car il y a quelques motifs de soupçonner qu'ils faisaient « en secret de larges emprunts, qui n'étaient pas toujours judi- « cieux, aux abrégés courants de droit romain et de droit canonique. « Mais ce magasin s'est fermé aussitôt que ces questions décidées « à Westminster-Hall devinrent assez nombreuses pour former la

assurer la considération et la fortune, il ne paraît pas
que le public s'en trouve aussi bien (15).

Voici la dernière chimère à laquelle l'esprit de
système peut conduire. Le droit étant essentiellement
de formation coutumière, et la coutume pouvant se
modifier chaque jour, comment faudra-t-il appliquer
ce droit? Il ne faut ni codes, ni lois, ni jurisconsultes.
Le juge s'entourera de jurés ou prud'hommes pris
dans le peuple, *gens à ce connaissant et renommés de
prudhomie*, comme on disait autrefois, et, les faits
exposés, se bornera à leur poser la question : en votre
âme et conscience juridique, qu'estimez-vous que soit
la coutume la-dessus? C'est encore un emprunt au
droit romain (16). C'est le jury en matière civile, mais
le jury à rebours : le juré est principalement chargé
de statuer sur le droit. Se figure-t-on ce que serait la
société moderne avec une justice ainsi administrée!

« base solide d'un système de jurisprudence. » (Henry Sumner
Maine; *L'ancien droit considéré dans ses rapports avec l'histoire* de
*la société primitive et avec les idées modernes;* traduction de
M. Courcelle-Seneuil, page 32.) — Cette genèse du droit anglais,
cette manière de procéder des juges du treizième siècle n'ont rien
de bien édifiant. En somme, on voit que, aujourd'hui, tout se
réduit à un ensemble de précédents.

(15) Les doléances sur ce point abondent. Voici ce qu'on lit dans
un journal anglais qui a une grande notoriété, *The Economist* du
1er septembre 1877 : « Tout le monde reconnaî en principe que
« la législation anglaise est dans un état de confusion et d'obs-
« curité qui est à la fois une honte pour une nation comme la
« nôtre, et la source d'une infinité d'abus dans la pratique. » Je
tiens à reproduire le texte : *Almost every one admits in principle*
« *that the englich law is in a state of confusion and obscurity, which*
« *is at once a scandal to a community libe ours, and the source of*
*many practical evils.*

(16) Dans les contrats de bonne foi, le préteur, après avoir sommairement exposé les faits du procès, à savoir qu'il s'agissait d'une
vente ou d'un dépôt, disait au juge : Vois ce qu'il convient que
l'une des parties donne ou fasse (*quidquid ob eam rem dare facere*

Les exagérations (17) n'ont pas manqué non plus
de se produire dans le sein de l'école philosophique;
telles sont les propositions de refonte générale de la
législation pour la mettre en harmonie, dit-on, avec
telle ou telle conception politique et sociale dont on
serait en peine de préciser le caractère et de formuler le programme. L'école dite philosophique, en
économie politique, n'avoue pas le dédain (18) plus ou
moins réel qu'il a plu a quelques-uns de ses représentants les plus distingués d'afficher pour les études
historiques, mais qui, peut-être, sur ce point, sont allés
dans leurs paroles au-delà de leur pensée. Tel est

oportet) et en conséquence, condamne ou absous. Mais quand
l'affaire était délicate et qu'il avait des doutes sur l'intelligence du
juge, il savait bien rédiger la formule de telle façon que ce juge
n'eût à statuer que sur une question de fait très simple.

(17) On ne saurait prendre au sérieux la mauvaise querelle
(j'allais dire la querelle d'allemand) que certains adeptes plus ou
moins avoués de l'école philosophique ont cherchée aux jurisconsultes de l'école historique, qu'ils dénoncent aux rois et aux princes
comme des révolutionnaires, pour le moins comme des ambitieux
qui veulent mettre l'ordre des jurisconsultes au-dessus du trône
et de l'autel, qui rêvent un état social, dans lequel le gouvernement serait en réalité aux mains du peuple et des jurisconsultes
ou, pour mieux dire, exclusivement de ces derniers qui s'érigent
en directeurs de la conscience juridique des peuples. Et Savigny
qui prend feu là-dessus, éprouve le besoin de protester de la pureté
des intentions de l'ordre des jurisconsultes. — Voir la *Zeitschrift*,
tome I, page 383.

(18) Je ne puis omettre ici les regrettables paroles de J.-B. Say
dans son *Cours complet d'économie politique*, tome II, p. 510 de
l'édition de 1840 : « L'histoire d'une science ne ressemble pas à
« une narration d'événements. — Que pourrions-nous gagner à
« recueillir des opinions absurdes, des doctrines décriées, et qui
« méritaient de l'être? Il serait à la fois inutile et fastidieux de les
« exhumer. — Ainsi, dans le cas où nous connaîtrions parfaite
« ment l'économie des sociétés, il nous importerait assez peu de
« savoir ce que nos prédécesseurs ont rêvé sur ce sujet, et de
« décrire cette succession de faux pas qui ont toujours retardé la
« marche de l'homme dans la recherche de la vérité. Les erreurs

trop souvent l'effet des controverses passionnées entre
écoles rivales : l'esprit de contradiction s'en mêle et fait
dépasser la juste mesure dans l'attaque comme dans
la défense.

Il en est de l'école historique comme de tant d'autres
écoles : ce qu'elle a fait vaut beaucoup mieux que
ce qu'elle a dit; ses doctrines passeront, mais ses
travaux, ses savantes recherhes, demeureront et
pourront fournir d'utiles matériaux à l'école philosophique, qui est seule capable d'élever un monument
tant à la science du droit qu'à la science économique,
parce que, seule, elle possède le sens pratique et un

« ne sont pas ce qu'il s'agit d'apprendre, mais ce qu'il faudrait
« oublier. » Il est superflu d'insister sur la faiblesse de ce raisonnement. Il faut, au contraire, toujours se souvenir de ses erreurs
afin de n'y pas retomber. Le mépris de J.-B. Say pour les études
historiques n'est pas suffisamment atténué par cette concession
faite d'assez mauvaise grâce : « Cependant toute espèce d'histoire
est en droit de flatter la curiosité : » ce qui le déterminera à
écrire : « une histoire abrégée des progrès de l'économie politique. » En supposant *le cas où nous connaîtrions parfaitement
l'économie des sociétés*, J.-B. Say a poussé à bout la doctrine phy-
siocratique sur l'ordre essentiel des sociétés, ce que l'école historique combat sous le nom d'absolutisme de la théorie. Enfin, en
opposant l'histoire d'une science à une narration d'événements,
J.-B. Say indique assez que l'économiste doit tout au plus étudier
dans l'histoire les doctrines économiques. J'estime, au contraire,
que l'économiste et le jurisconsulte ne doivent pas se borner à
l'étude des théories économiques et juridiques; ils doivent encore
étudier le milieu dans lequel elle se sont produites, sans quoi ces
théories seront nécessairement mal comprises. Comment comprendre Xénophon, Platon et Aristote, en tant qu'ils font de l'économie sociale ou politique, si on n'a une vue générale de l'antiquité,
de la condition des biens et des personnes, du degré de richesse et
de civilisation, des révolutions sociales et politiques dont ils ont été
témoins. Il y a plus : l'histoire de l'économie politique commence
avant qu'il y ait eu la moindre doctrine économique, comme l'histoire d'une langue commence avant qu'il y ait eu des grammairiens, et l'histoire du droit avant qu'il y ait eu des jurisconsultes
théoriciens.

certain esprit de décision qui font plus ou moins défaut aux représentants de l'école historique. Ceux-ci sont comme des gens qui demeurent éternellement campés sous des tentes, alors qu'ils pourraient se bâtir de vastes et solides demeures ; mais ils s'en abstiennent sous prétexte que ces édifices ne sauraient être définitifs et auraient probablement besoin d'être remaniés un jour.

# CHAPITRE TREIZIÈME

Comment et pourquoi la science du droit s'est fondée avant celle de l'économie politique. — Les fonctions politiques ont attiré l'attention avant l'activité économique. Les philosophes grecs n'ont pas fondé la science économique ; mais les jurisconsultes romains ont réellement fondé la science du droit. — Réponse à d'injustes attaques dirigées contre le droit romain.

L'économie politique et le droit remontent à l'origine des sociétés en ce sens que, partout où il y a eu des hommes vivant en société, il s'est produit des phénomènes tant d'ordre économique que d'ordre juridique ; et que les notions de droit et d'échange sont simultanément issues des faits de violence et de spoliation qui ont caractérisé les premiers rapports des hommes entre eux. Mais il n'est pas moins certain que le droit s'est constitué à l'état de science distincte bien avant l'économie politique. Les jurisconsultes romains avaient élevé à la science du droit un monument achevé de toutes pièces, alors que, sur le terrain de l'économie politique, on ne rencontrait encore que des matériaux épars (1) qui devaient attendre leur mise

(1) Dans son livre : *L'économie politique envisagée du point de vue historique* ( *Ansichten der Volkswirthschaft aus dem geschichtlichen Standpuhkte*; 2 vol. 1878, dont une partie a été traduite sous le litre de : *Recherches sur divers sujets d'économie politique*, tome 1er, pages 5 et suivantes), Roscher a justement protesté contre le dédain avec lequel quelques économistes modernes, J.-B. Say entre autres, ont parlé des travaux des anciens en tant qu'ils se sont occupés de questions économiques. Mais, à son tour, il me paraît dépasser la mesure dans son admiration lorsqu'il veut voir en eux des maîtres de la science économique. Cela résulte de ses propres appréciations. Roscher a débuté dans sa brillante carrière d'écrivain par une

en œuvre pendant plus de cinq siècles. Il n'est pas sans intérêt de rechercher les causes de cette priorité en date.

La science du droit s'est développée la première parce qu'elle s'occupe des conditions générales de la vie en société. Le droit et le culte constituent le fond de la rude discipline sociale à laquelle il a fallu soumettre les hommes sortant de l'état sauvage. Le droit s'est substitué au règne de la force brutale, et on peut dire que le droit est né de la force en ce sens que ce sont les inconvénients de l'état de guerre primitif qui ont fait sentir le besoin d'y substituer l'empire des lois. C'est ce qui était symbolisé, dans l'ancienne procédure romaine, par des actes de violence auxquels l'intervention du magistrat mettait fin (2). On connaît la maxime : *la forme emporte le fond ;* elle signifie que, pour invoquer utilement le secours de la justice, il ne suffit pas d'avoir raison au fond, il faut encore observer rigoureusement, sous peine de déchéance et de forclusion, certaines prescriptions contenues dans les lois sur l'organisation judiciaire, la compétence, la

---

étude sur Thucydide (*Leben, Werk und Zeiteiller des Thukydidos;* Thucydide, sa vie, son œuvre et son temps, 1 vol. Gœttingue 1842), dans laquelle il déclare que « même sous le rapport économique « il n'a acquis d'aucun auteur moderne plus que de Thucydide. » Je le veux bien, mais faut-il en conclure qu'on trouve dans Thucydide quelque chose qui ressemble à un exposé méthodique des principes de la science économique? Roscher lui-même ne le pense certainement pas.

(2) Le demandeur amenait, au besoin par la violence (*obtorto collo*), le défendeur devant le Préteur. Là les parties simulaient un combat avec la lance, se disputant l'objet litigieux, un esclave par exemple; sur quoi le Préteur disait, lâchez cet homme, *millite ambo hominem,* ou bien on se rendait sur l'immeuble revendiqué ; là le demandeur essayait d'en expulser violemment le possesseur, et le Préteur disait : *discedite.*

procédure devant les divers tribunaux. Un vieux jurisconsulte a comparé les formalités de justice aux
cercles qui maintiennent assemblées les douves d'un
tonneau. On pourrait appliquer cela à l'ensemble du
droit : il est le lien de la cité, et Aristote a très bien
dit que les cités ont été fondées, d'abord pour qu'on
pût vivre, puis pour qu'on pût y bien vivre (3). Sans
doute, dans les premières lois, établies par la coutume
ou édictées par les législateurs, il s'agissait d'intérêts
économiques, mais lorsque les jurisconsultes appli-
quèrent leurs méditations à ces législations informes,
ce fut pour en rechercher le sens littéral, puis pour les
compléter et en tirer, non pas une doctrine économique, mais des théories juridiques; pour remonter
aux principes de la science du droit, non pas aux
principes de la science de la richesse.

L'activité économique dans la société correspond
aux fonctions internes dans l'individu, respiration,
nutrition, circulation du sang, tandis que l'activité
politique, et tout ce qui s'y rattache, gouvernement,
guerre, religion, droit, correspond aux fonctions
externes, regarder, écouter, attaquer, se défendre, et,
dans la société comme dans l'individu, il y a entre les
deux genres de fonctions cette différence que les
premières, les fonctions internes, s'accomplissent en
quelque sorte d'elles-mêmes, inconsciemment, auto-
matiquement, tandis que la mise en action de l'appareil externe suppose, à chaque moment, l'intervention
soit de la volonté individuelle, soit de la volonté collec-

---

(3) Η' πόλις γινομένη τοῦ ζῆν ἕνεκεν· οὖσα δὲ τοῦ εὖ ζῆν. (Aristote,
*Politique*, livre I, § 8.)

tive de la société représentée par l'Etat. Aussi tout ce qui touche aux fonctions externes a-t-il attiré l'attention bien avant que l'on ait songé à scruter l'appareil interne. Il en a été ainsi dans toutes les parties de la connaisance humaine, dans les arts, dans les sciences naturelles, dans les sciences politiques. La forme extérieure du corps humain, la figure humaine et les mouvements de l'âme qu'elle exprime, avaient été étudiés, la peinture et la sculpture avaient produit des chefs-d'œuvre inimitables, bien avant qu'on sût grand chose en anatomie (4) et en physiologie. Dans les sciences sociales, la politique, le gouvernement, le droit public, la religion et la guerre, avaient été la grande affaire de tous, d'autant plus que, dans le partage qui se fit, à l'origine de la cité, des différentes fonctions sociales, tout cela était demeuré le domaine réservé des classes supérieures, classes ou castes guerrières et sacerdotales, tandis que l'activité économique, qui avait pour objet de leur fournir les moyens de subsister, avait été le lot des classes inférieures et des esclaves, et, par cela même, considérée comme un sujet moins digne des méditations des philosophes (5).

(4) Les anciens voyaient une sorte de profanation dans la dissection nécessaire pour l'étude du corps humain. En Egypte, l'embaumeur chargé de pratiquer sur le mort les incisions réglementaires, était l'objet de l'exécration universelle. Le peuple le poursuivait à coups de pierre. (G. Maspéro, *Histoire ancienne des peuples de l'Orient*, livre I, chap. II, 3ᵉ édition, page 80.)

(5) Dans son beau livre, *Traité de l'enchaînement des idées fondamentales dans les sciences et dans l'histoire*, livre IV, chap. XII, tome II, p. 242, M. Cournot se pose aussi la question : Pourquoi la science des jurisconsultes s'est-elle développée avant celle des économistes? et il répond : « 1° L'homme a l'idée des biens et de la « propriété avant d'avoir l'idée précise de la richesse ; 2° la juris-

On sait comment se sont formées les différentes
sciences. A l'origine l'homme savait si peu de choses
qu'il confondait toutes ses connaissances dans une
seule science, philosophie. C'était une sorte de chaos
scientifique. Par suite d'une division naturelle du
travail intellectuel, les diverses sciences mathématiques, physiques, morales, politiques, se sont
détachées de ce tronc commun, pour former autant de
branches principales qui se sont divisées elles-mêmes
en rameaux de plus en plus nombreux. C'est ainsi
que l'économie politique, lentement, à grand'peine,
une des dernières, s'est dégagée de la philosophie,
de la politique (6) et du droit pour se constituer à

« prudence touche aux intérêts privés, tandis que la science de la
« richesse s'applique surtout à la société prise en corps..... il lui
« faut appliquer la loi des grands nombres. » — Dans ce dernier
sens, on peut ajouter que les anciens, les Grecs notamment, avaient
fait les expériences les plus variées en organisation politique dans
les cités de la mère-patrie et dans leurs innombrables colonies,
tandis qu'ils ne connaissaient qu'un système économique, celui
qui est basé sur l'esclavage.

(6) Quelle que soit l'autorité de Rossi en cette matière il me
semble qu'il est allé trop loin en faisant d'Aristote le fondateur de
la science économique. Dans ses *Mélanges d'économie politique*,
tome I, page 144, après avoir analysé les quatre chapitres dont se
compose le livre I de la *Politique*, il ajoute : « si l'ensemble de ces
« chapitres eussent été trouvés isolés du reste du *Traité de la Politique*
« il est parfaitement certain que tous les philologues les auraient
« imprimés comme un ouvrage particulier, y auraient mis pour
« titre : de la *chrémitistique*, et diraient sérieusement aujourd'hui
« qu'Aristote a laissé un traité *ex professo* d'économie politique.
« Eh bien, ce traité d'économie politique, au lieu d'avoir été isolé,
« nous est heureusement parvenu encadré dans un magnifique
« ouvrage, ce n'est qu'une partie du premier livre de la *Politique*
« d'Aristote, mais il n'est pas moins vrai qu'il forme un ensemble. »
D'ailleurs Rossi atténue singulièrement la portée de ce jugement,
car immédiatement il ajoute : « Que manque-t-il donc aux Grecs
« pour être placés au premier rang pour la science économique?
« D'abord leurs doctrines économiques étaient incomplètes. Assez

l'état de science indépendante. Les premiers économistes ont été les anciens législateurs qui se sont
certainement inspirés des conditions économiques
des peuples dont ils étaient chargés de faire l'éducation ; puis sont venus les philosophes grecs, qui se
sont occupés principalement de politique et d'organisation sociale, et accessoirement de questions
d'ordre économique. Enfin les jurisconsultes romains
ont fondé la science du droit et posé ainsi la base
d'une distinction rigoureuse entre les diverses sciences
morales. Ils ont, en apparence, tout ramené à leur
science favorite, qu'ils considéraient comme embrassant la connaissance des choses divines et humaines ;
mais ils entendaient seulement par là que la juris-

« développées quant à ce qui touche le phénomène de la produc-
« tion, elles ne l'étaient pas pour ce qui concerne le phénomène
« de la distribution de la richesse. Or, c'est surtout dans l'étude
« du phénomène de la distribution que se rencontrent les questions
« les plus graves les plus importantes, soit comme théorie, soit
« comme application. — Les anciens ne nous ont laissé sur cette
« matière, a peu près rien. » Chose étrange, on trouve dans
Roscher (*Ansichten der Volkswirthschaft*, tome I, page 7), une
appréciation diamétralement opposée : « s'il est indubitable qu'au-
« jourd'hui on connaît mieux ce qui regarde la production des
« biens, il faut avouer que les anciens ont étudié avec plus de soin
« ce qui regarde la distribution. » C'est là, à mon sens, une
manière de voir absolument erronée : ils ont pu s'occuper beaucoup
de distribution de la richesse, en ce sens que à Sparte, à Athènes,
cette distribution se faisait beaucoup trop par voie d'autorité ; mais
précisément un pareil état social s'opposait à ce qu'on fît une
théorie scientifique de la distribution. Quant à la production, on ne
saurait méconnaître, dans Aristote, une confusion incessante entre
l'économie politique et l'économie domestique, entre la science
économique et la technologie. Les anciens ont été frappés par
certains faits matériels tels que l'usage de la monnaie, la division
travail ; mais, comme le dit Rossi lui-même, ils ont eu des vues trop
bornées sur l'ensemble des phénomènes économiques pour avoir
pu les coordonner en une vraie doctrine scientifique. On ne peut
pas savoir le quart d'une science morale comme l'économie politique.

prudence embrasse le droit sacré, le droit public et
le droit privé. Ils ont été, à Rome, ce que les philosophes étaient en Grèce, *ceux qui savent tout*, et ils
donnaient en effet des consultations sur tout ce qui
se rapporte à la pratique de la vie ; mais, dans leurs
écrits, ils n'ont été que jurisconsultes, et c'est ainsi
qu'ils ont fondé la science du droit. A la fois praticiens
consommés et théoriciens passionnés pour leur art, pour
cette *juris elegantia* dont ils ont un sentiment si pro-
fond, les Romains présentent ici, comme partout d'ailleurs, un contraste saisissant avec la Grèce, où le droit
ne fut qu'une pure spéculation pour des théoriciens
sans pratique ou un métier peu considéré exercé par
des praticiens sans élévation d'esprit (7).

Professant une égale admiration pour les fondateurs
de chacune des deux grandes sciences morales qui
font l'objet de cette étude, je dois relever ici les
étranges appréciations qui ont été parfois émises sur
l'œuvre des jurisconsultes romains, et cela précisément à propos des rapports du droit avec l'économie
politique. Dans une réunion de la société d'économie

(7) Les πραγματικοί, auxquels Cicéron, dans un magnifique tableau (*De oratore*, 1, 45) oppose la grande existence de ces patri-
ciens illustres pour lesquels la consultation est la voie qui mène
à la considération et aux premiers honneurs de la République.
« La demeure des jurisconsultes, dit-il, est comme un oracle
« pour la cité entière. Voyez la maison de ce *Q. Mucius Scævola*
« (qui fut grand pontife et consul)! Affaibli par l'âge et la maladie,
« il y voit affluer chaque jour un concours immense de citoyens,
« et les plus illustres personnages viennent en faire l'orne-
« ment par leur présence. » Plus loin Cicéron nous représente
les vieux jurisconsultes, « soit se promenant sur le forum, soit
« siégeant dans le vestibule de leurs maisons, entourés de nom-
« breux clients qui les consultent non seulement sur des ques-
« tions de droit civil, mais sur toute espèce d'affaires les con-
« cernant : l'un a une fille à marier ; l'autre voudrait acheter

10

politique (8), au moment où l'enseignement de l'économie politique venait d'être introduit dans les
Facultés de droit, quelqu'un parla d'antagonisme entre
l'économie politique et le droit, à quoi on crut faire
une réponse conciliante en disant : « S'il y avait anta-
« gonisme, ce n'était pas avec la science du droit, mais
« avec le droit romain, ce droit qui procède de la
« guerre et du privilège, qui est l'œuvre d'une société
« en décadence, tandis que le droit nouveau se dégage
« de lui-même de la libre expansion des forces so-
« ciales. » C'est encore sous les auspices de l'économie
politique (9) qu'on semble avoir articulé contre le droit
romain les griefs suivants. On fait le procès : « à l'in-
« fluence funeste de l'esprit légiste, de l'esprit césarien
« du Bas-Empire, conservé dans notre droit moderne
« par l'enseignement monopolisé, et c'est ici qu'appa-
« rait nettement la vérité de cette maxime que le
« monopole produit l'immobilisme, fait obstacle au
« progrès. N'est-il pas vrai, en effet, que ce qui est
« actuellement la base de notre enseignement clas-
« sique, c'est le droit romain? Que c'est de ce droit

« un fonds de terre; il s'agit pour un troisième de savoir quelle
« culture il donnera à son champ. » Une anecdote racontée par
Valère Maxime (IX, 3, 2) achèvera ce tableau de mœurs si profondément romaines. C. Figulus, jurisconsulte en renom, avait espéré
que le consulat serait la récompense des consultations qu'il donnait
si libéralement à tous. Il brigua, en effet, cette dignité, mais ne fut
pas élu. Le lendemain, quand la foule des consultants se présenta
comme à l'ordinaire, il les accueillit par ce jeu de mots : « Vous
« vous entendez mieux à consulter qu'à faire un consul! » et il leur
ferma sa porte au nez: *Cum ad eum postero comitiorum die multi
consulendi causa venissent, dimisit omnes, præfatus : an vos consulere
scitis, consulem facere nescitis?*

(8) Du 6 juin 1876. — Voir le *Journal des Économistes*, n° de juin
1876, page 458, et l'*Économiste français*, n° du 10 juin 1876, p. 755.

(9) Voir le *Journal des Économistes* d'avril 1883, p. 71.

« que se sont inspirées notamment nos lois modernes
« sur la propriété? Or, ce droit, c'était celui d'un
« peuple qui avait fondé ses moyens d'existence sur
« la spoliation, sur l'esclavage et la conquête. La
« liberté pour lui, c'était le droit de faire tout ce qui
« n'était pas défendu par la loi; la propriété, le droit
« de disposer de ses biens dans les limites permises
« par la loi. Et, comme la loi était l'œuvre des légis-
« teurs, ceux-ci étaient des souverains investis de la
« mission d'organiser la société à leur guise. »

Aucun de ces griefs ne supporte un instant d'examen.

On représente le droit romain comme l'œuvre de
législateurs investis de la mission d'organiser la société
à leur guise. Rien n'est moins exact. Le pouvoir législatif à Rome n'a rien de commun avec Moïse, Lycurgue
ou Solon. Les lois proprement dites, votées par le
peuple dans ses comices, n'étaient que des lois politiques faites pour des circonstances exceptionnelles et,
comme elles attestaient le triomphe de tel ou tel parti,
elles avaient un caractère essentiellement temporaire (10). Mais le droit civil romain est un pur droit
coutumier dont la loi des XII Tables ne fut que la
rédaction par écrit.

---

(10) Telles étaient les *leges agrariæ* relatives aux biens faisant
partie du domaine public, les *leges de civitate*, contre l'établissement
à Rome de gens sans aveu qui étaient des instruments toujours
prêts aux mains des fauteurs de sédition; les *leges tabellariæ*, relatives au mode de votation dans les comices; les *leges judiciariæ*,
sur l'organisation judiciaire; les *leges de ambitu* contre la corruption électorale; les *leges frumentariæ* sur les distributions de fro-
ment au peuple, soit à prix réduit, soit gratuitement; et une
foule d'autres, et sur le même objet généralement plusieurs lois
souvent contradictoires.

Loin de représenter l'*immobilisme*, le droit romain, plus qu'aucun autre, se dégagea de la *libre expansion des forces sociales*, et cela grâce à l'admirable institution de la préture. Le préteur, organe vivant du droit civil (11), avait constamment l'œil fixé sur les transformations économiques qui s'opéraient dans la société, et, s'inspirant des travaux des jurisconsultes, il sanctionnait tous les intérêts légitimes, suppléant (12) à l'insuffisance du vieux droit civil ou atténuant sa rigueur, au moyen d'un système d'actions, d'exceptions et de prescriptions qui indiquaient au juge la voie qu'il devait suivre dans l'appréciation des faits et l'application de la loi.

On se récrie sur la manière dont les Romains auraient compris la liberté et la propriété! Mais rien n'est plus correct. Conçoit-on une législation dans laquelle la liberté et la propriété ne seraient pas renfermées dans quelques limites? N'est-ce point là un principe éternel du droit, dont l'objet est précisément de déterminer dans quelle mesure chacun pourra user de sa liberté et de sa propriété sans nuire à la liberté et à la propriété d'autrui?

On parle de droit fondé sur la conquête et l'esclavage! Les jurisconsultes romains ont parfaitement analysé le droit de propriété dans son essence, les démembrements qu'il comporte, ses modes d'acquisition et de transmission, les garanties dont la loi doit l'entourer; et, quant à la conquête, ils se bornent à

---

(1 ) *Viva vox juris civilis*, dit Marcien, loi 8 au Digeste, livre I, titre I, *De Justitia et Jure*.

(12) Les jurisconsultes romains avaient résumé en trois mots la mission du préteur : il intervient *juris civilis adjuvandi, supplendi, corrigendi gratia*.

constater que les anciens Romains la considéraient
comme un mode d'acquisition : *maxime sua esse crede-
bant quæ ex hostibus cepissent.* Quant à l'esclavage, ils
ne l'ont pas justifié, comme l'a fait Aristote; ils l'ont
condamné autant qu'ils le pouvaient, en disant que
c'est une institution du droit des gens, c'est-à-dire en
vigueur chez tous les peuples, mais contraire au droit
naturel. Le droit romain ne s'est nullement constitué
sur la base de l'esclavage ; seulement, comme l'esclavage tenait une grande place dans la vie des anciens,
après avoir établi toutes leurs théories juridiques,
propriété, possession, testaments, institution de l'héritier et legs, contrats, etc, les jurisconsultes durent
bien examiner ce qui arriverait si un esclave avait
acquis la propriété ou la possession d'une chose, avait
été institué héritier ou légataire, avait figuré dans un
contrat, c'est-à-dire déterminer à quelles conditions
un maître peut être représenté par son esclave dans
les divers actes juridiques (13). Mais, en somme,
retranchons l'esclavage, et le droit romain reste entier,
en tant que système complet de législation positive.
Nous n'avons accepté le droit romain que sous bénéfice d'inventaire.

Enfin, que vient-on nous parler de *l'esprit césarien du Bas-Empire?* mais l'œuvre des jurisconsultes
était achevée bien avant le Bas-Empire, et sous les

(13) Ce qui était d'autant plus important que le principe qui
prévalut pendant longtemps, fut celui de la non-représentation par
des personnes étrangères, *per extraneas personas.* Les esclaves
étaient les intendants naturels des Romains de distinction qui se
piquaient de ne pas figurer en nom dans les contrats où ils étaient
réellement parties : *Solent honestiores non pati nomina sua instru-
mentis inscribi,* dit Ulpien, loi 5, § 4, Digeste, *De auctoritate et
consensu tutorum,* livre XXVI, titre VIII.

empereurs romains, le droit romain a poursuivi son
développement en dehors de toute influence césa-
rienne; j'entends le droit civil, qui n'a rien de commun avec une odieuse législation fiscale, et les lois
*de majestate,* les lois des suspects de cette époque.
« L'éloquence, qui, du temps de la libre république,
« avait été le premier des arts de la paix, avait suivi
« le sort de la liberté : elle n'était plus ni honorée ni
« utile. Dans le droit, au contraire, plus que dans toute
« autre partie de la vie publique, revivait quelque
« chose de l'ancienne Rome. Aussi, quiconque sentait
« encore en lui quelque chose de romain, se trouvait-
« il là plus à l'aise, et les plus nobles intelligences se
« retournèrent-elles vers la jurisprudence (14). »

Mais le jugement des jurisconsultes, des roma-
nistes, pourrait paraître suspect; je le confirmerai
donc par celui de lettrés, de philosophes éminents,
qui ont justement apprécié le droit romain comme un
des faits les plus considérables de l'histoire générale
de la civilisation. « Le génie romain, si ferme et, en
« bien des choses si pénétrant, dit M. Constant
« Martha (15), a laissé voir en tout temps une irré-
« médiable infirmité : il était incapable d'invention
« en philosophie... les Romains ont toutefois donné
« à la philosophie grecque ce qui manqua't à celle-ci,
« le sens pratique... C'est encore ce même génie
« pratique qui a fait trouver aux Romains les formules
« de droit les plus concises, et leur a fait élever à là

---

(14) Savigny, *Geschichte des römischen Rechts im Mittelalter*
(Histoire du droit romain au moyen âge, tome I, page 8).

(15) Le philosophe *Carnéade à Rome, Revue des Deux-Mondes* du
1er septembre 1872, page 71 et s.

« justice un monument d'une indestructible solidité.
« Si donc la philosophie romaine n'est pas inventive
« comme celle des Grecs, elle est plus accessible,
« plus praticable, et elle a pu, par conséquent, devenir
« universelle. Grâce à l'étendue et à la force de leur
« empire, les Romains ont porté cette utile sagesse
« dans tout le monde civilisé, ils l'ont imposée par
« leurs armes, par leurs lois, par leur administration,
« par leur langue; ils en ont fait comme la raison
« du genre humain. Aujourd'hui encore nous en
« vivons. Leurs maximes, plus que les théories
« grecques, remplissent nos livres, entrent dans notre
« éducation, retentissent dans nos écoles et même
« dans nos temples, circulent dans nos entretiens et
« font partie de nous-mêmes. » Voici une autre appréciation qui n'est pas moins favorable : « La juris-
« prudence romaine, dit M. J. Denis (16), est un progrès
« considérable de l'humanité. Elle n'était pas seu-
« lement supérieure dans son ensemble à toutes les
« législations antérieures; elle avait encore cet im-
« mense avantage d'être faite, non pour une ville
« ou pour une seule nation, mais pour une grande
« partie du genre humain, et, par conséquent, de lier
« et d'unir entre eux les peuples divers que la
« conquête avait juxtaposées dans l'empire. Le
« stoïcisme pouvait voir sa sublime conception de
« la cité universelle à demi réalisée, et si le progrès
« des institutions politiques eût suivi celui des lois
« civiles; si le despotisme militaire, un moment
« tempéré par la sagesse ou la vertu des Nerva, des

---

(16) *Histoire des théories et des idées morales dans l'antiquité*, tome II, page 216.

« Trajan, des Adrien et des Marc-Aurèle, n'eût dé-
« chaîné de nouveau sur le monde les désordres et les
« calamités de toute espèce; si la fiscalité dévorante
« n'eût achevé l'œuvre de misère des extravagances
« impériales et des guerres civiles, jamais l'histoire
« n'eût offert un plus beau spectacle, celui d'une im-
« mense société d'hommes de toute race et de tout
« pays, unie par des voies de communication, par
« le langage, par les lettres et par les lois. »

Quand on recherche à quelle date remonte la fondation d'une science, il importe de se faire une idée
juste de ce qu'on doit entendre par *science fondée*.
Surtout en matière de sciences morales, il ne faut pas
entendre par là une science complète, achevée,
définitive. Ceux-là sont les véritables fondateurs
d'une science qui en ont jeté les fondements d'après
un plan nettement conçu, qui l'ont distinguée des
autres branches de la connaissance humaine, en
précisant son objet, et, chose capitale, ont eu conscience qu'ils créaient une science nouvelle. Cela, les
jurisconsultes romains l'ont fait pour la science du
droit bien mieux que les philosophes grecs pour
l'économie politique.

# CHAPITRE QUATORZIÈME

Rapports généraux de l'économie politique avec les différentes branches de la science du droit. — Droit public, Droit constitutionnel. L'économie politique dans ses rapports avec les diverses formes de gouvernement — Le droit administratif; ses caractères généraux. — Le droit pénal. — Le droit privé. Le droit privé commun et le droit privé spécial (droit commercial et droit industriel. Caractères distinctifs du droit industriel; ses rapports plus étroits avec l'économie politique. Modifications introduites dans les contrats du droit commun. — Exemples : le gage, l'assurance. — Il ne faut pas se hâter de proclamer l'insuffisance du droit commun. — Droit international public et privé.

La science du droit est subdivisée en plusieurs branches (1), suivant la nature des rapports qu'elle étudie plus spécialement : rapports entre l'État et les citoyens ; rapports entre les citoyens à raison de leurs intérêts privés ; d'où les distinctions bien connues : droit public, droit civil, droit international, et d'autres encore. Il n'est pas sans intérêt de mettre successivement l'économie politique en face de ces diverses branches du droit et de se demander s'il n'y a pas, suivant les cas, des rapports plus ou moins étroits à constater. On peut tout d'abord constater, entre les deux sciences, cette analogie, ce parallélisme : de même qu'il y a une science générale de l'économie poli-

(1) Parmi les jurisconsultes théoriciens on distingue les publicistes, les criminalistes, les civilistes. Quant aux praticiens, ils se sont bien autrement spécialisés : comme chaque maladie a son médecin, chaque espèce de contestations a son avocat : dans les très grandes villes, bien entendu. Il en est des professions dites libérales comme de l'activité industrielle proprement dite.

tique dont on fait l'application aux différentes branches
de l'activité économique, aux industries agricole, manufacturière, commerciale, afin de rechercher si les
principes généraux ne comportent pas certaines modifications suivant la nature de l'industrie, d'où résulte,
sinon une opposition, du moins une distinction entre
l'économie politique générale et l'économie rurale, l'économie industrielle ou économie des arts et manufactures, l'économie commerciale ; ainsi il y a une science
générale du droit, qui s'occupe des principes généraux
sur les rapports entre les hommes vivant en société,
et puis l'application plus ou moins complète de ces
principes à certains ordres spéciaux de rapports, et
c'est ainsi qu'on parle d'un droit public ou d'un droit
privé ; d'un droit rural, d'un droit industriel, d'un droit
commercial (2), et, par suite de différentes parties de
la législation, législation civile, commerciale, industrielle. Je ferai remarquer qu'il ne s'agit point ici, à
proprement parler, de législation ; je demeure sur le
terrain scientifique pur.

Le droit public a pour objet l'organisation des pouvoirs publics, la souveraineté et ses organes, la mesure
dans laquelle les citoyens prennent part à l'exercice
de la puissance publique. La science du droit public
recherche un idéal *réalisable* de gouvernement, c'est-

(2) Quelle est la terminologie qui convient le mieux ici, soit en
matière d'économie politique, soit en matière de droit ? Vaut-il
mieux parler d'*applications* différentes ou de *branches* différentes
d'une même science ? Le mot *application* me paraît plus correct
que le mot *branche*. Cette dernière expression désignerait plutôt
une science nouvelle, indépendante ; or, il n'est pas question ici de
science distincte, mais de la judicieuse aplication des principes
d'une même science à divers ordres de phénomènes, économiques
ou juridiques.

à-dire celui où les pouvoirs publics seraient organisés
de manière à assurer, dans la plus large mesure, et
avec le moins de frais possible, la paix, l'ordre, la
sécurité, la liberté, l'indépendance ; où l'exercice de la
souveraineté, pouvoir législatif, exécutif et judiciaire,
serait délégué aux plus capables et aux meilleurs, et
ne serait point, par conséquent, en leurs mains un
moyen de s'attribuer des avantages contraires à l'intérêt général de la société. Donc : pas de privilèges ; pas
de monopole, que ce soit en matière civile, politique
ou économique ; égalité de droit (non de fait), c'est-à-
dire égalité devant la loi, égalité devant l'impôt ; admis-
sibilité (non pas admission) de tous à toutes les fonctions publiques. La liberté économique, liberté du
travail et liberté commerciale, ne sont qu'un côté de
la liberté générale, qui est plus spécialement revendiqué par l'économie politique, mais que la science du
droit ne saurait se refuser à reconnaître. En dehors
des utopies socialistes, il n'y a pas de désaccord
sérieux entre publicistes et économistes sur le but
qu'on doit se proposer par une bonne organisation
des pouvoirs publics, ce qui est l'objet propre du *droit
public*. Il n'en est pas de même quand on aborde la
question de savoir quelle est la meilleure manière
d'atteindre ce but : ce n'est plus alors la question de
l'État, mais celle de sa forme extérieure, la forme du
gouvernement, gouvernement monarchique, aristocratique, démocratique, absolu ou constitutionnel, sans
compter bien d'autres distinctions et sous-distinctions.
Cela est affaire de législation, de droit public positif,
de constitution traditionnelle ou écrite. Je sortirais de
mon sujet si je voulais traiter cette question *ex pro-*

*fesso*, quelque sommairement que ce fût. Je me bornerai à quelques observations, à une sorte de profession de foi économique de nature à être adoptée par
tout véritable économiste, quelles que soient d'ailleurs
ses préférences en politique.

Ici d'abord trouve sa place la remarque que j'ai
déjà faite, à savoir qu'il n'y a pas qu'un seul idéal juridique (3). Cela s'applique plus particulièrement
peut-être au droit public. Les différentes formes de
gouvernement, monarchique, aristocratique, démocratique, ont chacune leur idéal, et à chacune d'elles
correspond un genre particulier de corruption. Chacune d'elles a pu convenir mieux que tout autre à
telle époque, à tel pays. Ce n'est point par la liberté
qu'a dû se faire l'éducation des peuples primitifs : il a
fallu qu'ils fussent soumis à une dure tutelle politique
et économique. Les noms par lesquels on désigne les
diverses formes de gouvernement ne sont pour l'économiste que des étiquettes plus ou moins véridiques :
Il s'agit de savoir ce qu'il y a derrière. Un bon régime
économique est compatible avec des régimes politiques différents ; il n'est le privilège exclusif d'aucun.
L'économie politique n'est ni républicaine, ni monarchique ; et la république aussi bien que la monarchie
peuvent adopter un bon ou un mauvais système économique. Au point de vue économique, il n'y a aucun
rapport entre la république helvétique et celle des
États-Unis, et le régime économique de cette dernière
est, pour le moment, loin de valoir celui de l'Angleterre monarchique et aristocratique. On a dit que
l'économie politique est une *science monarchique* ; c'est

(3) Voir ci-dessus, chapitre III, note 1.

au contraire, la science qu'il importe le plus d'enseigner à la démocratie, afin de la prémunir contre les entraînements dangereux auxquels elle est plus exposée que tout autre forme de gouvernement. Il n'a malheureusement pas manqué de publicistes pour assigner à la démocratie, ainsi qu'on l'avait déjà fait pour la monarchie, les plus détestables principes politiques et économiques, et le *Contrat social* de Rousseau (4), commenté et amplifié par les jacobins, va de pair avec la doctrine que les théoriciens du droit divin monarchique et les théologiens avaient formulée à l'usage de Louis XIV, à savoir que le roi est maître absolu de la personne, de la vie et de la fortune de ses sujets. Avec l'idée de *propriété,* aussi bien qu'avec celle de *contrat,* on peut aller loin, et, à différentes reprises, on nous l'a bien fait voir.

Le Droit public a donc pour objet les rapports entre l'État et les particuliers; mais en cette matière com ne en toute autre, il ne suffit pas de poser des principes généraux, il faut les organiser : De là l'immense répertoire de lois et décrets organiques, de règlements, d'arrêtés, de circulaires, qui constituent le droit administratif ou, pour mieux dire, la législation administrative (5). Une énumération un peu complète, une

---

(4 « Les clauses de ce contrat, bien entendues, se réduisent
« toutes à une seule, l'aliénation totale de chaque individu, avec
« tous ses droits, à la communauté, chacun se donnant tout
« entier, tel qu'il se trouve actuellement, lui et toutes ses forces,
« dont les biens qu'il possède font partie. » J.-J. Rousseau, *Contrat
social.*

5) Autre chose est le droit administratif, autre chose la science de l'administration. Celle-ci est surtout affaire d'art, de tact, d'habilité. On peut posséder à fond toute la législation administrative et n'être qu'un médiocre administrateur; comme aussi l'on peut

simple table des matières, outre qu'elle serait sans
intérêt, me mènerait trop loin; encore moins s'agit-il
ici d'une revue critique de cette législation (6) : Je
veux seulement, à l'aide de quelques exemples, essayer
de mettre en lumière le caractère propre du droit
administratif et la nature de ses rapports avec l'économie politique. Quand on considère notre grande
machine administrative, l'attention peut se porter,
soit sur le personnel qui la met en mouvement, soit
sur les services qu'elle est destinée à rendre. Au
premier point de vue, qui est le plus simple et le plus
familier à la masse des citoyens, nous trouvons une
vaste hiérarchie de fonctionnaires, de conseils et de
tribunaux, qui représentent respectivement l'action,
la délibération et le jugement. Conformément à un
principe fondamental de notre droit public, l'impôt a
été voté par les représentants de la nation; je parle
de l'impôt foncier, et l'on a fixé en même temps le
chiffre total de cet impôt et la portion afférente à
chaque département. Il s'agit maintenant d'atteindre
chaque contribuable et de lui réclamer la part pour
laquelle il doit contribuer. Pour cela il faudra procéder
à une série de répartitions faites par le conseil général,
le conseil d'arrondissement, une commission de répar-
titeurs assistés par les agents de l'administration des
contributions directes; enfin le préfet fera publier le

---

être un administrateur plein d'initiative, à vues élevées, sans être
précisément un jurisconsulte en droit administratif. On ne peut
même pas dire que le droit administratif soit la théorie de l'administration.

(6) Dans le chapitre XVII ci-après, qui est plus spécialement
consacré à une appréciation de l'ensemble de notre législation du
point de vue économique, certaines parties de notre législation
administrative trouveront naturellement leur place.

rôle des contribuables de la commune, acte administratif qui constitue le titre en vertu duquel le percepteur réclamera de chacun le montant de sa cote. Le contribuable peut prétendre qu'il a été indûment ou trop fortement imposé, ce qui donnera lieu à une réclamation de la compétence des tribunaux administratifs. On voit là comment ont été mis en mouvement : le pouvoir législatif, les agents, les conseils et les tribunaux administratifs.

L'exécution des travaux publics nous offre un exemple analogue : déclaration d'utilité publique; études sur le tracé de la route ou du chemin de fer, par exemple; désignation des parcelles de terrain nécessaires; cession amiable ou expropriation de ces parcelles. L'exécution de ces travaux peut nécessiter l'occupation temporaire de certaines parcelles; des fouilles et extractions de matériaux; causer des torts ou dommages temporaires ou permanents. Voilà encore toute la hiérarchie administrative en mouvement. Il en est de même si quelqu'un veut fonder un établissement que les agents de l'administration déclarent rentrer dans la classe des établissements dangereux, insalubres ou incommodes.

Que voyons-nous dans tout cela? L'application faite d'autorité par un agent de l'administration à un particulier d'une loi d'ordre public; une lutte entre le droit social et le droit individuel, entre l'intérêt collectif de la société et l'intérêt privé. Si l'on considère, en outre, que le personnel administratif peut être employé aux offices les plus variés; qu'il est l'intermédiaire entre le gouvernement et les citoyens, individus ou collectivités, chargé de faire sentir partout l'action

du pouvoir central, et de transmettre toutes les informations qui peuvent l'éclairer sur les besoins du pays ;
que les réclamations adressées par les particuliers aux
fonctionnaires de l'ordre administratif ne sont pas
seulement fondées sur un droit lésé, ce qui soulève
un véritable litige (7), mais peuvent l'être sur un
simple intérêt qui n'invoque que l'intervention gracieuse de l'administration; on reconnaîtra que la législation administrative échappe par sa complexité à une
appréciation à la fois générale (8) et exacte, mais
qu'elle représente de la manière la plus complète
l'intervention de l'État dans l'ordre économique.

Le droit pénal tient à la fois du droit public et du
droit privé. Qu'il s'agisse de crimes et de délits contre
la chose publique ou contre les particuliers, la répres-
sion est toujours d'ordre public et se poursuit, en
général, indépendamment des dommages-intérêts dus
à la personne lésée. Mais que peut bien avoir de
commun l'économie politique avec le droit pénal?
A quel titre un économiste, *en tant qu'économiste*, a-t-il
qualité pour intervenir dans un débat qui se réduit à

(7) Je n'ai pas la prétention de poser ici les principes sur le
contentieux administratif, sur la distinction entre les diverses
espèces d'actes administratifs, encore moins d'examiner la question
de savoir s'il était nécessaire de créer une juridiction spéciale pour
les litiges administratifs, d'autant mieux que, au point de vue
économique, cela me paraît de peu d'importance, attendu qu'il
faut, en pareille matière, toujours raisonner dans l'hypothèse
que la fonction est bien remplie.

(8) En Allemagne, on a écrit des traités philosophiques de droit
administratif, abstraction faite de toute législation positive, sous le
titre de *science de la police* (*Polizeiwissenschaft*). Tel est le livre de
Robert Mohl : *Die Polizeiwissenschaft nach den Grundsätzen des
Rechtsstaates*), science de la police dans un État de droit. Les
deux volumes sont complétés par un troisième: *System der Præventiv
Justiz*, système de la justice préventive.

cette double question : tel fait doit-il être incriminé,
qualifié crime, délit ou contravention? Si oui, quelle
peine convient-il de lui appliquer? Il pourrait seulement protester contre l'incrimination d'un fait moralement indifférent et qui n'est réputé délictueux que
par suite d'une violation des enseignements de l'économie politique : tels sont les délits d'usure et de
contrebande. Je réserve le cas où il s'agit d'une taxe
purement fiscale.

Je passe donc au droit privé : c'est sur ce terrain
que nous avons les constatations les plus intéressantes
à faire, notamment en ce qui concerne l'influence
croissante de l'économie politique sur le droit. Il y a
un droit privé général, une sorte de droit commun
privé, qui règle l'état et la condition des personnes à
raison de leur âge, de leur sexe, de leurs rapports de
famille, de leur nationalité ; qui traite des biens, des
différents droits qu'on peut acquérir sur les choses, et
des contrats qui interviennent entre les personnes à
l'occasion de ces biens. Sans doute il n'est aucune des
dispositions comprises dans ce droit qui n'exerce
quelque influence sur l'activité économique, et il n'est
pas indifférent, au point de vue économique, que
l'ordre des successions soit réglé de telle ou telle façon;
qu'on ait un bon ou un mauvais régime hypothécaire;
que les conventions matrimoniales soient la communauté de biens ou le régime dotal. Mais il n'est pas
moins certain que l'influence de ces lois sur l'ordre
économique n'est qu'indirecte, qu'elle n'était pas
présente à la pensée du législateur quel qu'il soit, qui
les a sanctionnées, et qu'elles n'ont pas été faites pour
telle ou telle catégorie de personnes. Le droit privé

spécial, le droit commercial, le droit industriel (9),
vise directement et principalement les rapports qui
s'établissent entre les hommes en vue de la production
et de la distribution de la richesse; il considère
les agents essentiels de l'activité économique, les
manufacturiers, les commerçants, les banquiers, les
entrepreneurs de transports. La multiplicité des
transactions auxquelles ils se livrent, la célérité qu'elles
exigent, ont fait établir des règles tantôt plus larges,
tantôt plus étroites, des obligations plus rigoureuses;
il y a là un genre de propriété particulier : l'honneur
commercial, source de crédit; la clientèle; une
marque de fabrique ou de commerce; l'insolvabilité,
c'est la faillite ou la banqueroute.

Voici donc ce qu'il importe de noter, ce qui me
paraît être le caractère distinctif du droit commercial et
industriel considéré dans ses rapports avec l'économie
politique, ce qui est ici plus qu'en toute autre matière,
le point de vue dominant.

1° Les commerçants et les industriels sont justement
présumés avoir sur tout ce qui se rattache à leur

---

(9) On peut dire que les lois qui forment le droit industriel
proprement dit, ne sont qu'un complément du Code de commerce,
lequel ne s'occupe pas seulement de l'industrie commerciale, mais
de toute espèce d'industrie, transport par terre et par mer, manufactures, banques. Il me semble donc que M. Renouard (*Du droit
industriel dans ses rapports avec les principes du droit civil*,
page 9) a établi une ligne de démarcation trop profonde entre
le droit commercial et le droit industriel, lorsqu'il a écrit : « Le
« droit commercial touche par bien des points aux problèmes
« engagés dans le droit industriel; mais à le prendre dans les
« matières plus spécialement réglées par notre Code de commerce
« français, il offre le développement des principes universellement
« acceptés par le droit civil, et plus particulièrement appropriés
« aux transactions commerciales. » D'ailleurs peu importe quant
aux conclusions essentielles que j'entends en tirer.

profession et, par conséquent, sur l'ensemble des actes juridiques qu'elle comporte, des lumières plus étendues que le commun des citoyens n'en possède sur le droit en général. La science du droit a pour objet la protection de tous les intérêts légitimes, et cette protection ne va pas sans une certaine tutelle juridique plus ou moins rigoureuse. Eh bien, le commerçant ne sera soumis à une tutelle moindre. Un commerçant ne sera pas supposé avoir donné sa signature à la légère, comme la loi l'admet, dans une certaine mesure, pour le non-commerçant. La maxime que *nul n'est censé ignorer la loi* n'est le plus souvent qu'une fiction; à l'égard du commerçant, c'est une réalité, et tout notable commerçant est apte à remplir les fonctions de juge en matière commerciale. Quelle que soit la protection que la loi assure aux particuliers, encore faut-il que ceux-ci fassent, de leur propre initiative, les diligences nécessaires pour la défense de leur droit (10); cette vigilance est réputée plus complète chez le commerçant.

2° Si beaucoup de dispositions du droit commun ont une influence indirecte sur l'ordre économique, sans que le législateur y ait songé, ce sont, au contraire, des préoccupations économiques qui ont déterminé le législateur toutes les fois qu'il a dérogé à quelques principes du droit commun, dérogations qui constituent le droit spécial, droit commercial ou industriel. C'est en cette matière surtout qu'il est vrai de dire que le droit naît du fait (11) : c'est sous la

(10) *Jura vigilantibus succurrunt.*

(11) *Ex facto jus hauritur*, disaient les jurisconsultes romains en termes généraux. On connaît leur manière de répondre aux questions de droit qui leur étaient posées : *ex facto quœrebatur.....*

pression des faits et des nécessités commerciales ou
industrielles que se forme et se développe le droit
industriel. La formule exacte est donc ici non pas
seulement qu'il *y a des rapports plus ou moins étroits
entre le droit et l'économie politique*, mais bien que *le
droit industriel est absolument déterminé, en quelque sorte
engendré par l'économie politique* (12). Veut-on un
exemple saisissant de ces transformations du droit
commun en droit spécial? Voici un contrat vu de
mauvais œil et étroitement réglementé par le droit
commun; le prêt sur gage, le nantissement d'un objet
mobilier. L'article 2084 du Code civil ajoutait bien
que les dispositions du droit commun n'étaient pas
applicables aux matières de commerce : mais en
somme à l'époque où fut rédigé le Code de commerce,
les commerçants eux-mêmes pratiquaient peu le nantissement d'effets mobiliers, et, par suite, le Code ne
s'en occupe point spécialement; il est simplement
question, dans le livre Ier, titre VI, du privilège des
commissionnaires, lequel repose sur une constitution
de gage tacite. En dehors de cette circonstance particulière, le contrat de gage restait soumis aux règles
du droit commun, quant à la constitution et à la
réalisation du gage, ce qui était une grande gêne. Les
choses ont bien changé depuis : 1° Les règles du
droit commun ont été modifiées au profit de grands

(12) Voilà, à ce qu'il me semble, la réponse aux perplexités
exprimées par M. Renouard, page 10 de l'ouvrage, cité note 9, ci-
dessus. « Le droit industriel a le malheur de ne point être assis
« encore sur des théories arrivées dans cette région sereine des
« lieux communs où cesse toute controverse raisonnable. Ses
« principes les plus élémentaires sont un objet de dispute. Ce n'est
« qu'en déterminant ses véritables bases qu'on reconnaîtra le but
« vers lequel il doit se diriger. »

établissements de crédit, la Banque de France, le Crédit foncier, lo Comptoir d'escompte. 2° Les Magasins généraux ou docks ont offert une large et heureuse application du prêt sur gage.

3° Enfin, la loi du 23 mai 1863 est venue modifier le titre VI du livre I<sup>er</sup> du Code de commerce, qui porte maintenant la rubrique *du gage et des commissionnaires*, et a généralisé les dispositions déjà admises en faveur des établissements que je viens de mentionner. Que s'était-il donc passé dans l'ordre économique qui ait réclamé ces modifications au droit commun? Le prodigieux accroissement de la richesse mobilière sous toutes ses formes, meubles corporels et incorporels; les conditions nouvelles de l'industrie qui, grâce à un plus puissant outillage, accumule les produits dans l'usine; la spéculation sur un marché de plus en plus étendu où l'offre semble toujours précéder la demande; des frais de magasinage et de garde considérables en attendant la vente; la nécessité de faire des titres et des marchandises des instruments de crédit, telles sont les raisons qui ont dû amener une transformation du droit commun en matière de gage. Je n'ai pas besoin d'insister sur les conditions toutes différentes de l'industrie et du commerce d'autrefois (13), alors que, avec un faible outillage et un capital engagé peu considérable, sur un marché restreint, avec des voies et des moyens de transports imparfaits, le fabricant ne produisait et le commerçant ne s'approvisionnait en quelque sorte qu'au fur et à mesure des besoins d'une

(13) Voir ci-dessus, chapitre X, note 11. D'une manière générale, rapprocher les chapitres X et XIV.

clientèle peu nombreuse, et qu'un encombrement, même momentané, n'était guère à redouter.

Je dois placer ici une remarque d'une grande importance pratique. Les nécessités du droit spécial ou industriel n'ont pas eu pour résultat de faire créer un droit nouveau de toutes pièces ; ce sont des contrats du droit commun qui, grâce à certaines modifications, à une application plus intelligente, plus large, ont pris le caractère de droit spécial. Je viens de parler du prêt sur gage ; mais il en est ainsi du reste. Quel a été d'abord le caractère du contrat de société? C'était un contrat de droit commun, le plus naturel des arrangements, une application de la maxime que l'*union fait la force*, essentiellement une association de personnes. Lorsque, plus tard, pour réunir plus facilement les immenses capitaux réclamés par l'industrie moderne, on arrive à la société anonyme avec actions au porteur, alors il y a un droit spécial, substitution de l'association des capitaux à l'association des personnes. Il n'y a pas précisément là matière à un brevet d'invention, mais à un brevet de perfectionnement, ce qui vaut mieux (14). La conclusion pratique

(14) L'assurance maritime est un exemple de ces perfectionnements; c'est le développement d'une idée très simple mais qui a sans contredit la valeur d'une admirable découverte. L'idée simple, aussi ancienne que le monde, consiste en ce qu'une personne prend à sa charge des risques qui, naturellement, sont à la charge d'une autre. De tout temps on a vu cet arrangement, comme *clause* d'un *contrat* : Le vendeur, l'emprunteur (le commodataire), le locataire, l'entrepreneur de transport, ont pu, par une clause accessoire des contrats de commodat, de louage de choses, du louage de service, de vente, prendre à leur charge des risques qui ne leur incombaient pas. C'est ce que les anciens jurisconsultes appelaient *aversio periculi*, détournement du risque. Mais l'assurance proprement dite, l'assurance maritime notamment, n'a réellement existé que lorsque cette *aversio periculi*, au lieu d'être

que je veux tirer de là, c'est que, sous prétexte de besoins nouveaux il ne faut pas se hâter de proclamer l'insuffisance du droit commun, d'édicter des lois nouvelles et surtout des lois *impératives*, imposant des obligations exorbitantes (15), c'est bien plutôt le cas de parler de lois *permissives*, car c'est par ce procédé que la science du droit s'est perfectionnée pour répondre à des exigences nouvelles. On n'a point imposé aux armateurs et aux commerçants l'obligation de s'assurer : on a simplement autorisé le contrat d'assurance, comme n'ayant rien de commun avec le jeu ou le pari. On n'a point imposé l'obligation de s'associer de telle ou telle manière; on a simplement proposé de nouvelles formes d'association à l'adoption de ceux qui voulaient s'associer. Ce n'est pas en inventant des mots nouveaux qu'on enrichit une langue, mais en faisant un bon usage de ceux qu'elle possède, en les employant d'une manière ingénieuse, en les combinant en des tours nouveaux, suivant l'esprit et le génie de la langue ; il en est de même du droit.

En ce qui concerne le droit international, soit public, soit privé, les conclusions de l'économie politique ne sauraient être douteuses. On a reproché aux économistes, à propos de leur doctrine libre-échangiste,

---

simplement *clause* du contrat, a été le *contrat* lui-même; lorsqu'un tiers, étranger au contrat de transport par mer, n'ayant aucun rapport avec le chargeur, l'armateur, le propriétaire du navire, est venu leur dire : *Je prends à ma charge les risques de mer auxquels vos marchandises ou votre navire vont être exposés.*

(15) Je songe à ceux qui veulent une loi spéciale sur la responsabilité des patrons en cas d'accident. Mais l'article 1382 du Code civil est là. Que les juges l'appliquent avec intelligence. — On veut encore rendre l'assurance obligatoire. Comment s'y prendre? Quel nouveau brandon de discorde entre patrons et ouvriers!

« de se complaire dans l'hypothèse romanesque de
« la paix et de la fraternité universelle, dans l'exploi-
« tation du globe en commun d'après les principes
« de la division du travail; de ne tenir compte ni du
« temps, ni de l'espace (16). » Je n'ai pas à commenter ici ce manifeste au point de vue spécial de
la protection et de la liberté commerciale; je me
bornerai à rappeler, ce qui a été déjà précédem-
ment établi, qu'il n'y a pas deux sciences économiques : l'économie politique de la paix et l'économie
politique de la guerre, pas plus qu'il n'y a autant
de sciences économiques distinctes qu'il y a dans le
temps ou dans l'espace de nations et de civilisations
différentes; ce qui ne veut pas dire que les économistes ignorent les misères économiques et autres
qu'entraîne la guerre, ni les diverses pratiques qui ont
tour à tour prévalu (17). En ce qui concerne le droit
international public, les rapports entre nations en tant
que collectivités distinctes, l'économie politique est
d'accord avec la science du droit pour faire prévaloir
le même principe de justice qu'entre individus. Ii n'y
a, pour cela, qu'à mettre le mot *indépendance* à la place
du mot *liberté* : La justice sera l'indépendance de
chaque nation mise en harmonie avec l'indépendance
de toutes. L'économie politique réprouve l'abus de la
doctrine des nationalités, qui serait un éternel sujet
de discorde, et les doctrines philosophiques et reli-
gieuses qui glorifient la guerre. Un arbitrage interna-

(16) Manifeste du comité pour la défense du travail national.
(17) Voir au chapitre XII, note 3, ce qui a été dit sur ce sujet, à
propos des doctrines de l'école historique. — Voir à la fin du chapitre V, les paroles de Turgot sur les vrais caractères de la
science économique.

tional devrait vider les litiges entre nations comme le font les tribunaux ordinaires entre individus. Les rapports entre les peuples les plus avancés et les peuples plus ou moins barbares, devraient avoir pour résultat de faire pénétrer chez ces derniers les bienfaits de la civilisation par l'émigration, émigration des personnes et des capitaux. Ici se présente la délicate question de savoir jusqu'à quel point un pays a le droit de s'opposer d'une manière absolue à l'établissement de relations quelconques entre ses nationaux et ceux des autres pays ; de s'entourer, en un mot, puisque l'expression est devenue proverbiale, d'une véritable muraille de Chine. Il faut, en principe (18), résoudre la question, par la négative ; au nom de l'économie politique, du droit, de l'humanité, il faut protester contre ces prétentions à un isolement contre nature. Nous sommes d'ailleurs là sur le terrain du droit privé, des relations entre individus, et, en matière de droit international privé, il n'y a plus les mêmes raisons qu'en matière de droit international public, pour maintenir les distinctions tirées de la différence des nationalités. Nous avons fait bien du chemin depuis

(18) Je dis *en principe*, car il se présentera, dans l'application bien des difficultés. Un peuple pourra, sans proclamer l'interdiction absolue de rapports avec l'étranger, apporter à ces relations des restrictions telles que, pratiquement, cela reviendra à peu près au même. Il s'en faut, malheureusement, que les peuples dits civilisés, aient toujours donné le bon exemple en cette matière, et inspiré aux peuples barbares le goût de la civilisation. A quels excès ils se sont portés dans leur politique commerciale et coloniale! quel argument aux mains des ligueurs de Manchester que ces landlords qui, pour accroître leur revenu foncier, repoussaient les blés étrangers, alors qu'ils fêtaient patriotiquement le général anglais qui venait d'ouvrir à coups de canon les portes de la Chine!

le temps où l'étranger, c'est-à-dire l'ennemi, était hors
la loi, comme il était matériellement hors de la cité ;
où les peuples n'avaient guère de rapports entre eux
que par la guerre. L'antique rigueur du droit civil a
été adoucie par les principes d'un droit des gens
considéré comme le droit commun de l'humanité.
Le commerçant a été déclaré citoyen de l'univers.
Lorsque le monde entier ne forme plus qu'un seul et
même marché sur lequel les ordres d'achat et de
vente, les informations de tout genre, se transmettent
instantanément par l'électricité, comment ne serait-il
pas placé sous l'empire du même droit? Et pourquoi
en serait-il autrement en matière de droit civil proprement dit? Les pays les plus éloignés sont aujour-
d'hui moins étrangers les uns aux autres que ne l'é-
taient certains peuples soumis à la domination
romaine, lesquels étaient aussi régis par le même
droit. Les études de droit comparé auxquelles on se
livre avec tant d'ardeur, n'auraient-elles donc d'autre
but que de satisfaire la curiosité? N'en résultera-t-il
pas quelques perfectionnements dans les diverses
législations au moyen d'emprunts réciproques, ce qui
serait un acheminement vers l'unification? Cette unification ne sera toutefois jamais complète. La diversité des races, des mœurs, des climats, toutes choses
qui se tiennent étroitement, fera toujours sentir plus
ou moins son influence sur les institutions juridiques,
ne serait-ce que sur la capacité et la condition des
personnes, suivant leur sexe et leur âge ; mais ce ne
sont là, en quelque sorte, que des détails de police
intérieure, qui ne touchent pas aux principes essentiels du droit tels que j'ai essayé de les établir et aux

véritables rapports du droit avec l'économie politique.

Ce n'est pas sans quelque appréhension qu'on envisage ces consolantes perspectives sur l'avenir des relations internationales publiques et privées dont l'amélioration attesterait le triomphe du droit, de l'économie politique et de la morale. Il est vrai qu'à l'état de guerre autrefois permanent, dans lequel la paix n'était qu'un intermède de courte durée, a succédé un état de paix plus ou moins permanent, entrecoupé d'intermèdes guerriers ; que peuples et rois, vainqueurs et vaincus, célèbrent à l'envi les bienfaits de la paix... Malheureusement cette paix n'est qu'une paix armée jusqu'aux dents, qui impose aux nations les plus durs sacrifices, et l'on ne voit pas où cela pourra s'arrêter. C'est une nouvelle forme de la barbarie. D'autre part, tandis que les États-Unis d'Amérique ont leur question chinoise, les plus grands empires de la vieille Europe ont leur question *antisémitique*. Ici il s'agit, dit-on, d'un peuple qu'on voudrait renvoyer au pays qui fut son berceau, ce dont il ne se soucie nullement. Là-bas on ne repousse encore officiellement que les pauvres coolies de race jaune qui viennent faire concurrence aux ouvriers de race blanche; mais *John Celestian*, quel qu'il soit, n'a qu'à se bien tenir! Tout cela n'est pas pour la plus grande gloire de notre temps.

# CHAPITRE QUINZIÈME

De la prétendue prééminence d'une science sur l'autre. Erreurs
résultant d'une notion inexacte de l'une ou de l'autre science,
de leurs rapports, de la confusion de la science du droit avec
la législation. Prétentions excessives des jurisconsultes et des
économistes à l'encontre les uns des autres. L'art de faire les
lois. Difficultés que présente l'organisation d'un principe reconnu
par les deux sciences de l'économie politique et du droit.
Exemple : une bonne loi sur les sociétés par actions ; réforme de
la législation sur la limitation du taux de l'intérêt.


On disait jadis que la philosophie ne devait être que
la servante de la théologie, et l'on a parfois essayé
d'établir cette suprématie en faisant brûler quelques
philosophes au nom de la théologie. Ces bûchers ont
été un puissant argument pour les philosophes contre
les théologiens qu'ils accusaient de corrompre la vraie
religion, au nom de laquelle il ne faut faire brûler
personne. Il est à désirer que jurisconsultes et économistes s'abstiennent de formules analogues; l'économie politique n'est pas plus la servante du droit,
que la science du droit n'est la servante de l'économie
politique. Il serait plus exact de dire qu'elles se
rendent des services réciproques dans un intérêt
commun, l'intérêt de la vérité. La législation est à la
science du droit ce que la théologie est à la vraie
religion : Il ne faut pas imputer à la religion les doctrines de certains théologiens, ni rendre la science du
droit responsable de caprices législatifs qu'elle réprouve; pas plus qu'on ne doit mettre au compte de

la science économique les opinions hasardées de tel
ou tel économiste. Cette question de la prétendue prééminence d'une science sur l'autre serait sans intérêt
si elle ne procédait, soit d'une fausse opinion sur la
nature même des deux sciences et sur leurs rapports,
soit d'une confusion de la science du droit avec la législation. Il s'agit donc d'autre chose que d'une vaine
question de préséance entre deux personnages officiels
dans une cérémonie publique.

Voici en quels termes on a revendiqué une sorte de
suprématie pour la science du droit : « Ce sont donc
« les hommes et la société qui, *dirigés et commandés*
« *par le droit*, donnent occasion par leurs actes aux
« phénomènes de l'économie politique, dont quelques-
« uns à leur tour viennent réagir sur les lois (1). » Je
laisse de côté la réserve finale qui ne fait qu'ajouter je
ne sais quoi de vague à la proposition principale,
laquelle est le contre-pied de la vérité. La vérité est,
en effet, que ce sont les phénomènes économiques

(1) F. Rivel. *Des rapports du droit et de la législation avec l'économie politique*, page 47. L'auteur a dit peu plus haut : « qu'on
« prenne toutes les manifestations économiques, et on verra s'il
« en est une seule qui ne repose d'abord et fondamentalement
« sur la vie humaine dirigée par le droit. » Et il en donne des
exemples comme celui-ci : « D'où procède la production? de la
« propriété individuelle, qui est un concept du droit naturel, for-
« tifié et sanctionné par la loi positive. » Mais la propriété est avant
tout un phénomène économique, une nécessité économique. L'auteur parle comme Bentham, qui dit que les lois ont créé la propriété. Je renonce tout à fait à comprendre ce que l'auteur a voulu
dire en terminant cette série d'exemples : « Et enfin la valeur
« elle-même pourrait-elle se déterminer, dans son sens et dans sa
« force économique, si la liberté, qui est encore le droit, ne faisait
« pas le vide autour d'elle, si tous les éléments, mis en balance les
« uns vis-à-vis des autres, n'étaient pas entre eux parfaitement
« affranchis en vertu de l'égalité civile? »

qui donnent occasion aux actes juridiques. J'ai des
besoins; je travaille; je m'applique à produire du blé;
j'en produis plus que je n'en puis consommer; mon
voisin a produit plus de vin qu'il n'en peut boire; tout
naturellement je lui propose d'échanger son superflu
de vin contre mon superflu de blé. On voit que l'acte
juridique, le contrat d'échange, arrive à la suite des
phénomènes économiques. C'est donc par une analyse
inexacte des phénomènes économiques dans leurs
rapports avec les actes juridiques, que l'auteur est
arrivé à une sorte de coordination à rebours. Ce qui
me paraît plus grave, ce sont les termes dans lesquels
il croit pouvoir établir une véritable infériorité, une
subalternisation de l'économie politique vis-à-vis du
droit. Il vient de parler de la distribution de la richesse, affirmant que *l'économie politique ne distribue*
*quoi que ce soit*; il poursuit (2) : « L'économie politique
« est purement, en cette partie, l'étude de la part que
« reçoit, dans le prix d'un produit, chacun des élé-
« ments de production engagés et associés dans une
« action commune et complexe. Que, par une injus-
« tice quelconque, la part ne soit pas proportionnelle
« à chaque élément, l'économie politique ne peut y
« obvier en rien, si elle n'a recours au droit et à la
« législation. C'est là ce qui prouve nettement qu'elle
« est exclusivement science pure et science d'obser-
« vation : » Au lieu de nous parler d'une *injustice*
*quelconque*, il eût mieux valu nous mettre en présence
d'une injustice déterminée et nous faire voir l'impuissance de l'économie politique contrainte d'appeler le

(2) Ceci est la suite du passage qui a été cité chapitre II, note 8,
Rivet, page 47.

droit à son secours. Voici donc un fait d'injustice no-
toire en matière de distribution de la richesse : l'esclavage. L'esclave est contraint à travailler et ne reçoit,
pour prix de son travail, que ce qu'il plait au maître
de lui donner. Voilà qui est condamné par l'économie
politique, qui n'y peut rien. Elle a recours au droit
qui condamne pareillement cet attentat contre la
liberté. Mais le droit ne sera pas moins impuissant
que l'économie politique, si une législation barbare
autorise l'esclavage. L'économie politique est donc
spécialement chargée de déterminer les conditions
d'une juste répartition de la richesse, et nous savons
comment elle a pratiquement résolu ce problème : par
la libre convention des intéressés. La science du droit
confirme sur ce point les enseignements de l'économie
politique, et alors intervient la législation pour sanctionner ces divers arrangements : contrats de louage
des choses ou des personnes, contrats de crédit, contrat de société. Cette formule *d'une injustice quelconque
résultant de ce que la part ne serait pas proportionnelle
à chaque élément*, et à laquelle la législation aurait
mission d'obvier, cette formule, dis-je, est pleine de
périls. Cela peut mener à un système de répartition
par voie d'autorité. On pourrait répondre qu'il s'agit
d'une injustice tenant à un défaut de capacité juridique, à un vice de consentement chez une des parties
contractantes, dol, erreur ou violence; mais non : Il
s'agit simplement d'un défaut de proportion entre le
service rendu et sa rémunération, d'une sorte d'action
en rescision pour cause de lésion admise dans tous les
contrats, au profit de toutes les parties.

Comme on le pense bien, les revendications au nom

de l'économie politique n'ont pas fait défaut : « ce
« n'est pas à l'économie politique, a-t-on dit, à rece-
« voir des leçons de la jurisprudence : c'est au légis-
« lateur à suivre les enseignements et à observer les
« préceptes de la science économique (3). » Il y a là
une assertion qu'il importe de préciser avant de l'apprécier. Quelle est, en effet, l'opposition qu'on a voulu
établir? On place successivement l'économie politique
en face de la *jurisprudence* et du *législateur* : a-t-on
entendu par jurisprudence désigner la science du
droit? Il semble que non; on adresse à la *jurisprudence*
et au *législateur* la même sommation, quelque peu
hautaine, d'avoir à se conformer aux enseignements
de la science économique; jurisprudence et législateur,
c'est donc tout un. Je me plains alors de ce qu'on a
oublié la science du droit. Je suis d'avis que le législateur doit suivre les enseignements de l'économie politique; mais j'ai hâte d'ajouter qu'il doit suivre aussi
les enseignements de la science du droit, et il n'y a pas
lieu d'appliquer ici la maxime qu'on ne peut pas servir
deux maîtres à la fois, attendu que les enseignements
de la science du droit sont en général d'accord avec
ceux de l'économie politique; que, pour le surplus, ils
se complètent réciproquement, chacune des deux
sciences allant un peu plus loin que l'autre dans des
sens différents et ayant son domaine réservé (4).

Mais, qu'on ne s'y trompe pas : dans les paroles que

(3) M. Arthur Mangin, *Économiste français*, du 10 juin 1876.
Compte rendu d'une discussion à la Société d'économie politique
(Réunion du 5 juin 1876), à propos de l'introduction de l'économie
politique dans les Facultés du droit.

(4) Je ne fais ici que rappeler sommairement des principes qui
ont été établis sous les chapitres IV, V, VII, et VIII.

je viens de citer, il n'y a pas qu'une seule assertion reproduite sous deux formes différentes ; il y a deux assertions parfaitement distinctes : 1° *c'est au législateur à suivre les enseignements de la science économique* : à quoi je ne contredis pas, sous la réserve toutefois des observations que je viens de présenter ; 2° *ce n'est pas à l'économie politique à recevoir des leçons de la jurisprudence* : ici je proteste de la façon la plus formelle. Je ne vois pas pourquoi un économiste, le cas échéant, n'accepterait pas les leçons d'un jurisconsulte consommé, d'un légiste connaissant à fond la législation en vigueur. Nous raisonnons dans l'hypothèse d'un projet de loi soutenu ou attaqué par des économistes : c'est ainsi que la question se posera d'une manière pratique. Là-dessus l'économiste vient dire qu'il faut s'incliner devant les grands principes de l'économie politique. C'est fort bien, mais l'affaire n'est pas aussi simple que cela. Il ne s'agit pas toujours d'une loi qui a pour objet quelque grand principe d'économie politique à proclamer ou à violer ouvertement ; on sera le plus souvent d'accord sur les principes, mais l'objet propre de la loi est d'en organiser l'application à telle ou telle catégorie de faits. C'est ici que le jurisconsulte intervient avec l'autorité que lui donnent son habileté professionnelle dans l'art législatif, la connaissance de l'ensemble de la législation. On s'adresse au législateur jurisconsulte et on lui demande une bonne loi sur telle matière : cette loi est destinée à combler quelque lacune de la législation, à remédier à divers abus, à remplacer une loi dont on a reconnu les vices ou l'insuffisance... et le législateur, le jurisconsulte n'aurait pas qualité pour faire ses

observations sur les difficultés que présente la rédaction d'une pareille loi, la nécessité de la mettre en
harmonie avec les autres parties de la législation ; sur
le genre de sanction qui pourra être attaché à la violation de ses prescriptions ! Qu'on me permette de raisonner sur quelques exemples.

On demande une bonne loi sur les sociétés par
actions ! on sait que cette loi est toujours à refaire, et
il semble qu'il y aura éternellement là-dessus un
projet de loi sur le chantier législatif. Est-ce à dire
qu'on ne sait pas ce qu'on veut ? qu'on ne connait pas le
mal auquel il s'agit de remédier ? Nullement : les abus
ont été aussi nombreux qu'éclatants ; les journaux et
les recueils de jurisprudence en sont pleins ; et la
société anonyme fournit un digne complément aux
annales de la commandite par actions. Le problème
posé au législateur a été, à plusieurs reprises, nettement
défini : « Le problème posé au législateur consiste en
« ceci : que l'intérêt des fondateurs des sociétés par
« actions est tout autre que celui de leurs actionnaires,
« qui est l'intérêt public. Les abus à réprimer
« viennent de ce que les fondateurs ne sont pas
« responsables, comme l'entrepreneur ordinaire, de
« l'entreprise qu'ils fondent (5). » On connait donc,
d'une manière générale, le but à atteindre ; on connait
le mal, mais il s'agit de trouver le remède, ce qui est
d'autant plus difficile qu'il y a des maux de plus d'une
sorte, et que le remède qui convient à l'un ne convient
pas à l'autre. Sous prétexte de réprimer les abus, il ne
faut pas porter atteinte à la liberté des conventions ;

---

(5) M. Courcelle-Seneuil, *De la législation relative aux sociétés
par actions.* (*Journal des Économistes* d'août 1880, page 177.)

on veut donner plus de sécurité aux capitaux, mais il ne faut pas les détourner de l'association; il faut concilier les droits des actionnaires, des obligataires, des créanciers chirographaires ordinaires; il faut placer les responsabilités là où elles sont et en mesurer l'étendue. C'est bien le cas de répéter le mot de Bentham : *que de choses dans une loi! What a multitude of things there are in a law!* Il y a là de la besogne pour tout le monde, pour l'économiste et pour le jurisconsulte (6), et ce jurisconsulte, par les mains duquel ont passé tant de scandales retentissants, tant de volumineux dossiers, d'où il a dû extraire les considérants de tant de décisions judiciaires, pourra bien fournir quelques éclaircissements à l'économiste.

On sait à quels débats a donné lieu la loi qui fixe un taux maximum de l'intérêt de l'argent. Les raisons abondent, en économie politique, en droit et en fait, pour en faire prononcer l'abrogation pure et simple. Cependant bien des gens qui en sont d'avis, ajournent cette solution radicale : cela ferait mauvais effet, dit-on, dans un temps où l'on crie déjà bien assez contre les capitalistes. Voici donc un économiste (7) qui

---

(6) Voir dans le *Journal des Economistes* d'août 1882, pages 165-190, le substantiel article de M. Mathieu Bodet : *Réforme de la législation sur les sociétés par actions.*

Il rappelle le projet de loi déposé le 17 février 1838, qui, en présence d'abus criants, supprimait les actions dans la société en commandite, « exemple des inconvénients des résolutions suggérées par des réformateurs impatients ». Heureusement la loi ne fut pas votée.

(7) Ce système a été, en effet, proposé par M. Woloswkl, un économiste jurisconsulte, chez lequel un ferme attachement aux principes ne dégénérait pas en un dogmatisme intraitable, et dont l'esprit offrait l'heureuse alliance de ce qu'il y a de meilleur dans les tendances des deux écoles, philosophique et historique.

propose ce moyen terme : un taux légal combiné avec la liberté de l'intérêt de la manière suivante. Si le taux légal n'a pas été dépassé, aucune contestation ne peut être soulevée; si le taux légal a été dépassé, le contrat est encore valable en principe : seulement l'emprunteur pourra alléguer et être admis à prouver que le prêteur a abusé de sa situation. L'économie de cette loi est, en apparence, des plus simples; elle a un caractère de moralité incontestable, et elle répond très bien à cette préoccupation qui, à tort ou à raison, semble dominer toute la matière. Le malheureux qui emprunte à un taux exorbitant, ne le fait que sous l'empire de la plus dure nécessité, et le prêteur abuse de cette situation. Eh bien, je crois difficilement qu'un législateur jurisconsulte consente jamais à convertir un pareil système en loi, et se charge de définir, même dans les termes les plus vagues, ce qu'il faut entendre par ces mots : *abuser de la situation de l'emprunteur*. Il faudra qu'il s'en remette absolument à l'appréciation du juge : ce sera l'arbitraire, et aucune interprétation doctrinale ou jurisprudentielle ne pourra suppléer au silence de la loi. Qu'on ne dise pas que la loi permet à un créancier d'attaquer les actes faits par son débiteur en fraude de ses droits, et que cependant elle ne s'est pas expliquée sur ce qui constitue l'acte frauduleux. C'est là un point qui a été fixé par la doctrine, par la jurisprudence, par la science du Droit. On sait très bien que la fraude du débiteur consiste à diminuer, à anéantir intentionnellement le gage de ses créanciers (8), les-

(8) Qu'on n'objecte pas que le législateur, qui croit conforme au droit d'atteindre l'auteur d'un délit civil ou criminel, ne doit pas

quels ne lui ont pas demandé de sûreté particulière
parce qu'ils ont eu confiance en lui, c'est-à-dire qu'ils
ont accepté d'avance les conséquences d'une gestion
bonne ou mauvaise de son patrimoine, mais non de
ses actes frauduleux. En somme, une pareille action
serait encore plus déraisonnable que l'action en rescision pour cause de lésion accordée au vendeur d'un
immeuble (9). Pour en finir avec cette question de
la prééminence d'une science sur l'autre, je dirai
que, presque toujours, l'économie politique et le droit
sont d'accord sur le principe de justice et d'utilité
sociale; que là où l'on croit pouvoir signaler une opposition, il n'y a, le plus souvent, qu'un partage naturel
d'attributions en vertu duquel les deux sciences se

---

se laisser arrêter par cette considération, que la preuve en serait
trop difficile; et que la difficulté de prouver la fraude n'a pas
empêché d'ouvrir au créancier une action à raison des actes faits
par le débiteur en fraude de ses droits. Si j'estime qu'on doit
refuser à l'emprunteur une action contre le prêteur basée sur ce
que celui-ci aurait abusé de sa situation, ce n'est pas seulement
parce que la preuve de ce fait serait difficile; c'est surtout parce
que la prétention ne me paraît pas fondée en droit. Autre chose
est le fait positif de la fraude du débiteur qui fait disparaître le
gage de son créancier, autre chose le fait purement négatif du
prêteur auquel on ne reproche, en somme, que de ne pas s'être
abstenu de prêter à celui qui venait lui demander de l'argent à
emprunter. Le prêteur n'a commis aucun dol, il n'a usé d'aucune
manœuvre frauduleuse pour déterminer l'emprunteur à emprunter.
Je sais bien qu'en matière de contrats aléatoires, en matière d'assurance maritime, notamment, on reconnaît *un dol négatif*, résultant
de ce que l'assuré n'a pas fait connaître à l'assureur toutes les
circonstances qui étaient de nature à influer sur l'opinion du
risque; mais cela tient au caractère spécial de ce contrat, dans
lequel l'assureur ne peut être éclairé que par l'assuré sur ce qu'il
lui importe le plus de connaître. Mais, dans un contrat de prêt, il
n'y a rien de semblable, à moins qu'on exige du prêteur qu'il
admoneste l'emprunteur sur les dangers que présente un emprunt.

(9) Voir ci-dessus, chapitre VII, note 5.

complètent réciproquement (10); que si le législateur
et le jurisconsulte se voient, parfois, contraints d'opposer une sorte de *non possumus* à certaines demandes
d'innovations ou de perfectionnements à introduire
dans la législation, cela tient à ce qu'il est difficile de
transformer en règles de droit ces aspirations vers une
utilité, une justice, une moralité plus grande ; qu'on
ne doit pas uniquement compter pour la réalisation
de tout progrès sur d'incessants remaniements législatifs, mais qu'il y faut encore le progrès des lumières,
de la raison publique et des mœurs : *quid leges sine
moribus?* Et à ce propos, je ferai une remarque d'une
importance pratique considérable : quel est le reproche que jurisconsultes et économistes s'accordent
à adresser aux socialistes? Ce sont, disent-ils justement,
des utopistes, des esprits chimériques, qui prennent
pour des réformes réalisables, de vagues aspirations
dont ils sont impuissants à trouver la formule pratique;
il importe que les économistes et les jurisconsultes
n'encourent pas, ne fût-ce qu'à un degré moindre,
le même reproche.

(10) Voir notamment les chapitres V et VII, et ce qui a été dit, à
la fin du chapitre VIII, sur la question de la réserve héréditaire.

# CHAPITRE SEIZIÈME

Je reste fidèle, dans les rubriques de ce chapitre et
du chapitre suivant, à la donnée fondamentale de
cette étude, à savoir, que ce n'est pas entre le droit
et l'économie politique que l'opposition existe en
principe, mais bien plutôt, entre l'économie politique
et le droit, d'une part, et la législation d'autre part.
J'ai dit, en outre, dans l'introduction, que les
développements dans lesquels je devrais entrer, ne
seraient pas présentés sous la forme d'un commentaire
de la législation, mais que cette appréciation critique
serait répandue un peu partout, suivant que cela serait
utile pour mieux mettre en lumière les différents
rapports que j'aurais à signaler entre l'économie
politique et le droit. Je ne me suis pas interdit, toutefois une revue générale et méthodique de la législation :
ce sera l'objet du chapitre suivant. L'objet du présen
chapitre n'est pas de rechercher les points sur lesquels
la législation a méconnu les enseignements de l'écono-

mie politique ou les principes du droit, mais de
déterminer la cause la plus générale de ces erreurs
législatives. Cette cause n'est autre que la fausse
opinion que les législateurs se sont faite de leur rôle,
opinion erronée, qui implique naturellement une
ignorance plus ou moins complète des lois économiques et des principes du droit. Je me hâte, toutefois,
d'ajouter que la mission du législateur n'a pas été la
même dans tous les temps, et que l'erreur que je
signale ici a principalement consisté à confondre les
temps et les lieux, les degrés de civilisation et de
richesse, et à assigner toujours le même rôle au
législateur.

Quelle était donc la tâche qui incombait aux législateurs des temps primitifs, à un Zoroastre, à un
Moïse? Il s'agissait de plier à la dure discipline de la vie
sociale des hommes à peine sortis de la barbarie, de
faire l'éducation d'un peuple enfant. Qu'on songe à ce
qu'étaient les Hébreux, abrutis par une longue
servitude sur la terre d'Égypte, lorsque Moïse entre-
prit d'en faire un peuple! Aussi que trouve-t-on dans
ce qu'on est convenu d'appeler la législation de Moïse?
Tout ce qui a rapport à la vie morale et matérielle,
religion, culte, droit, morale, économie politique (1)
et domestique, hygiène; et tout cela, aussi bien les
dogmes religieux et les grands principes de morale,
que les prescriptions les plus minutieuses, et souvent
les plus bizarres, sur le culte, les soins de propreté, est

---

(1) Je ferai, toutefois, remarquer que Moïse ne donna pas d'institutions politiques à son peuple; il laissa subsister le régime
patriarcal qui aboutit à la période anarchique des Juges, à la suite
de laquelle le peuple somma Samuel de lui donner un roi comme
en avaient ses voisins.

présenté comme émanant directement de Dieu, avec
lequel le législateur entretient un commerce assidu.

Quel fut le rôle de ces législateurs grecs, des
Lycurgue et des Solon, dont le nom est resté plus
populaire que leur œuvre n'a été bien comprise ?
Lycurgue et Solon ont ce caractère commun, qu'ils
furent investis de la dictature pour mettre fin à une
formidable crise (2) politique et sociale, à un malaise
général provoqué par la mauvaise organisation ou le
mauvais fonctionnement des pouvoirs publics, par des
rivalités de races ou de classes. Ils s'entourèrent d'un
appareil religieux, et firent consacrer par l'oracle de
Delphes la mission qu'ils tenaient du vœu populaire. Ils
s'érigèrent en réformateurs des mœurs (3) publiques et

(2) A Sparte, c'était la lutte entre les rois appuyés sur leurs
sujets indigènes et la soldatesque dorienne. « Le législateur avait
« une triple tâche. Le premier besoin était la cessation des luttes
« sanglantes qui désolaient le pays ; c'est pour cela qu'il a com-
« mencé sa grande œuvre en instituant une sorte de trêve de
« Dieu. Le second était la réconciliation entre les différentes races,
« fondée sur une détermination précise de leurs droits et de leurs
« devoirs réciproques ; le troisième, l'organisation de la commu-
« nauté dorienne. » (Ernest Curtius, *Histoire Grecque*, traduction
Bouché-Leclercq, tome I, page 219). — D'autre part, l'œuvre de Solon
a été justement appréciée comme il suit : « Il doit être considéré
« comme un arbitre auquel toutes les parties intéressées soumettent
« leurs droits, avec l'intention avoué qu'il décidât, non sur le pied
« du droit légal, mais selon ses propres vues, quant à l'intérêt
« public. Ce fut sous ce jour qu'il regarda lui-même sa charge et il
« paraît qu'il s'en acquitta avec fidélité et discrétion. » (Voir Grote,
*Histoire de la Grèce*, traduction Sadous, tome IV, page 157). — Si quelqu'un a fait, en Grèce, le véritable office du législateur, c'est
Dracon qui rédigea, en un code, les lois criminelles des Athéniens.
La prétendue sévérité personnelle de Dracon n'a rien de fondé.—Voir
Curtius cité, page 385 ; il partage sur ce point l'opinion de Grote.
Dracon ne fit, comme les décemvirs romains, que maintenir le droit
coutumier en vigueur.

(3) L'Aréopage, réorganisé par Solon, sorte d'autorité censoriale,
chargée de réprimer toute immoralité, tout scandale public, n'était
astreint à aucun droit positif, à aucune formalité de procédure.

privées et rétablirent la paix sociale en imposant aux partis une transaction qui comprit l'abolition ou la remise partielle des dettes, l'affranchissement des personnes et du sol (4). Je caractérise à grands traits l'œuvre des législateurs grecs, sans insister autrement sur ce qui les distingue. Solon, postérieur en date, se rapproche davantage de l'idée qu'on doit se faire du législateur, ainsi que l'attestent ces paroles qu'on lui attribue : « Je n'ai pas donné aux Athéniens les meil-« leures lois, mais les meilleures qu'ils pussent sup-« porter. » Ce qu'il ne faut pas perdre de vue, par-dessus tout, c'est que les législateurs grecs étaient chargés d'organiser ou de réformer de petites communautés, telles que Sparte, Athènes, et les innombrables colonies helléniques, qui furent le théâtre de tant de révolutions politiques et qui, par la diversité de leurs constitutions, royauté, tyrannie, aristocratie, démocratie, fournirent une ample matière aux élucubrations des théoriciens.

En tout ce qui touche au droit et à la législation, les Romains ont été supérieurs aux Grecs. Ils n'ont pas eu des législateurs comme Lycurgue ou Solon, ils n'en ont pas eu besoin (5) ; d'autre part, ils ont eu de

---

(4) C'est ce que Solon considérait comme son principal titre de gloire, ainsi qu'il le dit lui-même dans les fragments poétiques qui nous restent de lui :

« Elle m'en rendra témoignage au tribunal du temps, la grande « mère des dieux olympiens, l'excellente Terre noire, à laquelle « j'ai naguère enlevé les bornes plantées en maint endroit, et « qui, esclave auparavant, est maintenant libre. J'ai ramené bien « des Athéniens dans leur patrie fondée par les dieux, alors qu'ils « avaient été vendus, les uns injustement, les autres justement... »

(5) Dans le chapitre XIII, notes 8 à 17, j'ai déjà touché à cette question; j'ai montré comment le droit romain s'est formé et à quoi se réduisait la fonction du pouvoir législatif des assemblées populaires.

véritables jurisconsultes, et pas seulement des philosophes philosophant à perte de vue sur le droit et la morale. Ils n'ont pas eu des publicistes dissertant ingénieusement sur les diverses formes de gouvernement ; mais, dès les premiers jours de son histoire, Rome a une constitution politique à la fois simple et savante, qui s'adapta également aux besoins de la vie municipale dans la cité de Romulus et de Numa, et à l'administration d'un vaste empire, à savoir : la souveraineté, c'est-à-dire le pouvoir législatif au peuple ; le pouvoir exécutif à un ou plusieurs magistrats responsables, rois, consuls, préteurs ; un pouvoir modérateur au sénat, conseil du peuple et du roi, dépositaire des traditions administratives et politiques (6). En Grèce, au contraire, après l'âge de la royauté héroïque et patriarcale, nous voyons le gouvernement de la multitude, une *ochlocratie* sous quelques chefs illustres qui, sans pouvoirs définis, s'imposent par leurs vertus ou leurs talents, Solon et Aristide, Thémistocle et Périclès.

Lorsque le pouvoir législatif fut, avec tous les autres, concentré dans les mains des empereurs romains, il n'en résulta pas une révolution bien profonde, au moins pour ce qui touche au droit privé ; en réalité, ce furent les jurisconsultes classiques qui exercèrent le pouvoir législatif sous le nom des empereurs, continuant ainsi l'œuvre des Préteurs dont ils avaient été aussi les inspirateurs.

Au moyen âge, le pouvoir législatif fut partagé entre le peuple et le roi en ce sens que le droit était essen-

(6) Tout cela se résumait dans la formule : *potestas populi, imperium regis, auctoritas senatus*.

tiellement coutumier et que la coutume était reconnue
par le roi qui, sur certains points seulement, la modi-
fiait ou la complétait (7). Mais, derrière les peuples et
les rois, il faut voir les légistes, qui ont joué un rôle
si considérable au moyen âge. Ils ont été les commentateurs des coutumes et les inspirateurs des ordonnances royales, et il est intéressant de se demander de
quel esprit ils furent animés. Ce qui caractérise le
moyen âge c'est l'union du droit et de la théologie,
dans leur expression la plus dure, qui se donnent la
main pour maîtriser une société aux instincts violents.
Il ne s'agit pas de réaliser un idéal quelconque de justice, mais de trouver une règle, un principe d'ordre
quel qu'il soit, car tout vaut mieux que le désordre,
l'anarchie, l'arbitraire et la violence. Ce fut le droit
sans justice. On a reproché aux légistes d'avoir démoli
le moyen âge au profit du pouvoir royal. Il n'en est
rien. Tant que les institutions du moyen âge ont eu
leur raison d'être, c'est-à-dire aussi longtemps que les
rois ont été impuissants à remplir l'office royal, qui
est de maintenir l'ordre et la sécurité, les légistes ont
soutenu, étayé les institutions féodales ; mais lorsque,
à son tour, la féodalité a cessé d'être un principe
tutélaire, que le patronage féodal s'est changé en
oppression, et que la royauté s'est trouvée en mesure de
constituer l'unité nationale, les légistes ont mis à son
service leur habileté professionnelle afin d'édifier une
société nouvelle avec les débris de l'ancienne.

(7) Du point de vue auquel je me place ici, il n'y a pas lieu de se
préoccuper de la distinction, entre les pays, de droit coutumier et
ceux de droit écrit. Pour ces derniers, le droit romain était aussi
une coutume ou, si l'on aime mieux, une tradition.

C'est au dix-huitième siècle qu'il était réservé de mettre en présence les deux conceptions les plus opposées du rôle du législateur, conceptions aussi opposées que l'erreur et l'absurdité le sont à la vérité et au bon sens.

La doctrine erronée jusqu'à l'absurde est celle de Rousseau : « Il faudrait des dieux pour donner des « lois aux hommes... S'il est vrai qu'un grand prince « est un homme rare, que sera-ce d'un grand « législateur? Le premier n'a qu'à suivre le modèle « que l'autre doit proposer. Celui-ci est le mécanicien « qui invente la machine, celui-là n'est que l'ouvrier « qui la monte et la fait marcher... Celui qui ose « entreprendre d'instituer un peuple doit se sentir en « état de changer pour ainsi dire la nature humaine, « de transformer chaque individu, qui, par lui-même, « est un tout parfait et solitaire, en partie d'un plus « grand tout dont cet individu reçoive en quelque « sorte sa vie et son être (8). » On retrouve dans ce morceau toutes les chimères qui hantaient l'imagination malade de Rousseau. Notez que l'admiration de Rousseau pour cet homme prodigieux, le législateur, procède de ce que celui-ci entreprend de faire quelque chose de monstrueux : l'homme est fait pour vivre solitaire, et on veut le contraindre de vivre en société avec ses semblables ! Rousseau a dit ailleurs : « La conscience de l'homme de la nature est infaillible ; « mais tout nous fait oublier la langue de la nature. « Tout est bien, sortant des mains de l'auteur des choses ; « tout dégénère entre les mains de l'homme (9). » Si

(8) *Contrat social*, livre II, chapitre VII, *Du législateur*.
(9) *Emile ou l'Education*, livre IV, *Profession de foi du vicaire savoyard*.

Rousseau n'avait que des notions erronées en matière
de législation, on peut affirmer qu'il n'avait aucune
espèce de notions en matière de droit, d'économie
politique et de morale (10).

Les opinions de Rousseau importeraient peu, s'il
n'avait fait école, et si ses disciples n'avaient outré les
doctrines du maître, comme le font en général les
disciples peu intelligents, et n'avaient tenté de les faire
passer dans la pratique par les plus détestables moyens.
Pour Robespierre et pour Saint-Just, la fonction du

(10) Je justifie cette triple assertion d'une façon péremptoire, à
ce qu'il me semble. En ce qui concerne le droit, quelle notion de
droit peut avoir un homme qui affirme que l'état social est contraire à la nature humaine, alors que, c'est précisément de la nécessité de cet état social, que se déduit la notion même du droit et
tous les développements qu'elle comporte, ainsi que cela a été
établi au chapitre IV? — En ce qui concerne l'économie politique,
il suffit de lire l'article *Economie politique* de l'Encyclopédie,
dont on avait eu la malheureuse idée de confier la rédaction à
Rousseau, pour se convaincre qu'il n'avait pas la moindre notion
de cette science. Cet article se trouve reproduit dans le tome XII
de l'édition complète de ses œuvres, Paris 1827. Pour Rousseau,
l'économie politique n'est autre chose que la politique, l'art de
gouverner les autres... et quelle politique! quel gouvernement!
C'est là qu'on trouve la plus redoutable formule que Rousseau ait
fournie aux jacobins de 1793 : « C'est beaucoup que l'État soit
« tranquille et la loi respectée ; mais si on ne fait rien de plus, il
« y aura dans tout cela plus d'apparence que de réalité, et le
« gouvernement se fera difficilement obéir s'il se borne à l'obéis-
« sance. S'il est bon de savoir employer les hommes tels qu'ils
« sont, il vaut beaucoup mieux encore les rendre tels qu'on a
« besoin qu'ils soient. C'était là le grand art des gouvernements
« anciens, dans ces temps reculés, où les philosophes donnaient
« des lois aux peuples, et n'employaient leur autorité qu'à les
« rendre sages et heureux. » Enfin, en fait de morale, Rousseau
s'en tient à la *sensibilité*, ce mot qui fut si en honneur à la
fin du dix-huitième siècle, et qui semblait répondre à tout. Dans le
fameux discours couronné par l'Académie de Dijon en 1750,
(œuvres complètes, tome I, page 25), on lit ces paroles étranges : « L'astronomie est née de la superstition; l'éloquence de
« l'ambition; la physique d'une vaine curiosité; *la morale de*

législateur est bien simple : décréter toutes les vertus
et en assurer le règne par la terreur (11).

Tout cela peut se résumer en deux mots : ignorance et fanatisme.

Heureusement, il s'est rencontré parmi les contem-
porains de Rousseau des hommes qui ont fondé la
science économique, établi la véritable notion de la
justice et du droit, et, par conséquent, nettement défini
la mission du législateur. Ce fut l'œuvre des physiocrates et de Montesquieu.

« l'orgueil humain. Les sciences et les arts doivent donc leur nais-
« sance à nos vices. » Si l'on veut savoir à quel point Rousseau
était dépourvu de sens moral, qu'on lise la lettre écrite de
Paris, le 20 avril 1751, à Madame Francueil (œuvres complètes,
tome XII), dans laquelle il se justifie d'avoir mis ses enfants à
l'hospice : « Oui, Madame, j'ai mis mes enfants aux Enfants-
« Trouvés; j'ai chargé de leur entretien l'établissement fait pour
« cela. »

(11) J'ai dit que les disciples de Rousseau, les jacobins, ont
outré la doctrine du maître. Cela ne doit pas s'entendre seulement
des voies et moyens auxquels ils ont eu recours, mais de la
doctrine elle-même. Il faut rendre à Rousseau cette justice, que
ses paroles sont allées parfois au delà de sa pensée. Bien qu'il ait
parlé de la fonction du législateur en termes généraux, il est
permis de croire qu'il a eu en vue, sinon un peuple primitif, au
moins un peuple neuf. C'est ce qui ressort de ces paroles du
Contrat social (livre II, chapitre X) : « Il est encore en Europe un
« pays capable de législation : c'est l'île de Corse. La valeur et la
« constance avec lesquelles ce brave peuple a su recouvrer et
« défendre sa liberté, mériteraient bien que quelque homme sage
« lui apprît à la conserver. » M. de Buttafoco le prit au mot et lui
proposa de se faire le législateur de la Corse; sur quoi il s'é-
changea entre eux une curieuse correspondance (tome VI des
œuvres complètes). La théorie du droit naturel, le contrat social,
le plan d'éducation d'Emile, ont été, dans les mains de Rousseau,
des machines de guerre pour battre en brèche les institutions
sociales et politiques de son temps, bien plus que des projets de
gouvernement ou d'éducation immédiatement réalisables. C'est ce
que les jacobins n'ont pas compris. Dans Rousseau, comme dans
les écrits des socialistes modernes, il faut distinguer entre la
partie négative ou critique, qui est toujours plus ou moins fondée,

Tandis que, pour Rousseau, le législateur est la
source du droit, de la justice, ils ont enseigné que,
« avant qu'il y eût des lois, il y avait des rapports de
« justice possible ; que dire, qu'il n'y a rien de juste
« ni d'injuste que ce qu'ordonnent ou défendent les
« lois positives c'est dire, qu'avant qu'on eût tracé des
« cercles, tous les rayons n'étaient pas égaux... que
« la loi en général, est la raison humaine, en tant
« qu'elle gouverne tous les peuples de la terre ; et que
« les lois politiques et civiles de chaque nation ne
« doivent être que les cas particuliers où s'applique
« cette raison humaine (12) ». Le législateur doit
donc se conformer aux principes éternels de justice
que la raison révèle à l'homme ; mais la loi n'est pas
une pure abstraction, elle doit être appropriée au
peuple, au milieu social pour lesquels elle est faite :
« Les lois doivent être relatives au physique du pays,
« au climat glacé, brûlant et tempéré ; à la qualité du
« terrain, à sa situation, à sa grandeur, au genre de
« vie des peuples, laboureurs, chasseurs ou pasteurs ;

car elle se réduit à une peinture des maux dont souffre la société,
maux qui ne sont que trop réels, et la partie positive, c'est-à-dire
les remèdes proposés, lesquels sont absolument chimériques. Nous
avons là-dessus l'aveu de Rousseau lui-même. On raconte qu'un
père de famille lui ayant dit qu'il avait élevé son fils suivant les
maximes de son *Émile*, Rousseau lui répondit : « Tant pis,
« Monsieur, tant pis pour vous et pour votre fils. Je n'ai point
« voulu donner de méthode, j'ai voulu seulement empêcher le
« mal qui se commettait dans l'éducation. » (Jules Barni, *Histoire
des idées morales et politiques en France* au XVIIIᵉ siècle, tome II,
page 207). On pourrait contester l'authenticité de cette *anecdote*;
mais elle est rendue plus que vraisemblable par ces paroles de
la Vᵉ *Lettre de la Montagne* : « Il s'agit d'un nouveau système
« d'éducation dont j'offre le plan à l'examen des sages, et non pas
« d'une méthode pour les pères et mères, à laquelle je n'ai jamais
« songé. »

(12) Montesquieu, *Esprit des lois*, livre I, chap. II et III.

« elles doivent se rapporter au degré de liberté que
« la constitution peut souffrir, à la religion des habi-
« tants, à leurs inclinations, à leurs richesses, à leur
« nombre, à leur commerce, à leurs mœurs, à leurs
« manières (13). » Tout cela est contenu dans la définition célèbre que Montesquieu a donnée de la loi
dès les premières lignes de son livre : les lois sont les
rapports nécessaires qui dérivent de la nature des
choses. Mais si Montesquieu a très bien montré que
la notion de justice est antérieure et supérieure à toute
législation, il ne nous dit pas en quoi elle consiste,
quel est le fondement de la distinction du juste et de
l'injuste (14). C'est aux physiocrates, aux fondateurs
de la science économique, que revient l'honneur
d'avoir posé les bases de la science du droit, défini la
justice, et établi ainsi le principe qui doit servir de
règle au législateur. Ils ont fait voir qu'il y a un *ordre
naturel et essentiel des sociétés politiques* (15); que

(13) *Esprit des lois*, livre I, chap. III.
(14) M. Paul Janet (*Histoire de la philosophie morale et politique,
dans l'antiquité et dans les temps modernes,* tome II, page 345)
se préoccupe de cette critique adressée à Montesquieu, « de ne pas
« s'être appliqué à déterminer d'abord les conditions absolues du
« juste, afin de montrer ensuite comment les lois positives s'en
« éloignent, et comment elles peuvent s'en approcher. Au con-
« traire, à peine a-t-il posé les principes, qu'il abandonne les
« conséquences et que, renonçant à la méthode rationnelle pour la
« méthode historique et expérimentale, il n'examine plus que ce
« qui est, et néglige ce qui devrait être. » A quoi M. Paul Janet
répond : « J'avoue que Montesquieu aurait pu suivre le plan
« qu'on imagine. Mais pourquoi demander à un auteur ce qu'il
« aurait pu faire, au lieu de se rendre compte de ce qu'il a fait. »
Soit, mais la critique n'est pas même fondée.
(15) C'est le titre du livre bien connu de Mercier de la Rivière.
Ce n'est certes point, sous le rapport de l'ordre et de la méthode,
un modèle d'exposition scientifique et de composition littéraire ;
mais le dernier chapitre (collection Guillaumin, *Physiocrates,*

13

cet ordre constitue les lois de la société, lois que le
législateur ne fait que promulguer. Ces lois fondamentales sont la propriété, la liberté, le respect des
conventions librement consenties, l'égalité de droit,
seule compensation possible à l'inégalité de fait qui
résulte de la nature des choses. Leur formule de la
liberté économique, *laissez faire, laissez passer*, est
encore la meilleure formule de la liberté en général,
et ils ont, les premiers, établi la légitimité du droit de
propriété par des considérations dans lesquelles la
justice se confond avec l'utilité sociale.

La conception du rôle du législateur telle que nous
la trouvons dans les écrits des physiocrates est donc
diamétralement opposée à celle de Rousseau, laquelle
est absolument condamnable, et, à certains égards, supérieure à celle de Montesquieu. Elle est plus complète,
en ce qu'elle indique les fondements de la distinction
du juste et de l'injuste ; elle est plus vraie en ce qu'elle

pages 607-638) est un chef-d'œuvre de raison et de bon sens. J'en
extrais quelques courts passages relatifs à la question qui nous
occupe : « L'établissement de l'ordre naturel et essentiel des
« sociétés ne demande pas des hommes nouveaux....Vivre en société,
« c'est connaître et pratiquer les lois naturelles et fondamentales
« de la société, pour se procurer les avantages attachés à leur
« observation.... Propriété, sûreté, liberté, voilà l'ordre social
« dans son entier : vous pouvez regarder ce droit de propriété
« comme un arbre dont toutes les institutions sont des branches
« qu'il pousse de lui-même, qu'il nourrit, et qui périraient dès
« qu'elles en seraient détachées. La législation positive n'est que
« l'exposition, le tableau fidèle de tous les devoirs et de tous les
« droits réciproques que les hommes ont naturellement et néces-
« sairement entre eux... Nos lois positives ne peuvent donc avoir rien
« d'arbitraire ; elles ne peuvent être que des actes déclaratifs de
« devoirs et des droits naturels et réciproques ; elles ne s'occupe-
« ront que des moyens d'assurer l'exécution des conventions que
« les hommes pourront faire librement entre eux. » Les mêmes
principes se retrouvent dans le livre de l'abbé Baudeau ( *Première*

ne fait pas dépendre les lois des différentes constitutions politiques, tandis que nous lisons dans Montesquieu : « Je n'ai point séparé les *lois politiques des civiles*... J'examinerai d'abord « les rapports que les « lois ont avec la nature et le principe de chaque « gouvernement, et comme ce principe a sur les lois « une suprême influence, je m'attacherai à le bien « connaître ; et si je puis une fois bien l'établir, *on en* « *verra couler les lois comme de leur source* (16) ».

On a souvent agité la question de savoir qu'elle est la part d'influence qui revient à Montesquieu et à Rousseau sur les hommes qui ont présidé aux destinées de la France pendant la Révolution. On

*Introduction à la philosophie économique, ou analyse des États policés* : « L'idée qu'on se fait communément du pouvoir législatif, « même dans les États démocratiques, établit donc partout le « despotisme arbitraire de quelques hommes, dont le nombre est « plus grand ou plus petit, suivant la combinaison des États « mixtes plus ou moins populaires. Dans la démocratie la plus « absolue, c'est le despotisme arbitraire du plus grand nombre, « non seulement sur le plus petit nombre des citoyens actuels, « mais encore sur tous les citoyens à naître, jusqu'à la réformation « du commandement injuste qu'on a décoré du nom de loi. » (Édit. Guillaumin, même volume, page 786.) Enfin Turgot, le plus grand de tous, après avoir gémi sur les complications de la machine gouvernementale, administrative, judiciaire, concluait : « Cependant il est si vrai que les intérêts des nations et les succès « d'un bon gouvernement se réduisent au respect religieux pour « la liberté des personnes et du travail, à la conservation invio- « lable des droits de propriété, à la justice envers tous, d'où « résultent nécessairement l'accroissement des richesses, l'aug- « mentation des jouissances, des lumières, et de tous les moyens « de bonheur, que l'on peut espérer qu'un jour tout ce chaos « prendra une forme distincte, que ses parties se coordonneront, « que la science du gouvernement deviendra facile et cessera « d'être au-dessus des forces des hommes doués d'un bon sens « ordinaire. » Turgot, *Œuvres, pensées et fragments*, tome II, p. 675.

(16) *Esprit des lois*, livre I, chapitre III. — Voir la note 14 ci-dessus.

décide assez généralement que Montesquieu a heureusement inspiré la Constituante, tandis que Rousseau
aurait été le mauvais génie de la Convention. Un
maître éminent de la philosophie morale et politique (17) a contesté cette appréciation par cette double
raison : 1° que la Constituante n'a pas fait moins
d'emprunts au *Contrat social* de Rousseau qu'à l'*Esprit
des lois* de Montesquieu ; 2° que les premiers actes
solennels de la Révolution, tels que le *serment du Jeu de
Paume, la nuit du 4 août* et la *déclaration des droits*,
ont été non seulement inspirés par Rousseau, mais sont
absolument contraires aux idées de Montesquieu. A
quoi il faudrait ajouter qu'on ne peut trouver dans
Rousseau rien qui justifie de près ou de loin les excès
de la Révolution. Sur ce dernier point pas de difficulté ;
tout le reste est matière à discussion et à distinctions.
Que fut le serment du Jeu de Paume? On jura de *ne pas
se séparer sans avoir donné une constitution à la France.*
Il n'y a rien là, tant s'en faut, de contraire aux idées de
Montesquieu. Quant aux emprunts faits par les
hommes de la Constituante à Rousseau, je ferai
remarquer qu'il y a, dans les écrits de Rousseau, tant
d'oppositions et de contradictions, que tous les partis
ont pu y puiser pour les besoins de leur cause. D'ailleurs, si on doit repousser *le Contrat social* comme une
réalité historique, il faut reconnaître qu'une Constitution a tous les caractères d'un contrat entre la nation
et le souverain absolu qui l'accepte, bon gré, mal gré.

(17) M. Paul Janet, dans l'ouvrage cité à la note 14 ci-dessus,
tome II, page 504 : « Rien de plus injuste et de plus inexact que
« ce partage, » dit-il ; et il veut exonérer complètement Rousseau
de « la prétendue responsabilité qu'on lui impute dans les
« malheurs et dans les excès de la Révolution française. »

Mais j'entends me renfermer dans mon sujet, et la question est de savoir à qui les hommes de la Révolution ont emprunté la conception du rôle du législateur à laquelle ils se sont attachés. Or, sur ce point, aucun doute n'est possible. Il ne s'agit pas de faire à Rousseau un procès en forme, pour complicité morale ; mais il est évident que c'est à lui que les conventionnels du club des jacobins ont pris leurs détestables et absurdes doctrines sur l'omnipotence du législateur et le but qu'il doit se proposer, traitant cette vague notion de *contrat social* fondée sur une analogie, comme un principe mathématique dont on tire à l'infini des conséquences toujours rigoureusement justes (18). On arrive ainsi à la plus odieuse tyrannie. Les hommes de la Constituante ont voulu fonder la liberté civile et politique : où ont-ils puisé leurs principes dirigeants ? Dans *l'Esprit des lois*, et bien plus encore dans les écrits des économistes. Il ne faut certes pas abuser de ces déclarations de principes qu'on est habitué à voir en tête des constitutions et qui ont généralement le tort de dire trop ou trop peu. Quoi qu'il en soit, l'Assemblée constituante promulgua, le 3 septembre 1791, la

(18) Voir les notes 10 et 11 ci-dessus et le chapitre XIV, note 4. Dans un morceau dont l'âpre verve, le ton violent ne laissent pas de causer une impression pénible et où l'auteur a quelque peu abusé du procédé de l'accumulation, *Le programme jacobin* (*Revue des Deux Mondes*, du 1er mai 1893, page 42), M. Taine a aussi décrit le travail qui s'était fait dans l'esprit des jacobins sous l'influence des idées de Rousseau acceptées dans toute leur rigueur : « Rien de plus dangereux qu'une idée générale dans des cerveaux étroits et vides : comme ils sont vides, « elle n'y rencontre aucun savoir qui lui fasse obstacle ; comme « ils sont étroits, elle ne tarde pas à les occuper tout entiers. Dès « lors, ils ne s'appartiennent plus, ils sont maîtrisés par elle ; elle « agit en eux et pour eux, au sens propre du mot, l'homme est « possédé. »

*Déclaration des droits de l'homme.* J'en rappellerai ici les articles 2 et 4 qui sont fondamentaux : « Le but de « toute association politique est la conservation des « droits naturels et imprescriptibles de l'homme. Ces « droits sont : la liberté, la propriété, la sûreté et la « résistance à l'oppression. — La liberté consiste à « pouvoir faire tout ce qui ne nuit pas à autrui ; ainsi « l'exercice des droits naturels de chaque homme n'a « de bornes que celles qui assurent aux autres « membres de la société la jouissance de ces mêmes « droits. » Cela est presque textuellement emprunté au livre de Mercier de la Rivière, *l'Ordre naturel et essentiel des sociétés politiques,* dont j'ai donné quelques extraits ci-dessus.

On peut donc compter les économistes du dix-huitième siècle parmi les fondateurs de la science du droit, ou, si on le préfère, de la philosophie du droit, ce qui est tout un ; car, en matière de sciences morales, la philosophie de la science, c'est, à proprement parler, la science elle-même. Ils ont établi les rapports étroits qui existent entre l'économie politique et le droit en faisant voir que les arrangements que les hommes font entre eux ont pour principal objet la production et la répartition de la richesse (19). Ils ont justement insisté sur la distinction entre l'économie politique et le droit, d'une part, et la législation, de l'autre. Ici toutefois je dois reconnaître que quelques-uns d'entre

---

(19) « La consommation, et par conséquent la reproduction, « voilà les deux objets capitaux qui intéressent l'humanité ; c'est « donc à ces deux objets que se rapportent directement ou indi- « rectement tous les droits et tous les devoirs réciproques que les « hommes contractent entre eux. » (Mercier de la Rivière, *Ordre essentiel des sociétés,* page 621.)

eux (20) se sont fait illusion en ce qu'ils ont réduit à
peu près à rien les difficultés que rencontre le législateur dans les applications des principes de la science
du droit. Dès qu'ils ont cu découvert la formule qui
résume la distinction du juste et de l'injuste : *Propriété,
liberté, sécurité,* ils ont cru que tout était dit; que cette
loi supérieure, cette vérité d'évidence, étant une fois
gravée dans le cœur de tous les hommes, les conséquences en découleraient naturellement, forcément.
« Il est sensible, dit Mercier de la Rivière, que
« parmi des hommes pénétrés de ce principe, il ne
« peut s'élever des contestations que relativement
« aux faits, parce qu'il n'y a que les rapports des
« faits avec les principes qui peuvent ne pas se
« trouver évidents. » Il suffirait donc d'établir des
juges pour apprécier les faits. Nous verrons, dans le
chapitre suivant, que les choses ne sont pas tout à
fait aussi simples que cela.

(20) C'est principalement le cas de Mercier de la Rivière. « Il est
« évident, dit-Il, que les lois positives sont toutes faites. » — Ainsi
s'explique son aventure connue avec Catherine II de Russie :
« Monsieur, quel est le moyen de bien gouverner un État? —
« Maintenir l'ordre et faire suivre les lois. — Mais sur quelle base
« appuyer les lois ?—Il n'y en a qu'une, la nature des choses et des
« hommes. — Mais quelles lois donner à un peuple ? — Donner
« ou faire des lois c'est une tâche que Dieu n'a laissée à personne. »

# CHAPITRE DIX-SEPTIÈME

Les deux sciences, de l'économie politique et du droit, dans leurs rapports avec la législation — Suite. — Caractères généraux (1) des erreurs législatives. Elles peuvent se réduire à des atteintes à la propriété et à la liberté. De quelles causes générales elles procèdent. — I. Limites générales de la liberté des conventions. — II. Limites générales du droit de propriété.—III. Atteintes à la liberté du travail. — IV. Atteintes à la liberté des échanges. — V. De la tutelle excessive des intérêts. Vendeur. Emprunteur. Mineur. Femme mariée. Actionnaires et obligataires. Les marchés à terme. Le bail à cheptel ; le crédit agricole. — Comment procéder dans les améliorations à apporter à la législation. Revision. Refonte. Dangers des mesures radicales inspirées par des préoccupations politiques. — Les vraies origines du Code civil.

Je ne mets pas le pied sur un terrain complètement nouveau, et j'ai fait, dans le cours de ce travail, d'assez fréquentes allusions à ce qui devait être l'objet du présent chapitre, pour qu'il me soit permis d'entrer immédiatement en matière, sans m'expliquer longuement sur le cadre dans lequel j'entends resserrer cette appréciation critique de la législation. Je poserai, comme bases de cette appréciation, les règles suivantes, qui me paraissent résulter suffisamment des principes que j'ai essayé d'établir sur les rapports de l'économie politique avec le droit (2) :

(1) Ce sont ces caractères et ces causes qu'il importe de signaler dans une étude comme celle-ci, comme aussi de présenter groupées par grandes catégories les dispositions législatives qui méritent d'être critiquées. Quant à l'examen détaillé de chacune d'elles, il a été l'objet de travaux dont les résultats sont acquis à la science.

(2) Voir notamment les chapitres VII et VIII.

1° Lorsque, ainsi que c'est presque toujours le cas, il y a accord entre les deux sciences de l'économie politique et le droit, le législateur est tenu de s'y conformer;

2° S'il s'y refuse, sous prétexte d'exigences contraires de la morale ou de la politique, il ne devra pas se borner à de vagues allégations, il devra motiver fermement ces dérogations à la règle ;

3° S'il y a, sur quelque point, opposition entre les deux sciences de l'économie politique et du droit, le législateur se décidera, en recherchant si la difficulté à résoudre n'est pas exclusivement ou principalement du domaine de l'une ou l'autre science.

Voilà donc en présence : l'économiste et le jurisconsulte, considérés comme les représentants des deux sciences de l'économie politique et du droit, d'une part, et le législateur, d'autre part. Je n'entends point établir entre eux une opposition nécessaire, et il est à souhaiter que ce dernier soit lui-même économiste et jurisconsulte; mais, en tant que législateur (3), il a ses préoccupations, ses tendances particulières; il doit rédiger un code ; il en sera l'éditeur responsable ; il représente plus spécialement l'art législatif. Quoi qu'il en soit, ils sont certainement d'accord sur ces grands principes de l'ordre social : *liberté, propriété, sécurité, égalité devant la loi.* Sur les hauts sommets de la science, *templa serena,* l'accord est facile. Il n'en est pas tout à

---

(3) N'a-t-on jamais entendu, à la tribune d'une assemblée législative, un savant jurisconsulte économiste, déclarer que, en tant que savant il professait telle opinion, et que comme homme d'État, comme législateur, il en avait une autre? *C'était peut-être abuser de la distinction, et dans tous les cas, un pareil aveu eût réclamé quelque artifice.*

fait de même, quand on descend dans les détails, quand
on en vient aux applications. Le législateur ne peut se
borner à inscrire ces quatre mots dans son code; il
faut qu'il déduise, de ces principes, des conséquences
formulées en règles précises, commandements ou
défenses, et c'est ici que les divergences pourront se
produire. Les principes fondamentaux de l'ordre social
que je viens d'énumérer sont étroitement liés; on
peut dire qu'ils se pénètrent réciproquement; il n'y a
pas de liberté sans propriété; la liberté n'est qu'une
forme de la propriété, la propriété de soi-même; que
valent la propriété et la liberté sans la sécurité ? En
somme, toutes les erreurs législatives contre lesquelles
on proteste, au nom de l'économie politique ou du
droit, peuvent se réduire à des atteintes à la propriété ou à la liberté. On peut se demander de quelles
causes générales elles procèdent. Je signalerai les suivantes :

1° On ne peut garantir des droits à quelqu'un qu'à
la condition de les définir, de les délimiter, dans l'intérêt des tiers auxquels des droits semblables appartiennent. Or, cette délimitation est une œuvre délicate
dans laquelle le législateur peut ne pas garder toujours une juste mesure (4);

2° Je ne ferai guère que reproduire la remarque
précédente en disant que le législateur peut se laisser
égarer par une préoccupation excessive de ce qu'il
croit être, intérêt public : il s'agissait là d'un anta-

(1) On dit bien que celui qui agit dans les limites de son droit,
s'il cause un préjudice à autrui, n'est tenu à rien, *qui jure suo
utitur neminem lædit*. La question est de savoir s'il est resté dans
les limites de son droit. Ne peut-on pas abuser de son droit? Ne
dit-on pas : *summum jus summa injuria?*

gonisme entre droits individuels ; il s'agit ici d'une
lutte entre le droit social et le droit individuel, et les
législateurs de tous les temps, si éloignés qu'ils soient
de vouloir absorber celui-ci dans celui-là, sont néanmoins assez portés à justifier par cette raison banale
de l'intérêt public des mesures qui, étant nuisibles
à chacun en particulier, le sont par là même à la
société ;

3° Le législateur impose des conditions à l'exercice
de certains droits, dans l'intérêt même de ceux auxquels il les reconnaît. De la distinction entre la jouissance et l'exercice des droits, à raison de diverses
circonstances : l'âge, le sexe, l'état de mariage, les
infirmités physiques ou morales. Ainsi, à côté de la
protection des droits par les moyens de droit commun,
se place la tutelle des intérêts, tutelle qui est légitime
lorsqu'elle est motivée par quelque circonstance particulière comme celles que je viens d'indiquer, mais
qui est excessive, lorsqu'elle n'a d'autre fondement
qu'une vague présomption d'incapacité en vertu de
laquelle tout individu serait, pour certains actes, assimilé à un mineur;

4° Comme il a établi des distintions entre les personnes pour régler leur capacité de contracter, de disposer, et d'acquérir, distinctions plus ou moins fondées, le législateur a cru devoir établir une distinction
entre les diverses espèces de biens, leur attribuer une
importance différente (5), indépendante de leur valeur
pécuniaire, et considérer un immeuble d'une valeur

(5) A propos de cette échelle des biens et de leur évaluation, il
est un reproche qui s'adresse, non pas au législateur, mais aux
juges. L'article 1382 du Code civil a posé un principe dont l'appli-

insignifiante comme un bien plus précieux, dont la conservation dans le patrimoine d'un individu importe plus qu'un droit mobilier quelle qu'en soit la valeur ;

5° Le vice d'une disposition législative n'a pas toujours un caractère absolu : il peut provenir de ce que cette disposition, relativement bonne dans un temps, a cessé d'être en harmonie avec un nouvel état social et économique.

Sous le bénéfice des considérations générales qui précèdent, jetons maintenant un coup d'œil sur notre législation pour en noter les vices ou les imperfections. Je voudrais bien les présenter dans un ordre rigoureusement méthodique ; mais je ne me dissimule pas que la chose est difficile ; car, ainsi que je l'ai fait remarquer moi-même, les mauvaises dispositions législatives peuvent, à volonté, se ranger sous des chefs différents, on pourrait dire sous un même chef : *Atteinte à la liberté*. Il ne faut donc attacher aucun caractère sacramentel à la classification suivante. J'ajoute que je ne vise pas à faire entrer une énumération complète dans le cadre de ces classifications ; il me suffira de

cation est plus fréquente que celle d'aucun article du Code ; « Tout « fait quelconque de l'homme, qui cause à autrui un dommage, « oblige celui, par la faute duquel il arrive, à le réparer. » Le législateur ne pouvait évidemment pas aller plus loin et donner un tarif ; c'est l'office du juge d'évaluer le dommage. Or, il est un genre de biens que les juges, notamment en France, s'obstinent à évaluer d'une manière dérisoire : l'honneur. Il ne s'agit pas des simples injures qui ne déshonorent que ceux qui les profèrent, mais de ces diffamations combinées avec art pour flétrir une personne honorable. Les dommages-intérêts, accordés dans ce cas, ne sont généralement pas la dixième, la centième partie de ce qu'ils devraient être. On ne devrait pas craindre de ruiner par une condamnation pécuniaire celui qui a voulu ruiner moralement un individu.

faire assez d'applications des principes pour qu'il n'y ait pas de doute sur l'esprit dans lequel ils doivent être appliqués à des cas analogues. S'il m'est permis d'emprunter la langue des jurisconsultes, je dirai qu'il ne s'agit pas ici d'*arrêts d'espèce* mais d'*arrêts de principes*.

I. *Limites générales de la liberté des conventions.* Le Code civil, dans l'article 6, a posé ce principe : *on ne peut déroger, par des conventions particulières, aux lois qui intéressent l'ordre public et les bonnes mœurs.* Le législateur n'a pas dit et ne pouvait pas dire en quoi consistent l'ordre public et les bonnes mœurs; il s'est borné à faire de nombreuses applications du principe, s'en remettant, pour le surplus, à la prudence et au discernement du juge. Le principe de l'article 6 est incontestable, tant au point de vue du droit que de l'économie publique; il peut seulement être fait des applications abusives, soit par le législateur lui-même, soit par le juge, et c'est ici qu'apparaît la nécessité d'une connaissance approfondie de la science du droit et de l'économie politique, soit pour le législateur, soit pour le juge. Il s'agit en effet de respecter l'ordre public; mais qu'est-ce que l'ordre public? C'est l'ensemble des principes sur lesquels repose non seulement l'ordre social en général, mais encore l'ordre social tel qu'il est conçu à une époque et chez un peuple déterminés : l'ordre public n'est plus aujourd'hui ce qu'il était dans la cité antique, ou au moyen âge, sous le régime féodal. Aussi nombre de dispositions du Code qui ne sont qu'une application de l'article 6, ont-elles précisément pour objet d'interdire des actes juridiques qui tendraient plus ou moins à constituer un état social autre que celui qui a prévalu aujourd'hui, à faire revivre un passé qu'on doit tenir pour complètement évanoui, comme des substitutions, à la charge et au profit de toutes personnes, et, à n'importe quels degrés, des charges imposées à la propriété, autres que les services fonciers et les droits d'usage ou d'usufruit tels qu'ils ont été définis par la loi.

La théorie générale des obligations conventionnelles telle que nous l'a léguée le droit romain et perfectionnée par les jurisconsultes modernes, est un chef-d'œuvre de philosophie pratique. J'en excepterai, toutefois, ce qui a rapport à la lésion considérée comme cause de rescision des conventions entre personnes capables, et la règle d'interprétations posée par l'article 1162 du Code civil. « Dans le « doute, la convention s'interprète contre celui qui, a « stipulé et en faveur de celui qui a contracté l'obli- « gation », principe dont on retrouve une application dans l'article 1602 : « Le vendeur est tenu d'expliquer « clairement ce à quoi il s'oblige. Tout pacte obscur « ou ambigu s'interprète contre le vendeur. » On cherche en vain la raison juridique ou économique de ces dispositions. Le législateur a-t-il pensé que le stipulant de l'article 1162 ou le vendeur de l'article 1602 a imposé la convention et en a dicté les clauses ? Rien n'est moins fondé que cette supposition ; elle est en contradiction avec la disposition de l'article 1674 qui accorde une action en rescision au vendeur pour cause de lésion, et qui est basée sur la supposition que ce vendeur a été à la merci de l'acheteur. L'article 1162 est défavorable au stipulant ; est-ce au même titre que l'article 1602 se prononce contre le vendeur? Mais le vendeur n'est pas plus stipulant que l'acheteur : si le premier stipule le prix, le second stipule la chose (6); au point de vue économique en particulier, tous les contrats se réduisent à un échange de produits ou de services, dans lequel, chaque partie, sauf le cas d'incapacité légale, est présumée avoir librement discuté les clauses et conditions, lesquelles sont, par conséquent, une œuvre commune (7).

II. *Limites générales du droit de propriété.* Le Code civil contient sur le droit de propriété une disposition analogue à l'article 6 relatif à la liberté des conventions. L'article 544 porte : « La propriété est le droit de jouir « et de disposer des choses de la manière la plus « absolue, pourvu qu'on n'en fasse pas un usage pro- « hibé par les lois ou par les règlements. » La définition du droit de propriété est irréprochable ; qu'en est-il de la restriction? D'une manière géné- rale on peut dire que les limitations apportées au droit absolu de propriété, l'ont été : 1° dans l'intérêt de l'ordre public ; 2° dans l'intérêt public ; 3° dans l'intérêt des particuliers ; sans toutefois qu'il y ait tou-

---

(6) Il y a évidemment là un souvenir inopportun de la stipula- tion romaine, contrat essentiellement unilatéral et de droit strict, dans lequel le stipulant adressait au futur débiteur une question qui pouvait avoir quelque chose de captieux pour le promettant, lequel devait répondre par un *oui* ou par un *non*.

(7) J'aurais compris, jusqu'à un certain point, une distinction autre que celle des articles 1162 et 1602 : « Si l'une des parties « est un commerçant, c'est-à-dire, fait profession de vendre et « d'acheter, la.convention, dans le doute, s'interprétera contre « lui, qu'il soit vendeur ou acheteur. » — Au point de vue pra- tique, d'ailleurs, ces règles d'interprétation sont de peu d'utilité. Ce sont des conseils plus ou moins sages, plutôt que des pré- ceptes auxquels le juge soit tenu de se conformer.

jours une ligne de démaration bien rigoureuse entre ces trois causes de limitation.

C'est un des bienfaits les moins contestables de la Révolution française d'avoir fait disparaître le détestable régime auquel était soumise la propriété foncière dans notre ancienne France. L'ensemble des lois et règlements qui constituent le nouveau régime de la propriété est d'ordre public, et on ne pourrait point, par des conventions particulières, grever la terre de droits réels non reconnus par le Code civil, tels que des servitudes qui profiteraient plutôt au propriétaire du fonds dominant qu'au fonds lui-même, des rentes foncières perpétuelles et irrachetables. Je n'ai pas à rechercher ici si en prononçant la suppression des baux entachés de féodalité, les lois de 1790 à 1793 n'ont pas quelquefois dépassé la mesure, comme, par exemple, en déclarant rachetables les redevances dues à raison de locations perpétuelles, alors que le bailleur avait entendu conserver la pleine propriété, ce qui était soumettre celui-ci à une véritable expropriation. L'ordre légal des successions, la prohibition des substitutions fidéicommissaires qui auraient pour effet de le modifier, et les restrictions apportées à la faculté de disposer de ses biens, restrictions édictées dans l'intérêt de certains héritiers légitimes, doivent être considérées, aussi, comme matières d'ordre public. Quelques économistes ont critiqué les dispositions relatives à la réserve héréditaire et ont réclamé la liberté testamentaire tout entière. Je ne saurais m'associer à ces critiques (8). Le partage, égal dans une certaine

(8) Je me suis suffisamment expliqué sur ce point. — Voir chapitre VIII, note 6.

mesure, et eu égard à la qualité des héritiers, me paraît conforme à la justice, et l'inégalité ne saurait être impérieusement réclamée au nom de l'économie politique ; mais cela ne doit s'entendre que de l'égalité quant à la quotité et non quant à la qualité des biens, meubles et immeubles. Il y aurait avantage à ce que chaque héritier pût être loti de la manière qui convient le mieux à sa situation économique et à ses aptitudes, et il conviendrait de réduire dans de fortes proportions, sinon de supprimer, les droits sur les soultes ou retour de lots.

J'ai parlé, en second lieu, de limitations au droit absolu de propriété *dans l'intérêt public*. La différence entre ce cas et le précédent est celle-ci : il s'agissait là de prescriptions édictées pour assurer le maintien d'un ordre social, d'une organisation sociale et politique ayant un caractère spécial; il s'agit ici des limitations apportées au droit de propriété dans l'intérêt public, c'est-à-dire afin de mettre l'État en mesure de rendre les services qui lui incombent comme représentant des intérêts communs de la société : tel est le droit d'expropriation pour cause d'utilité publique. Le principe de l'expropriation moyennant une juste et préalable indemnité est inattaquable, à la condition que l'utilité publique soit bien et dûment constatée. On connaît la formule socialiste : expropriation pour cause d'utilité publique, sans indemnité, de tous les propriétaires et capitalistes. Dans l'ancien régime, la confiscation était de droit commun : *qui confisque le corps, confisque les biens*. Elle n'est plus admise aujourd'hui qu'exceptionnellement et *à titre particulier*, pour les objets qui ont servi à commettre un crime ou un délit, comme les engins prohibés de chasse ou de pêche. A la matière de l'expropriation proprement dite se rattachent les servitudes d'utilité publique, l'obligation imposée au propriétaire de subir l'occupation temporaire d'un terrain, d'y laisser pratiquer des fouilles et extraire des matériaux, toujours sous réserve d'une indemnité. Enfin la législation sur les mines autorise l'expropriation du sous-sol au profit des concessionnaires de l'exploitation d'une mine, à charge de payer une redevance au propriétaire du fonds. Je crois inutile d'insister davantage sur toutes ces dispositions et autres analogues, qui peuvent comporter des améliorations de détail, mais dans lesquelles les principes du droit ou de l'économie politique ne sont pas mis en question.

Je ferai la même remarque en ce qui concerne les limitations apportées au droit de propriété dans un intérêt privé. Les différents droits de propriété se limitent réciproquement. La loi et les usages locaux ont établi certaines règles sur les rapports de voisinage ; mais il a été impossible de donner à ces règles la précision de formules mathématiques, et c'est aux tribunaux qu'il appartient d'en faire une judicieuse application. Les jurisconsultes disent que le droit de propriété comprend le *droit de faire* et le *droit d'empêcher de faire ;* mais aucun de ces droits n'est absolu. C'est ainsi que l'autorité administrative peut s'opposer à ce qu'un particulier transforme sa propriété en établissement dangereux, insalubre ou incommode, et l'autorisation accordée n'implique pas que les voisins ne pourront demander des dommages-intérêts à raison de torts et dommages. On voit bien ici la distinction entre l'intérêt public et l'intérêt privé : l'intérêt économique de la société veut qu'on n'empêche pas la fondation d'un établissement utile ; le droit exige que celui qui en éprouve un dommage soit indemnisé. Une législation récente sur les irrigations a heureusement complété le Code civil, qui n'avait pas organisé le régime des eaux d'une manière suffisamment favorable à l'agriculture.

La constitution de la propriété foncière en France est conforme à l'esprit d'égalité qui domine dans le pays ; elle n'est pas contraire aux intérêts économiques et plus en harmonie avec les principes du droit que dans les autres grands pays civilisés, tels que l'Angleterre et l'Allemagne, où elle ne s'est pas encore dégagée des entraves féodales.

En réalité, je n'ai guère fait, jusqu'ici, que constater l'accord de la législation avec les principes du droit et les enseignements de l'économie politique ; c'est sous les rubriques suivantes que nous aurons à constater le désaccord.

III. *Atteintes à la liberté du travail.* Ce n'est pas moins au nom du droit que de l'économie politique, que Turgot a mis les paroles suivantes dans le préambule de l'édit portant suppression des jurandes :

« C'est sans doute l'appât des moyens de finance qui
« a prolongé l'illusion sur le préjudice immense que
« l'existence des communautés cause à l'industrie,
« et sur l'atteinte qu'elle porte au droit naturel. —
« Cette illusion a été portée, chez quelques personnes,
« jusqu'au point d'avancer que le droit de travailler
« était un droit royal, que le prince pouvait vendre ce
« que les sujets devaient acheter. Nous nous hâtons

« de rejeter une pareille maxime. Dieu, en donnant à
« l'homme des besoins, en lui rendant nécessaire la
« ressource du travail, a fait du droit de travailler la
« propriété de tout homme, et cette propriété est la
« première, la plus sacrée et la plus imprescriptible de
« toutes. » On peut comparer avec cette admirable
déclaration de principes le discours (9) de M. l'avocat
général Séguier lors du lit de justice tenu à Versailles
pour l'enregistrement des édits de février 1776, et l'on
verra que ce discours d'un magistrat se distingue par
l'absence de tout sentiment de justice, de toutes saines
notions d'économie politique, et par une complète
ignorance de l'origine historique des corps de métiers.

Je n'envisage ici qu'un côté de la liberté économique,
la liberté du travail *stricto sensu*, le droit de choisir le
métier ou la profession qu'il plaît à chacun d'exercer.
Nous n'avons plus rien qui rappelle les anciens corps
de métiers, sans qu'on puisse dire que la liberté du
travail soit entière. Les atteintes à cette liberté
peuvent être plus ou moins directes ou indirectes,
motivées par des considérations différentes et, par
conséquent être plus ou moins justifiables.

La moindre de ces atteintes est celle qui consiste
à exiger des conditions de moralité et de capacité pour
l'exercice de certaines professions. Ici il y a lieu de
faire une distinction. On comprend très-bien que
l'exercice de la profession de pharmacien, par exemple,
soit soumise à de pareilles conditions, car l'officine et
le laboratoire sont fermés au public qui doit en accepter les produits en toute confiance. Il n'en est pas de

(9) On le retrouve reproduit dans les Œuvres complètes de
Turgot (édit. Guillaumin, tome II, page 332).

même de la profession de courtier, car celui-ci offre ses services à des gens qui sont en mesure d'en apprécier la valeur : ici la libre concurrence doit être admise sans restriction. On n'exige des notaires que des garanties de capacité à peu près illusoires ; ce sont en réalité des fonctionnaires publics, en nombre limité, mais dont la nomination n'appartient que fictivement à l'État. Il est à regretter que le contrôle exercé par l'État ne porte en réalité que sur le prix de l'office, et cela en vue d'un rachat possible. En outre, les notaires, une fois nommés ne sont pas soumis à une surveillance suffisante, et il faut qu'il y ait quelque grand scandale pour que l'État intervienne et use de son droit de destitution : il n'y met pas tant de façon lorsqu'il s'agit d'un fonctionnaire proprement dit. Mais, dit-on, il y a ici une propriété qu'il faut respecter ! Sans doute ; mais la question est de savoir dans quelle mesure elle est respectable, et d'ailleurs, on peut toujours contraindre à une démission, tout en respectant la finance de l'office. La profession d'avocat, qui est une profession ouverte, qui intéresse, bien moins que celle de notaire, la fortune et le repos des familles, est, en somme, soumise à une discipline plus sérieuse.

Aucune question n'a provoqué plus de controverses que celle de la liberté des banques. On sait qu'elle divise les économistes et qu'elle ne porte que sur la faculté d'émission de billets de banque proprement dits, de billets à ordre et au porteur. Les uns ont dit : *en droit* le billet de banque ne diffère pas essentiellement de toute autre obligation de payer une somme d'argent ; *au point de vue économique*, il n'y a pas de raison pour déroger au principe de la liberté, de la libre concurrence, et pour interdire l'émission de billets de banque plutôt que l'émission d'actions et d'obligations. A cela on a répondu : *en droit*, le billet de banque a ses caractères propres, il est donné et reçu comme de la monnaie, et, *au point de vue économique*, la concurrence n'est pas ici désirable comme dans les autres industries, et l'on ne peut pas dire que l'abondance de ce genre de produits soit par elle-même un bien. — Dans toute cette controverse, il me paraît qu'on s'est beaucoup trop tenu sur le terrain dogmatique. Ce serait peut-être le cas d'appliquer la règle ou, si on le préfère, l'exception indiquée au début de ce chapitre, admettre que *en droit pur* et en *pure science économique* il faut conclure en faveur de la liberté d'émission ; mais qu'il y a des raisons d'utilité pratique pour déroger à la règle. Parmi les arguments à l'appui de cette opinion, il en est un qui n'est pas sans valeur ; la liberté absolue d'émission n'existe nulle part ; dans tous les pays, cette faculté a paru devoir être matière à réglementation. On disait autrefois que sans la liberté d'émission, il ne pouvait pas se former de grands établissements de crédit : on a bien vu le contraire. C'est plutôt pour l'honneur des principes que par suite d'une vue nette des avantages qui en résulteraient, que quelques économistes réclament la liberté d'émission. Pour l'honneur des principes on a aussi réclamé la liberté absolue du monnayage. C'est compromettre les principes qu'en réclamer l'application à outrance. On peut dire que les partisans et les adversaires de la liberté d'émission s'exagèrent, les uns ses avantages, les autres ses dangers ; mais ces derniers sont peut-être mieux en mesure d'établir par les faits les dangers auxquels elle aurait exposé une nation dans de graves circonstances, que les premiers ne peuvent en démontrer les avantages qu'ils en espèrent.

J'ai parlé jusqu'ici d'atteintes directes à la liberté du travail par suite de priviléges ou de monopoles accordés par l'État; mais l'État peut se réserver à lui-même un monopole, ce qui n'est justifiable que par des raisons de sécurité publique ou comme moyen d'assurer la perception d'un impôt. L'État peut encore porter indirectement atteinte à la liberté du travail en exerçant une industrie sans interdire à personne l'exercice de cette même industrie. L'industrie privée ne saurait lutter contre l'État qui, grâce aux ressources qu'il demande à l'impôt, peut ne pas se préoccuper de réaliser des bénéfices. L'État ne doit pas se faire agriculteur, manufacturier ou commerçant; il est destiné à avoir un jour un vaste domaine industriel dans les chemins de fer; il est à souhaiter qu'il ne l'exploite pas lui-même (10).

IV. *Atteinte à la liberté des échanges.* C'est seulement pour mémoire que je mentionne ici une question sur laquelle il y a accord parfait contre le droit et la science économique, et sur laquelle tout a été dit. L'échange est le plus naturel des contrats, et, plus on avance en civilisation, plus il s'impose comme conséquence d'une division du travail poussée toujours plus

---

(10) Je n'insiste pas ici sur bien des détails et, s'il faut tout dire, sur bien des chicanes faites à l'État à propos de ses ateliers de construction maritime, ses fabriques d'armes, et de certains établissements industriels, qui ne me paraissent pas mettre en péril l'industrie privée de l'imprimerie, de la céramique et de la tapisserie. Tout cela est, à proprement parler, étranger à mon sujet.

loin. Une législation qui porte atteinte à la liberté des échanges a donc besoin de justifications particulières. Les partisans de la protection ou, pour mieux dire, de la prohibition le reconnaissent, et quelles raisons ont-ils données? Ils ont donné successivement des raisons contradictoires : 1° le marché national doit être absolument réservé aux producteurs nationaux ; c'est un droit imprescriptible ; 2° à la doctrine de l'intérêt privé a succédé la doctrine du salut public : un pays ne doit pas être à la merci de l'étranger, en cas de guerre, et pour certains produits ; 3° enfin est venu ce qu'on est convenu d'appeler *la théorie des droits éducateurs,* une sorte d'exception dilatoire : des droits protecteurs jusqu'à ce que l'industrie nationale soit en mesure de lutter contre l'industrie étrangère. Il est permis de douter de la sincérité de ceux qui tiennent ce langage. Quoi qu'il en soit, les prohibitionnistes ont été amenés à prononcer eux-mêmes, en principe, la condamnation du système qu'ils avaient préconisé. — C'est tout ce que j'avais à dire là-dessus.

V. *De la tutelle excessive des intérêts.* Au début de ce chapitre, j'ai dit, en termes généraux, ce qu'il faut entendre par là, je veux noter ici les principales applications que le législateur a faites d'un principe que je considère comme également contraire au droit et à l'économie politique, et comme accusant la tendance dangereuse de décharger les particuliers du soin de veiller à leurs intérêts. C'est là une voie dans laquelle on ne sait plus où s'arrêter, une source de complications et d'embarras dans la législation.

L'action en rescision pour cause de lésion accordée

au vendeur d'un immeuble qui prétend qu'il n'a pas
reçu un juste prix, est le type de ces dispositions
condamnables. Je me suis suffisamment expliqué sur
ce point (11). On a certainement *intérêt* à vendre son
immeuble le plus cher possible, mais on n'y a *pas
droit*, et le législateur qui élève cet intérêt à la
hauteur d'un principe d'ordre public, établit un précédent des plus dangereux. Combien de gens seront
tentés de dire : pourquoi donc la propriété immobilière est-elle seule chose sacrée? Les partisans de
la protection ne disent pas autre chose : nous entendons que l'État nous garantisse un juste prix de
nos produits ; et Robert Peel de répondre aux fonciers anglais qui lui tenaient ce langage : « l'État
ne vous doit que l'ordre et la sécurité. »

(11) Voir le chapitre VII, note 5. — J'ai le regret de n'être pas
d'accord, en cette matière, avec un savant jurisconsulte, très
compétent aussi en économie politique. Je ferai toutefois remarquer que, tout en ne repoussant pas la rescision pour cause
de lésion, il ne dissimule pas les graves objections qui peuvent y
être faites, et fournit des arguments à l'opinion contraire :
« Dans notre opinion, dit-il, la rescision pour cause de lésion ne
« peut se justifier par des arguments purement juridiques...
« Toute personne majeure, capable, jouissant d'une entière liberté
« d'esprit, doit accepter la responsabilité et les conséquences de
« ses actes.... certains conseils de prud'hommes, oubliant la loi,
« ont déclaré nulles des conventions entre maître et ouvrier sur
« le taux des salaires, par le motif que ces conventions étaient
« lésionnaires, et, comme telles, contraires à l'ordre public,
« *attendu*, disait une de ces décisions, *qu'il n'est pas permis
« de payer le salaire moins qu'il ne vaut.* Rien n'est plus dangereux
« qu'une pareille doctrine ; elle est attentatoire; à la foi due aux
« contrats, à la liberté du commerce et de l'industrie. » (Glasson,
*Éléments du Droit français considéré dans ses rapports avec le droit
naturel et l'économie politique,* nouvelle édition, tome I, pages 549-
557.) On ne saurait mieux dire, et ce sont ces considérations finales
que j'invoque contre l'article 1674 du Code civil. Mais si le principe
est mauvais *in abstracto,* que dire des applications *in concreto?* Je
renvoie au chapitre VII.

La fixation d'un taux légal de l'intérêt est une
disposition analogue à la précédente. Le législateur qui
s'était préoccupé là de l'intérêt du vendeur d'immeubles, se préoccupe ici de l'intérêt de celui qui
emprunte une somme d'argent. C'est toujours le même
vice; le législateur a fixé là un prix *minimum* de
l'immeuble, il établit ici un prix *maximum* de l'argent.
Tout cela ne va pas sans quelque contradiction. On
invoque, il est vrai, le même motif pour défendre
l'article 1674 du Code civil et la loi du 3 septembre 1807
sur la limitation du taux de l'intérêt, à savoir que
l'acheteur et le prêteur ont abusé de la situation du
vendeur et de l'emprunteur; il n'en est pas moins vrai
que la première de ces deux dispositions est aussi
motivée par cette considération, que l'immeuble est la
chose précieuse par excellence, tandis que, dans la
seconde, c'est l'argent qui est considéré comme la
*res inæstimabilis*, et c'est pourquoi le législateur
empêche qu'on ne la paye trop cher. En principe, la
première disposition est plus critiquable que la
seconde, car le propriétaire d'un immeuble n'a pas
seulement la ressource de vendre, il peut emprunter
en hypothéquant son bien et trouver ainsi de l'argent à
un prix raisonnable; tandis que l'emprunteur, qu'on
craint de voir à la merci du capitaliste, est en général
sans ressources, il n'offre aucune garantie, et voilà
pourquoi l'intérêt comprend, outre le prix du service
rendu, une prime pour les risques d'insolvabilité
auxquels est exposé le prêteur. Il résulte précisément
de là, d'autre part, que la loi qui limite le taux de
l'intérêt, est plus nuisible qu'utile au débiteur, car
elle est facile à éluder, et le prêteur se fait en outre

indemniser du risque d'une condammation qu'il peut encourir.

L'article 1674 du Code civil et la loi du 3 septembre 1807 ne sont pas seulement contraires aux vrais principes du droit et de l'économie politique; ce sont là des dispositions surannées qui rappellent une époque où l'argent était rare dans le sens économique du mot, c'est-à-dire était peu apporté sur le marché soit pour l'achat, soit pour le prêt; où les immeubles ne trouvaient d'acquéreurs que dans un cercle restreint. Tout cela est bien changé aujourd'hui (12).

Il est une partie du Code civil qui présente un caractère archaïque, ce sont les dispositions relatives à la gestion des intérêts du pupille. Cela vous reporte en plein moyen âge, à l'époque où, dans l'enfance de l'industrie et du commerce, la terre était considérée comme l'unique source de la richesse et de la puissance politique, où le mobilier n'avait qu'une valeur relativement insignifiante, où les valeurs mobilières ou meubles incorporels n'existaient pas. Le Code civil reflète exactement cette situation : un ensemble de mesures pour assurer la conservation et la bonne gestion de la fortune immobilière du mineur; à peu

(12) Je suis heureux de me trouver ici d'accord avec le jurisconsulte-économiste cité à la note précédente. Après avoir énuméré toutes les restrictions apportées à la loi du 3 septembre 1807 par l'usage, la tolérance de l'administration et de la justice, et même par des lois postérieures, il ajoute (ouvrage cité, tome II, p. 607) : « Ne résulte-t-il pas de tous ces développements que la « loi du 3 septembre 1807 n'est plus en rapport avec les besoins « de notre époque? C'est la conclusion à laquelle nous nous « rattachons volontiers. » J'aurais voulu une conclusion semblable sur l'article 1674 du Code civil, et cela non en vertu d'un argument *a pari*, mais d'un argument *a fortiori*. — Combien cela est vrai, surtout aujourd'hui et *si res ex facto quæratur?*

près rien de spécial quant aux meubles incorporels.
Il y avait là, même à l'époque de la promulgation du
Code civil en 1804, un manque d'harmonie choquant
entre la législation et les nouvelles conditions économiques de la société, une préoccupation excessive de
sauvegarder la moindre valeur immobilière, une
négligence non moins excessive des valeurs mobilières,
lesquelles pouvaient à elles seules former tout le patrimoine du mineur. Ce manque d'harmonie n'avait fait
que s'accentuer avec le temps. Une loi récente (13) a
remédié à cette situation fâcheuse.

Le législateur a-t-il montré une préoccupation excessive des intérêts de la femme en autorisant la convention matrimoniale qui frappe les biens dotaux d'inaliénabilité? Il est, en principe, aussi contraire au droit
qu'à l'économie politique, qu'un simple particulier
déclare sa chose inaliénable, la mette hors du commerce comme peut le faire la puissance publique pour
ses biens du domaine public proprement dit, affectés
à un service public perpétuel. On ne comprend pas
que le propriétaire, en aliénant sa chose, défende à
l'acquéreur de l'aliéner et que cette inaliénabilité soit
désormais considérée comme une qualité inhérente à
la chose; il est encore moins intelligible que ce propriétaire frappe d'inaliénabilité sa chose dont il con-
serve la propriété : C'est cependant ce que fait la
femme qui se marie sous le régime dotal. On peut

(13) Loi du 17 février 1880. Une loi du 24 mars 1806 et un
décret du 25 septembre 1813 avaient apporté certaines restrictions
aux pouvoirs du tuteur en ce qui concerne les inscriptions de
rente sur l'État et les actions de la Banque de France. La loi
de 1880 a abrogé ces dispositions et placé sous le contrôle du
conseil de famille et, à partir d'une certaine somme, sous celui
du tribunal, l'aliénation de toute espèce de valeurs mobilières.

néanmoins justifier, dans une certaine mesure, cette
stipulation d'inaliénabilité, en remontant à sa filiation
historique. A l'origine, le mari est propriétaire de la
dot et peut, par conséquent, l'aliéner. On convient
ensuite qu'il ne pourrait pas l'aliéner sans le consentement de la femme, ce qui était de toute justice. Mais
comment la femme refuserait-elle ce consentement à
son mari ? On arrivera à décider qu'il ne pourrait l'aliéner même avec son consentement. En réalité, la femme
mariée, à raison de son état de dépendance vis-à-vis de
son mari, est assimilée à un mineur, et le mari à un
tuteur qui ne peut aliéner les biens de son pupille.
Dans l'esprit du droit romain, l'inaliénabilité du fonds
dotal était d'ordre public ; on se préoccupait fort d'en-
courager les mariages, on favorisait les seconds, et on
disait que la conservation de la dot importait au salut
de l'État afin que la femme veuve trouvât plus facilement à se remarier (14). Nous retrouvons ici une
préoccupation analogue à celle que nous avons constatée en matière de tutelle, la préoccupation de conserver à la femme, comme au pupille, sa fortune immobilière. Pourquoi ne pas accorder la même garantie à une
dot constituée en valeur mobilière ? Il n'est pas certain
que les législateurs du Code civil l'aient entendu ainsi ;
mais, à défaut d'une loi nouvelle comme on l'a faite en
faveur du pupille, la jurisprudence a organisé le principe de l'inaliénabilité de la dot mobilière.

Lorsqu'une machine, un mécanisme quelconque,
machine à vapeur ou constitution politique, ne fonc-
tionne pas parfaitement, le premier mouvement de

(14) *Reipublicæ interest mulieres dotes suas salvas habere propter
duas iterum nubere possint.*

bien des gens est de dire : « cette machine ne vaut rien, il faut la changer. Ils ne se demandent point si la faute n'en serait pas à ceux qui se servent maladroitement de la machine. C'est un peu ce qui a lieu en matière de législation : une loi est comme une machine dont il faut que sachent se servir ceux dont elle a pour objet de garantir les droits. Je songe à la législation sur les sociétés, et spécialement sur les sociétés par actions. A chaque scandale financier qui se produit, on s'écrie : il faut une bonne loi sur les sociétés! Il y a sur ce point deux opinions extrêmes : les uns demandent la liberté absolue du contrat de société, sauf punition de la fraude lorsqu'elle serait constatée ; les autres réclament une protection complète des intérêts des actionnaires et des obligataires. La vérité est au milieu. Dans la première opinion, on oublie que chaque contrat a ses règles spéciales, que la notion et la bonne foi n'est pas la même dans les contrats commutatifs et dans les contrats aléatoires; que, dans ces derniers, elle doit aller jusqu'à la plus scrupuleuse délicatesse ; que dans les grandes sociétés par actions, l'actionnaire se trouve dans l'impossibilité de surveiller et de contrôler efficacement la gestion, et que l'obligataire lui-même, le créancier de la société n'est pas précisément dans la position d'un créancier ordinaire quant à la surveillance qu'il peut exercer sur les faits et gestes de son débiteur. Dans la seconde opinion, on demande au législateur une œuvre qui est au-dessus de son pouvoir; on aura beau accumuler les précautions, multiplier et exagérer les responsabilités, et aggraver les répressions (15), l'intérêt personnel des fondateurs

(15) On éloignerait ainsi les hommes honorables des conseils de

des sociétés, des lanceurs d'affaires, saura bien éluder
la loi. Il n'est pas bon que le législateur inspire aux
actionnaires et aux obligataires une trompeuse sécurité en affichant la prétention d'avoir garanti leurs
intérêts d'une manière absolue. Nous voici à la Bourse,
sur le grand marché des valeurs mobilières. *Jouer à la
Bourse* est une expression familière aujourd'hui à
tout le monde. Bien que la question qui s'élève à ce
propos ait été tranchée par une loi récente, je la poserai

surveillance et de la direction. « Cela empêcherait-il les sociétés
« équivoques de se former? En aucune façon. Seulement elles
« auraient recours à l'expédient usité dans le journalisme aux
« temps où le gérant était obligé de payer de sa liberté les infrac-
« tions aux lois sur la presse : On avait pour gérant *un homme
« de paille* qui était payé pour aller en prison. » (M. Paul
Leroy-Beaulieu, à la Société d'économie politique, réunion du
6 mars 1882, au cours d'une discussion sur la question : *Quelles
modifications la science économique propose-t-elle à la loi du
24 juillet 1867 sur les sociétés par actions?*) — Hélas! il faut bien
reconnaître que le projet de loi sur les sociétés dont le ministre de
la justice a saisi le Sénat, le 6 décembre 1883, est de nature à ne
satisfaire ni les jurisconsultes ni les économistes. L'exposé des
motifs porte il est vrai : « que le projet a été conçu dans un
« esprit de liberté avec de sages restrictions... que le législateur
« doit chercher à améliorer progressivement les lois des sociétés
« en procédant par étapes, jusqu'au dernier terme du progrès qui
« doit être la liberté des conventions... que le projet de lois pro-
« posé fait faire à la législation un nouveau pas dans cette voie;
« qu'il est à la fois sévère et indulgent : sévère à l'égard de la
« fraude, indulgent pour les hommes de bonne foi. » On ne saurait mieux dire : malheureusement les rédacteurs du projet de loi ne
se sont pas conformés à ce programme. Ils ont réglementé à
outrance; ils ont prodigué les nullités, les responsabilités, les
répressions, amendes et prison. L'exposé des motifs contient
d'ailleurs la condamnation du projet de loi en révélant la pensée
qui a présidé à sa rédaction : « En ces matières, toutes de
« confiance, est-il dit, il faut avoir égard à l'opinion publique :
« alarmée par de récents désastres, l'épargne a besoin d'être
« rassurée. » J'aurais mieux aimé lire dans l'exposé des motifs
que les rédacteurs du projet de loi ont dû justement résister à la
pression de l'opinion publique égarée par de récents désastres.

ici, pour l'apprécier au point de vue du droit et de
l'économie politique. Au point de vue économique, la
convention du jeu est absolument condamnable, car
c'est bien là qu'on peut dire : *Le profit de l'un est
nécessairement le dommage de l'autre*, et ce profit n'est
le prix d'aucun service rendu à un individu ou à la
société. En droit, la question n'est pas tout à fait aussi
simple, car il est permis de se dépouiller de ses biens
à titre gratuit, de donner, et on peut dire que le jeu
et le pari contiennent une libéralité conditionnelle.
On pourrait seulement objecter que cette condition
consiste en un événement absolument dépourvu d'intérêt pour les deux parties. La législation reflète ce
caractère indécis du jeu et du pari : celui qui a gagné
n'a pas d'action pour se faire payer; mais si celui qui
a perdu a payé, il est réputé avoir payé une dette et
ne peut répéter. On peut ajouter que la législation est
en opposition avec l'opinion universelle, qui considère
comme une indélicatesse le fait du joueur qui, ayant
perdu, refuse de payer, et cela par la bonne raison
que, s'il avait gagné, il aurait réclamé ou, pour le
moins, accepté le payement : aussi dit-on que les
dettes de jeu sont des *dettes d'honneur*.

Le droit et l'économie politique sont, au contraire,
parfaitement d'accord pour reconnaître la solidité des
ventes à terme d'effets publics et autre valeurs mobilières, que la jurisprudence fondée sur une législation
surannée, annulait lorsqu'elles avaient été faites à
découvert, c'est-à-dire, sans dépôt préalable entre les
mains de l'agent de change, des titres ou de l'argent
et cela sous prétexte que ces marchés à terme ont le
caractère de simples jeux ou paris sur la hausse ou

la baisse des valeurs et que les parties ont entendu que le contrat se réglerait par une différence au profit de celui dont les prévisions se trouveraient justifiées. Cela n'est pas soutenable en droit, et il n'y a aucune raison pour assimiler le marché à terme, fait à découvert, au jeu et au pari et pour lui appliquer l'article 1965 du Code civil. Parce que, au moment d'exécuter le contrat, on le règle par une différence, il ne s'ensuit pas que le marché ne soit pas une vente réelle, que l'acheteur ne puisse pas réclamer les titres contre payement du prix et le vendeur livrer les titres en réclamant le prix; sans compter que l'acheteur peut, même avant l'échéance du terme, user de la faculté d'escompte (16).

L'économie politique, organe de l'intérêt public est d'accord avec le droit, pour maintenir les marchés à terme. Ce sont ces opérations qui ont créé et qui maintiennent le marché des effets publics dans l'intérêt de l'État et du commerce. Si cette spéculation était interdite, les gros emprunts d'État seraient impossibles.

Ce n'est pas le marché au comptant qui a absorbé l'emprunt de cinq milliards, mais la spéculation, qui vendait à terme et faisait des reports en attendant le classement. Bien loin que l'exception de jeu empêche l'agiotage, elle enhardit les spéculateurs qui sont bien décidés à profiter des gains et à répudier les pertes. C'est donc avec raison qu'une loi récente a validé les

(16) Il ne faut pas s'imaginer que le marché à découvert soit conçu : « Je parie que la rente haussera ou baissera d'ici à fin « courant. » La formule employée par les agents de change est celle-ci : « *Vendu à un tel telle valeur livrable en liquidation de* « *tel jour, ou plutôt à la volonté de l'acheteur*, contre le payement « de telle somme. »

marchés à terme et refusé l'exception de jeu au
spéculateur de mauvaise foi. Là sera, dans une certaine
mesure, le frein à l'agiotage. « Quand un homme libre
« a pris des engagements téméraires, dit le comte
« Mollien dans ses Mémoires, c'est dans leur exécution
« qu'il doit trouver la peine de son imprudence ou de
« sa mauvaise foi ; l'efficacité de la peine est dans
« l'exemple qu'elle laisse (17). » Voilà la vraie morale
de la Bourse, à moins qu'on ne veuille la fermer.

C'est le propre de toute protection, de nuire plus
ou moins aux intérêts de ceux en faveur desquels
elle a été instituée. On n'aime pas à traiter avec un
incapable, mineur, femme mariée, interdit ou demi-
interdit, même par l'intermédiaire de leurs représentants légaux ; mais s'ils sont garantis contre une
perte, ils peuvent aussi être empêchés de réaliser
un profit. Les articles 1800 à 1831 du Code civil,
qui traitent du *bail à cheptel*, en fournissent le plus
remarquable exemple. Au nom de l'économie agricole
qui n'est qu'une application de l'économie politique,

(17) On ne relit pas sans étonnement aujourd'hui le dithyrambe
prononcé, au Sénat en 1864, par M. Delangle contre les marchés
à terme et en faveur de l'ancienne législation, « de ces saintes
« lois, conformes à la morale de tous les temps, destinées à pro-
« téger l'honneur, la fortune, la sécurité des familles, et sur
« lesquelles on ne saurait porter la main sans profanation. » Et
M. l'avocat général Blanche qui, à l'audience solennelle de rentrée
de la Cour de cassation du 4 novembre 1861, déclarait que ce
n'était point assez contre les marchés à découvert de l'exception
de jeu, qu'il fallait encore accorder le droit de répéter les
sommes payées. Ces magistrats éminents ne parlaient ni en économistes, ni en jurisconsultes.—Voir dans le *Journal des Économistes* de
mars 1883, page 361, l'article de M. Mathieu Bodet, *Les Marchés à
terme et les jeux de Bourse*, qui contient une judicieuse appréciation de la question, au point de vue juridique et économique, et
un exposé très net de la législation et des variations de la jurisprudence.

dans l'intérêt de l'agriculture et surtout de la petite
culture, qui trouve si difficilement le crédit dont elle
a besoin, on a dressé contre cette partie de notre législation un acte d'accusation (18) formidable, dans lequel
il y a malheureusement beaucoup de vrai, et auquel les
jurisconsultes n'ont pas répondu d'une manière satisfaisante ; ils n'ont pas pu invoquer les principes du
droit, ils ont dû se borner à dire : C'est la loi ! — Quel
est dont le vice essentiel de cette législation du cheptel?
Cheptel signifie capital ; le bail à cheptel est la convention par laquelle un capitaliste, propriétaire d'un capital
agricole consistant en bétail, met ce capital à la disposition de l'agriculteur. Or, la loi limite tellement, en
cette matière, la liberté des conventions, que tout
semble combiné pour détourner le capitaliste de
faire cette avance au premier, et cela, sous prétexte
de protéger celui-ci contre les prétentions injustes du
bailleur. Tout bailleur ou prêteur, en effet, tient essentiellement à deux choses : Remboursement du capital,
payement d'un intérêt quelconque. Ici, la loi ne se
borne pas, comme dans le prêt d'argent, à fixer un
maximum de l'intérêt ; elle l'a limité à la moitié d'un
produit éventuel, à la moitié de la laine et du bon
croît. Si ces produits font défaut, pas d'intérêt. Le
remboursement du capital n'est pas plus assuré que
le service des intérêts ; si, à l'expiration du bail, il ne
reste pas assez de bêtes pour représenter la valeur du
fonds de bétail primitif, le bailleur perdra une partie
de son capital, le prêteur n'étant tenu de lui faire

(18) J'ai sous les yeux, en écrivant ceci, l'intéressant opuscule du
regretté comte d'Esterno, intitulé *Le Crédit et la petite culture. Proposition adressée au Sénat sous la forme de pétition.* — Elle est reproduite dans le *Journal des Économistes* d'octobre 1876, p. 110-126.

raison que de la moitié du déficit. Il y a plus, et voici la disposition tout à fait exorbitante de l'article 1810 : *si le cheptel périt en entier sans la faute du preneur, la perte en est pour le bailleur.* Ainsi la loi veut que le bail à cheptel soit nécessairement un prêt à la grosse aventure. C'est à prendre ou à laisser. Il en résulte que les capitaux se détournent de l'agriculture. Dans le prêt à la grosse du moins, le prêteur a le droit de stipuler un profit maritime aussi considérable qu'il lui plait.

On n'en finirait pas si l'on voulait énumérer tous les inconvénients et tous les abus qu'engendre cette législation, et que la pratique a constatés. Dès que le capital est sérieusement entamé, le cheptelier a intérêt à le laisser périr en entier pour s'affranchir entièrement de la perte (19). Le bailleur ne peut recevoir à titre d'intérêt, intérêt aléatoire, qu'une part de la laine et du bon croît; mais beaucoup d'animaux ne donnent ni laine, ni bon croît; ils ne peuvent être l'objet d'un bail à cheptel (20), et voilà autant de capitaux auxquels l'accès de la petite culture est interdit. Pourquoi le preneur ne pourrait-il promettre

(19) Le cheptelier est encore intéressé pour un autre motif à la destruction du bétail. Il a un droit exclusif aux laitages, au fumier et au travail des animaux. Il naît un veau : on estime que le prix du veau est à peu près la représentation du lait qu'il consomme. Si le veau vient à bien, le cheptelier n'en a que la moitié; s'il le fait périr immédiatement, le cheptelier, qui bénéficiera seul du lait y gagne le 10 p. 100. Cette fraude a été souvent constatée.

(20) Tels sont les reproducteurs mâles, sauf les béliers, les vaches laitières qui ne nourrissent pas les veaux, et tous les animaux de travail. On ne voit pas de cheptel de ce genre. Il en est de même des porcs, qui se nourrissent ordinairement à l'étable, et ne s'engraissent qu'à grands frais. Ici, au contraire, c'est le bailleur qui aurait un avantage excessif par le partage du bon croît.

au bailleur un intérêt évalué en argent (21)? En somme,
il n'est pas vrai de dire avec l'article 1802 : « On peut
donner à cheptel toute espèce d'animaux succeptibles
de croit ou de profit pour l'agriculture ou le commerce,»
et quant à l'article 1803 : « A *défaut de conventions
particulières,* ces contrats se règlent par les principes
suivants... » on peut affirmer que la liberté que cette
disposition semble laisser aux parties est à peu près
illusoire. Enfin, lorsqu'on demande aux jurisconsultes
pourquoi la loi a voulu que ce prêt fût un contrat
aléatoire exactement réglementé, on n'obtient aucune
réponse satisfaisante.

La difficulté qu'éprouve le cultivateur à emprunter
est encore aggravée par l'impossibilité où il se trouve
de donner au prêteur une sûreté réelle. De quelles
sûretés réelles peut-il en effet disposer? De ses bestiaux,
grains, gerbiers, meules de foin ; mais, aux termes de
l'article 2076, le privilège ne subsiste qu'autant que le
gage a été mis et est resté la possession d'un créancier
ou d'un tiers convenu entre les parties ; or, comment
appliquer cela aux valeurs agricoles? on pourrait
laisser la chose donnée en gage dans les mains du
débiteur, lequel serait assimilé au gardien d'une saisie
et puni comme coupable de vol, s'il vendait les objets
engagés. Pourquoi encore ne pas permettre au cultivateur d'engager la récolte sur pied? C'est ce que font
les planteurs dans les colonies, et les banques coloniales
ont été organisées pour créer ce moyen de crédit.

(21) Que veut-on que fasse une société de crédit agricole des
toisons en nature? Les lui expédiera-t-on à son siège, à Paris, par
exemple? Faudra-t-il qu'elle ait partout des représentants pour
les faire vendre sur place? Le moindre intérêt en argent ferait
bien mieux son affaire.

La vérité est que le législateur n'a jamais considéré l'agriculture comme pouvant procurer des bénéfices analogues à ceux que produisent les industries manufacturière et commerciale. On a dès longtemps reconnu que le crédit est indispensable à ces dernières; mais l'agriculteur est tenu pour un pauvre diable qui a bien de la peine à tirer de la terre sa subsistance et qui est perdu s'il a recours aux emprunts : le crédit agricole n'est pas assimilé au crédit industriel ou commercial proprement dit, mais au crédit de consommation.

Je ne pousserai pas plus loin cet examen de notre législation civile. Il serait difficile et peu profitable d'épuiser une matière aussi vaste. Il me suffit d'avoir attiré l'attention du lecteur sur les points principaux; d'avoir montré dans quel esprit il faut traiter les questions de ce genre; et d'avoir, par des applications assez nombreuses, mis une fois de plus en lumière la nature des rapports de l'économie politique, du droit et de la législation, ce qui est l'objet propre de cette étude. L'important était d'établir que l'économie politique et le droit sont, à de très rares exceptions près, d'accord pour réclamer des améliorations dans la législation, parce qu'il y a accord entre les deux principes d'utilité générale et de justice.

La conclusion de toute critique en matière de législation, c'est qu'il faut y introduire des changements, y apporter quelques modifications. Nous nous trouvons ici en présence de deux opinions différentes, sur lesquelles il importe de s'expliquer, car il ne s'agit pas seulement d'une différence du plus au moins; une question de principes y est engagée, qui intéresse à la fois l'économie politique et le droit. Les uns réclament

donc une refonte générale et instantanée de *nos Codes*;
d'autres ne veulent que des modifications *partielles*
et successives. Il faut se rattacher sans hésiter à cette
dernière opinion. « Qu'on ne s'effraye pas, dit Rossi :
« pour accomplir cette tâche (22), il n'est pas néces-
« saire de reprendre nos Codes en sous-œuvre. Nul ne
« songe à porter la sape et le marteau dans ce vaste
« et beau monument que le génie français a élevé à
« la France nouvelle, pour en assurer la gloire et en
« attester la puissance. Quelques lois partielles qui
« puissent s'encadrer dans ce grand ensemble suffisent
« au besoin des temps. Ces lois seront le plus noble
« hommage à la gloire des auteurs du Code civil. En
« nous attachant à perfectionner leur ouvrage, nous
« reconnaîtrons qu'il est une œuvre de progrès, qu'il a
« posé les bases de la prospérité de la France. Ce culte
« éclairé honore la mémoire de ces hommes illustres
« bien plus que la vénération superstitieuse des esprits
« stationnaires. » Il ne peut y avoir de doute sur
la pensée de ceux qui réclament des modifications
particulières et successives : cela est simple et clair.
Il n'en est pas tout à fait de même de l'opinion qui réclame une refonte; cette opinion a des représentants
divers : les uns parlent de *revision*; les autres de
*refonte*; il en est qui ajoutent à ce mot refonte des qua-
lificatifs qui me paraissent peu rassurants. Aux uns
j'opposerai seulement les difficultés de l'entreprise;
aux autres ses dangers. Il ne s'agit pas, bien entendu,
d'un remaniement matériel du Code civil et d'un chan-

---

(22) Rétablir l'harmonie entre notre droit privé et notre état
économique. La citation ci-dessus est la continuation du passage
cité au chapitre IX, note 2. — Rossi, *Mélanges*, tome II, page 23.

gement dans le numérotage des articles, en faisant
disparaître les articles abrogés en y faisant entrer les
lois qui l'ont modifié, comme la loi de 1855 sur la
transcription. Je pense toutefois que cette incorpora-
tion présenterait des inconvénients sans avantages
sérieux, et qu'il vaut mieux pendant assez long
temps encore respecter l'aspect extérieur du monument.

On a donc demandé, comme une chose simple et facile :
« une revision de la loi civile analogue à celle qui a
« été faite, à plusieurs reprises, de la loi pénale...
« Une revision facile à faire rendrait aux conventions
« la liberté qu'elles doivent avoir, et dont le principe a
« été reconnu par l'article 1134... Le respect pour le
« Code, loin d'être atteint par ces modifications, ne peut
« que gagner à ce perfectionnement. L'autorité du Code
« pénal n'a pas été diminuée par la revision de 1832
« et 1863 (23). » Voilà l'opinion en faveur d'une revision présentée sous la forme la plus modérée. On a
toutefois sagement répondu qu'on ne saurait conclure
de ce qui a été fait pour le Code pénal à ce qui pourrait
être fait pour le Code civil. Quand il s'est agi du Code
pénal, il a fallu combiner toutes les réformes, revoir
l'entière échelle des pénalités. Ainsi, l'admission des circonstances atténuantes a entraîné des modifications de
nature à s'étendre à toute espèce de peines. La réduc-
tion des cas auxquels s'appliquerait dorénavant la

(23) C'est la conclusion d'un intéressant mémoire de M. Batbie :
*Revision du Code Napoléon*, lu à l'Académie des sciences morales et
politiques dans les séances des 23 et 30 décembre 1865. — Voir
*Séances et travaux de l'Académie*, compte rendu de M. Ch. Vergé,
année 1866, 1er trimestre, tome LXXV, page 418. A la suite de
cette lecture, M. Renouard présenta les observations que j'ai résu-
mées ci-dessus.

peine de mort a eu la même conséquence. Veut-on
une preuve des difficultés que rencontrerait une revision totale du Code civil? Qu'on se rappelle tout ce
qui a été fait pour une réforme du régime hypothécaire; combien de commissions ont été successivement instituées ! Combien de travaux considérables en
sont sortis !... et à quel résultat définitif ont-ils conduit? A modifier quelques articles du Code de procédure civile; mais on n'est pas arrivé à une refonte.

Une refonte n'est pas seulement difficile ; c'est une
entreprise dangereuse. On ne touche pas à l'ensemble
de la législation civile d'un peuple comme on modifie
un règlement de police. De cette législation sont
nées des habitudes, des mœurs, des notions juridiques
qui ont pénétré fort avant dans la conscience du
peuple ; il peut être bon de les modifier peu à peu,
non de les déraciner violemment, et quelques imperfections de détail dans une œuvre aussi considérable
ne sont pas une raison pour la bouleverser de fond en
comble. Mais, ce qui est particulièrement à redouter,
c'est l'esprit de système qui ne manquerait pas de se
donner ici carrière. Je ne suis pas sans inquiétude
quand j'entends parler de la *nécessité de refondre l'ensemble de nos Codes et notamment le Code Napoléon, au
point de vue de l'idée démocratique* . (24). Je me
demande où l'on pourrait aller avec cette préoccupation

(24) C'est le titre du livre de M. Emile Accolas ; Paris, librairie
centrale, 1866. 1 vol. in-8. — Nous savons déjà (voir chapitre V,
note 2) que l'auteur n'est pas partisan des demi-mesures, des
*solutions isolées.* M. Courcelle-Seneuil, qui n'est pas tendre pour
le Code civil, et qui apprécie favorablement l'œuvre de M. Accolas
(Compte rendu dans le *Journal des Économistes* de juin 1866,
page 475), fait une double réserve: 1° Ce n'est pas de refonte
*démocratique* mais de refonte *rationnelle* qu'il faut parler;

de l'idée *démocratique*? Il y a, par le temps qui court,
tant de conceptions différentes de la démocratie ! Il y a
la démocratie libérale et la démocratie autoritaire ; la
démocratie socialiste et la démocratie anarchique. Je
redoute particulièrement les réformateurs démocratiques de la législation qui ont dénoncé l'économie politique comme étant une science essentiellement monarchique. Au nom de quels principes veut-on donc
réformer la législation, si ce n'est au nom de la propriété et de la liberté des conventions, de tout ce
qu'enseigne l'économie politique, d'accord avec le
droit, c'est-à-dire avec la justice, qui est la négation de
tout privilège en haut comme en bas? Je n'ai pas épargné les critiques au Code civil (25), et je sais qu'on
peut lui en adresser d'autres encore ; mais on lui a

2. « Aujourd'hui même nous ne croyons pas que l'opinion
« publique soit assez éclairée pour supporter une réforme com-
« plète et radicale de nos Codes. Mais elle peut étudier cette ré-
« forme très utilement . » Je n'attendais pas moins que cette conclusion de l'éminent économiste-jurisconsulte. Qu'on étudie donc,
qu'on rassemble les éléments de la réforme, mais qu'on détache de
ces projets de refonte générale, ce qui est suffisamment élaboré
pour améliorer la législation existante, en attendant le jour
éloigné de cette refonte générale.

(25) C'est surtout aux lois civiles que j'ai emprunté des
exemples propres à mettre en lumière les caractères et les
causes des erreurs législatives ; mais on pourrait puiser dans
toutes les parties de la législation, droit industriel, droit criminel,
par exemple. Que n'y a-t-il pas à dire sur la législation en matière
de brevets d'invention, de propriété industrielle, artistique et
littéraire? N'est-ce pas une préoccupation excessive de l'intérêt
des consommateurs qui a inspiré la législation sur les matières
d'or et d'argent, qui rappelle si bien les anciens règlements du
corps de métiers et la réglementation de la grande industrie par
Colbert? Les articles 132 et suivants du Code pénal, relatifs au
crime de fausse monnaie ne semblent-ils pas empruntés à la législation monétaire du moyen âge?—Voir mon *Cours analytique d'Économie politique*, chapitre LIX, note 2.

reproché plus que de raison d'être l'œuvre d'un temps
où la liberté n'était pas précisément un honneur. On
oublie trop les *Origines révolutionnaires du Code
civil* (26), et c'est trop prendre à la lettre le nom
de *Code Napoléon* dont il fut baptisé. L'empereur
Napoléon n'aimait pas la liberté ; mais les atteintes
portées, dans le Code civil, à la liberté des conventions peuvent bien être le résultat d'erreurs juridiques
ou économiques ; ce ne furent pas des attentats
prémédités contre la liberté.

Comme on le pense bien, les jurisconsultes de l'école
historique en Allemagne, Savigny entre autres, n'ont
pas épargné au Code civil les critiques que mérite en
principe, tout essai de codification. Je me suis suffisamment expliqué sur cette controverse, au chapitre XII ;
je me borne à consigner ici ce que m'en disait, il
y a bien des années (aujourd'hui peut-être il serait
moins franc), un éminent jurisconsulte d'outre-Rhin :
« Je tiens Savigny et tous les rédacteurs de la *Zeit-
« schrift*, pour de savants hommes, qui font honneur
« à la science allemande ; mais soyez certain que si,
« il y a cinquante ans, on les avait chargés de rédiger
« un code civil, ils n'en auraient pas encore écrit le
« premier article. »

(26) C'est le titre d'un mémoire considérable lu, en 1865, à
l'Académie des sciences morales et politiques par M. Sévin, con-
seiller à la Cour de cassation. — Voir *Séances et Travaux*, t. LXXIV,
page 161 à LXXVI, page 5. M. Sévin montre que le Code civil a
consacré toutes les conquêtes essentielles de la Révolution dans
l'ordre social. C'est ce que fait remarquer Rossi ; voir chapitre IX,
note 2 ci-dessus.

# CHAPITRE DIX-HUITIÈME

Du prétendu antagonisme entre la théorie et la pratique tant en matière de droit que d'économie politique. — La théorie, c'est la science même. L'empirisme, la science et l'art. — Distinction entre les divers ordres de sciences : sciences mathématiques et physiques, sciences morales. — Distinction entre le droit et l'économie politique : les théoriciens et les praticiens de l'une et de l'autre science. Le jurisconsulte n'est pas précisément pour la science du droit ce que l'économiste est pour la science économique. Aucune profession déterminée ne correspond à la science économique ; il en est autrement pour la science du droit.

L'économie politique et le droit sont des sciences éminemment pratiques, en ce sens qu'elles servent à diriger les hommes dans la conduite de la vie où se posent à chaque instant ces questions : Cela est-il utile? cela est-il juste? Bien des personnes cependant se plaisent à établir une distinction profonde, mieux que cela, une opposition entre ces sciences, qualifiées de *théories*, et la pratique : cela est bon en théorie, dit-on. De là un antagonisme entre théoriciens et praticiens de l'une et de l'autre science, antagonisme qui ne va pas sans un certain esprit de dénigrement, lequel se traduit en une terminologie particulière : les savants, les théoriciens, sont qualifiés de rêveurs, d'idéologues, d'hommes à systèmes; la pratique y est mise sous le nom d'empirisme et de routine. Il y a là un mélange de vaines disputes, de malentendus, de graves erreurs. Il est donc d'un intérêt sérieux, de poser nettement la question; de rechercher dans

quelle mesure il est permis de parler, non d'une
opposition, mais d'une distinction entre la théorie et
la pratique ; de montrer que chacun de ces mots,
*Théorie* et *Pratique,* pris séparément, comporte des
acceptions différentes ; que toutes les sciences n'admettent pas exactement les mêmes distinctions, et
qu'il en est ainsi notamment des deux sciences qui
font l'objet de cette étude. L'importance de la question
que j'examine ici a été signalée par quelqu'un à qui,
quoi qu'on pense de la théorie et de la pratique, on
ne peut certes pas refuser la double autorité du théoricien et du praticien : « C'est évidemment une des
« faiblesses de notre époque que de vouloir résoudre
« par des moyens qu'on appelle pratiques, peut-être
« uniquement parce qu'ils ne sont pas scientifiques,
« la plupart des questions embarrassantes (1). » Et on
mettait en même temps le doigt sur la plaie, on
montrait le danger de prétendu esprit pratique :
« Il semble que bien des gens considèrent les faits
« économiques comme provenant d'une sorte de géné-
« ration spontanée. Ce sont des accidents qu'on étudie
« au point de vue des maux qu'on ressent au moment
« même où ils se manifestent. » On ne saurait mieux
dire, et je prends texte de là pour m'expliquer sur les
*points* suivants : 1° ce qu'il faut entendre par théorie ;
2° véritables rapports de la pratique et de la théorie ;
3° dangers que présente toute pratique qui prétend
s'affranchir de la théorie.

La théorie, c'est la science même, la connaissance

---

(1) M. *Léon Say.* Discours prononcé au banquet de la Société
d'Économie politique de Lyon le 27 mars 1883.—Voir le *Journal des
Économistes* d'avril, page 74.

des lois que régissent un certain ordre de phénomènes, c'est-à-dire des circonstances dans lesquelles ils se produisent, du principe de causalité! Une science constitue une vaste théorie qui comprend des théories particulières ; la physique comprend les théories de la pesanteur, de la chaleur, de l'électricité, de la lumière. Une théorie peut être fausse, consister en hypothèses purement divinatoires, comme on le voit à l'origine de toutes les sciences; on peut contester l'exactitude d'une théorie, mais nier la théorie d'une manière absolue, c'est nier le principe de causalité, affirmer qu'il y a des effets sans causes, ou, au moins, qu'il y a des causes générales et permanentes. La pratique ne fait que mettre à profit les théories, les lois d'ordre physique et moral révélées par la science, dans les arrangements industriels et sociaux. Ce qui est vrai, c'est que toute théorie, toute généralisation comporte des rectifications qui consistent d'une part, à tenir compte des accidents dont on a dû faire abstraction dans la théorie, et, d'autre part, à combiner les différentes théories pour arriver à un résultat déterminé, à la solution d'un problème, problème industriel, moral, social. Voilà le véritable domaine de la pratique, autrement dit de l'art. La théorie démontre des théorèmes ; la pratique résout des problèmes, et les données de ces problèmes sont multiples.

En thèse générale, les personnes qui prétendent à l'esprit pratique, dénigrent la théorie, s'abusent complètement sur le mobile de leur jugement et de leurs actions, car tout en protestant contre la théorie, elles agissent elles-mêmes en vertu de certaines théories. On l'a dit avec raison : « Nul n'a plus

« de systèmes que ceux qui se vantent de n'en point
« avoir (2). » Avoir la prétention de séparer la pratique de la théorie, c'est avouer qu'on parle sans savoir
ce que l'on dit, qu'on agit sans savoir ce que l'on fait.
Les ennemis de la liberté commerciale parlent de la
théorie du libre échange : ce n'est pas la liberté, c'est
la protection qui est une théorie et une théorie très
compliquée, comme chacun sait. La balance du commerce, le système mercantile, le système colonial
ont été des théories. Avant qu'Aristote eût fait la
théorie de l'esclavage, on le pratiquait en vertu d'une
théorie plus ou moins inconsciente. La vraie distinction
c'est celle entre les bonnes et les mauvaises théories,
entre les bonnes et les mauvaises pratiques. La bonne
pratique est celle qui s'appuie sur la théorie et en fait
une application intelligente aux hommes et aux
choses dans les circonstances les plus variées. La
saine pratique est faite de science, de prudence, de
circonspection, de tact, d'habileté.

On a signalé les inconvénients et les dangers du prétendu esprit pratique quand on a parlé des gens, « qui
« considèrent les faits économiques comme provenant
« d'une sorte de génération spontanée, comme des
« accidents qu'on étudie au point de vue des maux
« qu'on ressent au moment où ils se manifestent. » Là
est en effet le danger. On n'a pas de théorie, c'est
entendu; c'est-à-dire qu'on n'a pas réfléchi à loisir,
avec calme et désintéressement, sur les conditions
générales de la prospérité sociale, sur les causes qui
peuvent la troubler, sur les moyens d'y obvier et d'y
remédier; les choses vont leur train ordinaire, tant bien

(2) J. B. Say. *Traité d'Économie politique*, livre I, chapitre XVII.

que mal, *il mondo va da se*. Tout à coup un malaise se fait sentir ; des plaintes s'élèvent de toutes parts ; tout est en souffrance, l'agriculture, l'industrie, le commerce, les finances publiques. Aussitôt, sous l'impression douloureuse des événements, on peut dire de la panique, on cherche des remèdes à la situation. Qu'est-ce qu'on fait en réalité ? On a improvisé une théorie, et on sait quelles théories peuvent surgir dans des esprits troublés. On se méprend sur les causes du mal ; on l'aggrave par des expédients, des palliatifs qui visent les effets et non les causes : on a recours à des mesures violentes, on essaye successivement ou simultanément des remèdes contradictoires : et voilà ce qu'on décore du nom d'esprit pratique. C'est l'empirisme proprement dit.

Dans cette question des rapports de la théorie avec la pratique, il y a lieu de distinguer entre les différentes sciences. Une première distinction qui s'impose est celle entre les sciences mathématiques et physiques, d'une part, et les sciences morales de l'autre. On peut très bien faire une opération d'arithmétique, une division par exemple, appliquer la règle sans être capable de la démontrer. Beaucoup d'ouvriers, dans l'industrie, sont comme des machines intelligentes qui appliquent habilement les procédés indiqués par les sciences physique et chimique, sans se rendre compte des lois et des principes sur lesquels ils reposent. La distinction entre la théorie et la pratique se rencontre dans une sphère plus élevée. Il y a loin des principes de la mécanique rationnelle à la construction d'un mécanisme ingénieux. Les uns ont l'esprit tourné vers la spéculation, découvrent les lois; les autres ont l'esprit inventif, et font de ces lois des applications aux arts et à l'industrie. Il n'en est pas tout à fait de même des sciences morales. Les préceptes de la morale, les règles du droit, les enseignements de l'économie politique ne peuvent utilement être mis en pratique que par celui qui les comprend, et auquel on a démontré la nécessité de s'y conformer. Il ne s'agit pas là de fonctions spéciales qu'on peut remplir en quelque sorte inconsciemment, et machinalement, et qu'on n'accomplit qu'à certains moments : il s'agit de la conduite générale de la vie, de l'incessante distinction entre le bien et le mal, le juste et l'injuste, entre ce qui est utile et nuisible; de choses qui embrassent toute l'existence publique ou privée de l'homme.

Il n'est pas sans intérêt de se demander en second lieu, s'il ne convient pas d'établir une distinction entre les deux sciences qui font l'objet de cette étude. Que faut-il entendre par théorie et par pratique, soit de l'économie politique, soit du droit? Quels sont à proprement parler les théoriciens et les praticiens de l'une et de l'autre science ? En cherchant une réponse à ces questions nous rencontrons des distinctions consacrées par le langage usuel, et sur les fondements desquels il est utile de s'expliquer.

Nous savons ce que c'est que la théorie. C'est la science même. Les théoriciens du droit sont donc ceux qui recherchent les principes de la science du droit et en déduisent un ensemble de conséquences, de règles, qui sont l'expression des rapports que la vie sociale établit entre les hommes. Les théoriciens de l'économie politique font le même travail plus spécia-

lement en ce qui concerne les rapports d'ordre économique; et on se rencontre dans la justice. Ce n'est
point là toutefois le langage usuel. En matière d'économie politique, théoricien ou économiste, c'est tout
un, et les personnes qui affichent des prétentions à
l'esprit pratique, disent indifféremment, non sans une
nuance de dédain : c'est un théoricien, c'est un économiste! Il en est un peu autrement en matière de droit,
et cela tient à ce qu'il y a ici, à côté de la science du
droit, un droit positif, une législation, et on entend
communément par jurisconsulte, non pas le théoricien
du droit pur, mais le théoricien du droit positif, celui
qui possède à fond la législation, son esprit, qui en a
fait la synthèse. Si l'on veut employer une sorte de
formule mathématique, on dira donc que le jurisconsulte n'est pas au droit ce que l'économiste est à
l'économie politique. Celui-ci est bien véritablement
un théoricien : le jurisconsulte, au contraire, est déjà,
à proprement parler, un praticien en ce sens que
l'objet immédiat de sa connaissance est le droit
positif qui n'est lui-même qu'une mise en pratique
plus ou moins parfaite des principes de la science du
droit.

Il est vrai que la distinction que je viens de signaler
entre le droit et l'économie politique n'existerait plus,
si l'on avait accueilli le vœu émis jadis par le *Conseil
général de l'agriculture, des manufactures et du commerce*, à savoir: « Que l'économie politique soit désor-
« mais enseignée, non plus au seul point de vue théo-
« rique du libre échange, ainsi que cela a eu lieu
« jusqu'ici, mais aussi et surtout au point de vue
« des faits et de la législation qui régit l'industrie fran-

« çaise(3). » S'il en eut été ainsi il y aurait eu assimilation complète entre le droit et l'économie politique : on aurait eu une science de l'économie polique et une économie politique positive; l'économiste aurait été à celle-ci exactement ce que le jurisconsulte est au droit positif, et, comme la principale fonction des professeurs de droit est de commenter et d'expliquer le texte de nos divers codes, celle des professeurs d'économie politique eût été de commenter je ne sais quel catéchisme d'économie politique redigé sans doute par le Conseil général de l'agriculture, des manufactures et du commerce érigé en législateur, et de faire admirer à leurs élèves les beautés d'un tarif douanier hérissé de prohibitions. Heureusement ces idées n'ont point prévalu.

Il reste donc acquis que, en fait et dans l'opinion universelle, les théoriciens du droit sont les jurisconsultes, ceux qui ont une connaissance approfondie de la législation, tandis que les économistes sont ceux qui ont la connaissance des principes de la science économique. On pourait dire qu'il y a un manque d'analogie ou de symétrie ; mais c'est bien autre chose quand on pose la question : quels sont les *praticiens* de l'une et de l'autre science? Cela peut se résumer ainsi : 1º Le mot *praticien* éveille des idées différentes suivant qu'il s'agit de droit ou d'économie politique;

(3) C'est à quoi *Michel Chevalier* répondait : *Nous n'enseignerons jamais cela!* Et M. Darblay de répliquer : *Nous vous casserons aux gages!* — Michel Chevalier savait à quoi s'en tenir. En 1848, les socialistes avaient servi les rancunes protectionnistes. — Voir dans le *Journal des Économistes* do 1850, tome XXVI, page 321, sous ce litre : *Des attaques contre les professeurs d'Économie politique*, une lettre d'Adolphe Blanqui, qui dénonce le vœu du *Conseil général*

2° il y a entre les théoriciens et les praticiens un antagonisme bien autrement accusé sur le terrain de l'économie politique que sur celui du droit :

On entend généralement par praticiens d'une science ceux qui font profession d'en appliquer les principes. Or, quels sont ceux qui font profession d'économie politique? On serait en peine de le dire, ou plutôt il faut répondre : *tout le monde !* Il faut étudier les principes de l'économie politique en vue de toutes les professions (4) : agriculteur, manufacturier, commerçant, banquier, administrateur, homme d'État, en vue des affaires privées comme des affaires publiques. C'est comme si l'on demandait en vue de quelle profession faut-il étudier la morale? On pourrait dire qu'il en est de même du droit, car chacun de nous a intérêt à connaître les limites de son droit et du droit d'autrui, seulement, il y a ici quelque chose de beaucoup plus positif : la législation, le droit qui est écrit dans nos codes; et le plus ignorant des hommes ne sera pas en peine de répondre que les praticiens du droit sont : les magistrats, les avocats, les notaires, les avoués, les greffiers, les huissiers. Il y a des professions bien connues, nettement déterminées, toute une hiérarchie de fonctions qui vont depuis l'interprétation la plus délicate des lois jusqu'à une application quelque peu machinale et routinière (5).

(4) C'est ainsi que conclut justement Joseph Garnier qui a rédigé pour le *Dictionnaire des professions* (nouvelle édition) l'article *Profession d'Économiste*, lequel se trouve reproduit dans le *Journal des Économiste* d'avril 1880, page 65.

(5) A ce propos, je dois dire que j'ai sur le cœur l'assertion suivante d'un économiste dont je tiens généralement les appréciations en grande estime. « Il est clair que quatre ans de stage chez « un huissier donneraient à l'étudiant une instruction profession

Mais ce qui est plus intéressant à constater c'est la
nature de l'antagonisme qui existe entre théoriciens et
praticiens, suivant qu'il s'agit de droit ou d'économie
politique. En matière de droit, les prétentions du
praticien, de l'avocat, de l'homme d'affaires, à l'encontre du pur théoricien, ne dépassent générale-
lement pas certaines limites assez raisonnables, et le
débat ne cesse pas d'être courtois (6). L'avocat ne
conteste pas la doctrine du théoricien sur telle ou telle
disposition de la loi; il s'attache à saisir le véritable
caractère des faits d'une cause, à en dégager le fait
essentiel, qui lui donne sa physionomie propre, et qui
détermine le principe de droit qu'il faut lui appliquer,
et il soutient, non sans raison, qu'une longue pratique
des affaires est indispensable pour acquérir ce genre
de discernement. Il est en somme d'accord sur ce
point avec les jurisconsultes de tous les temps qui n'ont
cessé de répéter que le fait domine le droit, que la
moindre différence dans les faits peut entrainer la

« nelle très supérieure à celle qu'il peut recevoir à l'École de droit. »
M. Courcelle-Seneuil: *Nécessité d'enseigner l'économie politique
dans les Écoles de droit (Journal des Économistes* de juillet 1863,
page 7). — On raisonne évidemment dans l'hypothèse de quatre
années également bien employées tant chez l'huissier qu'à l'École
de droit. Or, après quatre années bien employées à l'École de
droit, il faudrait tout au plus huit jours de stage chez l'huissier
pour être en mesure de faire un parfait huissier. On sait assez
dans les Écoles de droit, ce que valent les candidats à l'examen
dit de *capacité*, qui ont noirci du papier timbré pendant plus ou
moins longtemps chez un huissier ou un avoué. Les huissiers ne
sont, après tout, que d'honnêtes commissionnaires.

(6) On n'entend plus guère aujourd'hui des avocats et des magistrats soutenir que l'étude du droit est inutile, qu'on l'apprend
suffisamment à force de plaider ou d'entendre plaider, que devant
les tribunaux tout se réduit à des questions de fait, et que, quant
à la doctrine et à la jurisprudence, les répertoires et les recueils
d'arrêts sont là.

plus grande différence quant au droit qui les régit : *ex facto jus hauritur ; minima differentia facti, maxima differentia juris.* Le magistrat, qui est le praticien par excellence, tiendra un raisonnement analogue à celui de l'avocat. Tandis que le pur théoricien se retranche derrière la rigueur des principes, le magistrat fera, chez nous, dans une très faible mesure, il est vrai, ce que le préteur faisait si largement à Rome : lorsque les textes n'y résisteront pas absolument, il leur donnera une interprétation restrictive ou extensive suivant que le commanderont les transformations opérées dans les conditions morales ou économiques de la société ; et ainsi, se formera la jurisprudence, l'interprétation judiciaire à côté de l'interprétation doctrinale (7).

Le pur théoricien est un savant ; l'avocat et le magistrat sont des artistes : ils se complètent réciproquement, et il n'est heureusement pas rare de voir les deux qualités réunies dans la même personne.

Les choses se passent autrement dans le domaine de l'économie politique. Ici, ce sont principalement les industriels, agriculteurs, manufacturiers, commerçants, qui se posent en représentants de la pratique économique, et on sait s'ils le prennent de haut avec les économistes. Il ne s'agit pas seulement de divergence sur certaines questions, ce qui n'exclut pas l'accord sur les principes : c'est le dénigrement, le dédain, le mépris pour de vaines théories. Certaines déclarations de principes antiéconomiques ont été de véritables déclarations de guerre. On s'est

---

(7) N'est-ce point la jurisprudence qui a organisé l'inaliénabilité de la dot mobilière, créé la théorie de la subrogation à l'hypothèque légale de la femme ?

attaqué aux personnes; les économistes ont été dénoncés comme les pires ennemis de leur pays, comme vendus à l'Angleterre, et on a demandé la suppression des chaires d'économie politique. C'est là une histoire trop connue pour qu'il soit besoin d'y insister. A ces violences de langage les économistes ont répondu qu'ils ne demandaient pas mieux que de compléter et de rectifier leurs théories par l'examen attentif des faits; que leurs théories étaient basées sur les faits, mais que des faits nouveaux pouvaient se produire ; qu'à ce titre, ils voulaient bien consulter les industriels comme le juge consulte *un expert*, mais en se réservant la décision du litige ; qu'ils entendaient notamment contrôler les déclarations des uns par les déclarations souvent contradictoires des autres, par la raison que chaque industriel, confiné dans son domaine, uniquement préoccupé de ce qu'il croit, souvent mal à propos, être son intérêt particulier, n'aperçoit pas la solidarité qui unit les différentes industries.

Il est encore une catégorie de praticiens de l'économie politique qui ne sont pas toujours d'accord avec les théoriciens, avec les économistes : je veux parler des hommes d'État, des politiques. Mais ceux-ci sont guidés par des considérations d'un ordre un peu différent; ils méritent une mention particulière qui sera mieux à sa place au chapitre XXI ci-après.

# CHAPITRE DIX-NEUVIÈME

De l'économie politique et du droit au point de vue de l'exposition
méthodique des principes. — L'exposition des principes de la
science du droit dégagée de l'explication des textes. — De l'enseignement de l'économie politique. De la valeur de cette assertion : *que l'économie politique n'est pas une science juridique.* —
Raisons pour lesquelles cet enseignement doit être placé à la
Faculté de droit. — Objections proposées par les économistes. —
Est-il vrai qu'il faille considérer la Faculté de droit uniquement
comme une école professionnelle ? — L'École de droit est l'école
polytechnique des citoyens.

Ce chapitre ne fait pas double emploi avec le chapitre XII, dans lequel j'ai traité de la méthode historique et de la méthode philosophique. Il s'agissait là de
la recherche des principes, de la construction même
de la science ; il s'agit ici de son exposition, de sa diffusion, on pourrait ajouter, par conséquent, d'une
question de moindre importance, s'il n'était vrai de
dire, avec *Bentham*, que, *pour certaines sciences, ce
qui les répand vaut mieux que ce qui les avance*, ce qui
doit s'entendre tout spécialement des sciences morales.

Bien des gens s'imaginent que l'enseignement de
l'économie politique ne ressemble en rien à celui du
droit, par la raison qu'ici l'on commente des textes posi-
tifs, tandis que là il s'agit d'établir et de coordonner
des principes plus ou moins contestables, ou au moins
contestés, et qu'aucune autorité n'impose. C'est là un
jugement superficiel qui repose sur l'éternelle confusion entre la législation et la science du droit, confusion contre laquelle j'ai, à diverses reprises, mis le

lecteur en garde. Sans doute l'explication des codes ou recueils de lois est la base de l'enseignement du droit; mais en quoi consiste cette explication, et à quoi aboutit elle? Elle n'a pas uniquement pour but d'établir clairement le sens de la loi, mais encore d'en rechercher les motifs, d'en faire voir la portée; et le résultat est une appréciation critique du texte, qu'on déclare plus ou moins conforme aux principes du droit. C'est là une formule familière aux jurisconsultes romains. « Il eût été conforme aux principes du droit « de décider de telle façon, mais par des raisons « d'utilité pratique on s'en est écarté. » *Sed alio jure utimur... Contra juris elegantiam utilitatis causa, receptum est.*

Qu'y a-t-il donc d'implicitement contenu dans l'explication de la législation actuellement en vigueur? Un cours complet de science du droit, un exposé des principes. D'ailleurs qu'est-ce que le texte même de la loi le plus souvent? Est-ce l'œuvre propre du législateur? Nullement. Lorsque la loi positive définit le contrat en général, ses conditions d'existence, ses effets; lorsqu'elle analyse les caractères et les effets de chaque contrat particulier; lorsqu'elle énumère les différents modes de preuve des faits juridiques, elle ne fait autre chose qu'enregistrer les principes les plus certains de la science du droit, consacrés par l'expérience des siècles, par les travaux des jurisconsultes et des philosophes; et, loin d'être l'expression d'un caprice législatif, elle n'est que la *raison écrite.*

Mais veut-on une exposition des principes de la science du droit dégagée de l'explication des textes? Qu'à cela ne tienne : rien n'est plus facile; et nous savons qu'on peut exposer le droit exactement comme l'économie en partant du même fait primordial, à savoir : *Les hommes sont faits pour vivre en société, et vivent en effet en société.* Là-dessus se posent en effet deux grandes questions : 1° Pourquoi les hommes vivent-ils en société? 2° Quelles sont les conditions de la vie en société? L'économie politique répond au moins en grande partie à la première question : Les hommes trouvent dans la société, dans la coopération, dans la division du travail, dans l'échange, le moyen de satisfaire plus facilement et plus abondamment leurs besoins. Le droit répond à la seconde question : Les hommes ne peuvent vivre en société qu'à la condition qu'un ensemble de principes certains règle leurs rapports de manière à mettre la liberté de chacun en harmonie avec la liberté de tous. La science du droit a pour objet la recherche de ces principes. Or, de même qu'en méditant sur cette donnée première : *Les hommes vivant en société cherchent à satisfaire leurs besoins avec le moindre effort possible,* on voit se dérouler, étroitement enchaînés les uns aux autres, tous les grands phénomènes économiques; de même, en partant de la donnée fondamentale que je viens d'indiquer, la réflexion arrivera de proche en proche à construire l'édifice entier de la science du droit : droit public, droit privé, droit international, droit civil et droit criminel, organisation judiciaire, compétence. Chemin faisant on se demandera ce que les diverses législations ont fait de tel ou tel principe de la science. Ce sera la méthode inverse de celle qui est généralement suivie : Au lieu de remonter des textes aux principes, on descendra des principes aux textes. Je n'entends pas proposer la substitution de cette dernière méthode à celle qui est en usage dans nos écoles; la législation est chose trop importante, trop vaste, embrasse trop de détails, pour qu'on n'en fasse que l'accessoire d'une étude abstraite du droit. On peut d'ailleurs combiner, et on combine en réalité les deux méthodes, lorsque, à côté des cours ayant pour objet l'explication des divers codes, on institue des cours d'introduction à l'étude de droit, d'encyclopédie juridique, de droit comparé, d'histoire générale du droit; ce sont nécessairement les principes de la science du droit qui sont l'objet de cette introduction, qui éclairent cette histoire, qui servent de base à toute comparaison.

Je suis tout naturellement amené à examiner ici une question qui a une portée bien plus grande qu'il ne semble au premier abord : *Où doit-on* (1) *enseigner l'économie politique ?* En effet, lorsqu'il fut question de comprendre l'économie politique dans les matières des examens de droit, l'illustre professeur de la Faculté de droit de Paris, M. *Valette*, objecta que l'économie politique *n'est pas une science juridique.* On voit qu'il s'agit bien là des rapports entre l'économie politique

(1) Je me tiens sur le terrain pratique, je ne remonte pas au déluge pour chercher si l'État doit ou non enseigner quelque chose. Dans ce temps-là, je parle du temps où M. Duruy allait introduire l'économie politique dans les Facultés de droit, M. Dupuit soutenait, à la société d'économie politique ( voir le *Journal des Économistes* d'octobre 1863, p. 463), que les économistes avaient tort de demander à l'État des chaires d'économie politique, à quoi *Joseph Garnier* répondait avec raison : puisque l'État enseigne; il ferait bien d'enseigner cela. Déjà, en 1845 , une députation de la société d'économie politique, composée de MM. H. Passy, Dunoyer, Horace Say, Renouard, de Lafarelle, Wolowski, H. Dussard, avait remis à M. de Salvandy une note à ce sujet.

et le droit. Il importe donc d'apprécier la valeur de cette
assertion et les conséquences qu'on voudrait en tirer (2).

*L'Économie politique n'est pas une science juridique!*
Mais, à ce compte, il n'y a qu'une science juridique : le
droit; à moins qu'on veuille considérer comme
sciences juridiques distinctes les différentes parties du
droit : droit public, droit civil, droit pénal, droit
commercial, procédure. Mais est-ce bien ainsi qu'il
faut entendre le programme des matières à enseigner
dans un même établissement d'instruction publique?
Est-ce que, à la Faculté des sciences, on n'enseigne
pas les mathématiques et les sciences naturelles qui
diffèrent si profondément dans leur objet et quant aux
aptitudes requises de ceux qui les cultivent? Est-ce
que, à la Faculté des lettres, on n'enseigne pas la litté-
rature proprement dite, l'histoire, la philosophie?
L'étiquette qu'on met sur la porte d'une faculté n'a rien
de sacramentel, et, dans les universités allemandes,
la faculté de philosophie comprend le double enseignement de nos facultés des lettres et de nos facultés
des sciences. On a reconnu la nécessité d'une large
diffusion des connaissances économiques, et on de-

(2) Il faut reconnaître que l'objection de M. Valette n'était pas
une fin de non-recevoir, et n'avait qu'une portée restreinte. Il ne
s'opposait pas à l'introduction de l'économie politique dans les
facultés de droit, mais il ne la voulait que comme enseignement
accessoire, non comme matière d'examen : « Il eût été préférable,
« disait-il, de ne pas l'ajouter au programme déjà très chargé des
« examens. L'économie politique est sans doute un intéressant
« objet d'étude, ce n'est pas une science juridique.» — Voir *séances
et travaux de l'Académie des sciences morales et politiques* (jan-
vier 1878). Il y a, dans cette histoire de l'enseignement de l'économie politique dans les facultés de droit, trois dates : 1° création
d'une chaire à la faculté de droit de Paris; 2° création de chaires
ou de cours dans toutes les facultés; 3° l'économie politique est
comprise dans les matières de l'examen.

mande où il convient de placer cet enseignement?
Il n'y a pas à hésiter : c'est à la faculté de droit, et j'en
donnerai deux raisons d'ordre différent :

C'est à la faculté de droit qu'on s'adressera, non pas
seulement à des auditeurs bénévoles qui imposent au
professeur la tâche parfois difficile de les charmer en
les instruisant, mais à des élèves sur lesquels on a une
certaine autorité, même en dehors de la sanction de
l'examen. Qu'on ne s'insurge pas trop contre le régime
des examens et des diplômes. Il faut accepter les
choses telles qu'elles sont; il ne faut pas attendre
une réforme complète de notre sytème d'instruction
publique pour inaugurer un enseignement nouveau
dont on a reconnu la nécessité :

> *Rusticus expectat dum defluat amnis, at ille*
> *Labitur et labetur in omne volubilis ævum.*

On n'obtiendra de résultats sérieux pour la diffusion
de la science économique que lorsqu'elle aura été
maintenue pendant un certain temps à l'état de discipline académique. Que l'on songe au nombre de
licenciés et de docteurs qui sortent chaque année de
nos écoles de droit, ayant suivi un cours complet
d'économie politique, dont ils profiteront d'autant mieux
à l'avenir qu'ils auront reçu une instruction préparatoire dans la classe de philosophie. Aucun enseignement ne se prête mieux que celui de l'économie politique à la division tripartite en instruction primaire,
secondaire et supérieure. Rossi déjà voulait qu'on
donnât quelques notions d'économie politique à l'école
primaire (3).

(3) A la distribution des prix du *Concours général* en août 1881,
M. Marion, professeur de philosophie au lycée Henri IV, s'expri-

Mais la principale raison, la raison péremptoire pour laquelle il faut enseigner l'économie politique à la faculté de droit, le lecteur l'a devinée, et ce livre tout entier semble n'avoir d'autre but que de l'établir : ce sont les étroits rapports qui existent entre l'économie politique et le droit. Il semble que je n'ai plus rien à dire à ce sujet ; j'insiste néanmoins sur quelques considérations d'un caractère un peu plus technique. Il n'est aucune partie de l'enseignement du droit qui ne trouve dans l'économie politique un complément, un auxiliaire. Il en est ainsi du droit civil, dans la matière de la propriété, des successions, des contrats. Mais qu'on interroge plus spécialement les professeurs de droit commercial et de droit administratif, et qu'on leur demande s'ils ne comptent pas positivement sur leur collègue de l'économie politique pour traiter au point de vue économique certaines matières qu'ils ne peuvent traiter qu'au point de vue législatif : Change, Crédit, Sociétés, Bourse, Finances publiques, Impôts. Que serait-ce si je parlais du droit industriel? Si l'on proposait d'introduire à la faculté de droit un cours de médecine légale, je comprendrais qu'on fît l'objection : Ce n'est point là une science juridique, et un pareil cours est mieux à sa place à la faculté de médecine, car c'est avant tout affaire d'anatomie, de physiologie et de chimie. Le médecin légiste comme le médecin aliéniste sont appelés devant les tribunaux à titre d'experts dont on discute les rapports sans que l'avocat et le magistrat puissent avoir la prétention de faire

mait ainsi : « A voir de quel cœur vous avez accueili les leçons « d'économie politique ajoutées pourtant à un programme déjà « bien chargé, on ne peut douter que l'innovation ne fût excel- « lente.»

par eux-mêmes une contre-expertise ; ils peuvent et doivent se déclarer incompétents sur ce point. Un jurisconsulte est-il bien venu à se déclarer incompétent sur une question économique ? Il parle sans cesse de propriété, de contrats, de crédit, de valeur, de prix : et il resterait étranger aux débats sur les fondements du droit de propriété ; il ne voudrait pas étudier la nature du crédit et les services qu'il rend à l'industrie et au commerce ; il se bornerait aux notions vagues ou fausses, qui ont cours sur la valeur et sur la monnaie ? Mais tout cela, c'est l'économie politique ; et j'ai trop bonne opinion des jurisconsultes, notamment de ceux qui font profession d'enseigner le droit, pour les croire capables de supposer que l'économie politique n'est pas une science, et qu'on la sait sans l'avoir apprise. Ne serait-elle qu'*un intéressant objet d'étude*, suivant la formule qu'affectionnent ses ennemis ou des amis un peu tièdes, encore faut-il l'étudier !

Si quelques jurisconsultes se sont émus de l'introduction de l'économie politique dans les facultés de droit,

*Quis novus hic nostris successit sedibus hospes?*

il faut reconnaître que plus d'un économiste s'est inquiété de voir cet enseignement confié à des jurisconsultes « qui, a-t-on dit, ne pourraient se défendre
« d'apporter dans cette étude et dans cet enseignement
« les habitudes d'esprit acquises dans leurs études
« antérieures. Ils se sont souvent attachés aux mots
« en négligeant les choses, et ont abusé de la subtilité
« qui fait si souvent dégénérer leurs travaux en casuis-
« tique. En un mot, au lieu de la traiter comme une
« science d'observation, ils l'ont traitée comme un texte

« livré aux interprétations et aux controverses (4). »

Quand on est en présence d'un texte qui s'impose, il faut bien l'interpréter, c'est-à-dire en établir le sens, l'esprit, la portée; il en sera autrement quand on sera en présence des principes qui heureusement n'ont pas été renfermés dans un texte officiel. Il ne faut pas trop dire de mal de la casuistique : elle représente précisément la méthode d'observation qu'on reproche aux jurisconsultes de négliger ; c'est l'examen des innombrables faits juridiques empruntés à la vie réelle, consignés dans les recueils de jurisprudence, qui donne au droit le caractère de science vivante, et qui est la source de tout progrès. Quant à la controverse sur les textes, elle est inévitable, et l'économie politique n'échappe pas à la controverse sur les principes et leurs applications. Les craintes étaient donc exagérées de part et d'autre. Un peu de trouble et de confusion est inséparable de toute innovation considérable, et, à tout prendre, j'aimerais mieux sur tout cela l'optimisme de Bastiat : « Qu'on enseigne l'économie politique comme « on voudra, où l'on voudra, et que l'on choisisse qui « l'on voudra pour l'enseigner, même le plus ignorant « des hommes, même le moins disposé à penser « comme les économistes, le résultat sera toujours « excellent pour tout le monde; car le professeur, « nouveau dans la science, étudiera nécessairement les

(4) M. Courcelle-Seneuil, *Des obstacles que rencontre la diffusion des connaissances économiques* ( *Journal des Économistes* de septembre 1875, page 319). Je dois faire remarquer que dans une note, à la page 312, le rédacteur en chef du journal fait ses réserves sur les jugements un peu sévères de son éminent collaborateur. Et ce rédacteur en chef était Joseph Garnier, qui n'était pas ennemi du *franc parler.*

« questions, et nécessairement il se rendra à l'évidence
« de ses lois, comme celui qui suit de déduction en
« déduction les théoriciens géométriques. »

Je termine sur ce sujet, par une considération d'une
haute importance, qui ne vise pas seulement les
rapports du droit avec l'économie politique, mais qui
porte sur tout notre système d'enseignement public.
Évidemment les personnes qui se faisaient scrupule
d'introduire l'économie politique dans les facultés de
droit, sous prétexte qu'elle n'est pas une science juridique, obéissaient plus ou moins consciemment à cette
préoccupation, que les facultés de droit sont, avant
tout, des écoles professionnelles destinées à former des
légistes, des avocats et des magistrats, et qu'on doit
en bannir tout enseignement qui ne tend pas à ce but.
Je pourrais répondre tout d'abord que, même en se
plaçant au point de vue de l'école professionnelle, la
conclusion n'est pas exacte, et c'est ce que je me suis
efforcé de démontrer en établissant les rapports
étroits qui existent entre le droit et l'économie politique ; mais est-il vrai qu'il faille considérer la faculté
de droit uniquement comme une école professionnelle ?
Je ne le pense pas (5). C'est tout au plus si l'on pourrait
considérer comme telles les écoles des mines, des ponts

(5) Telle est aussi l'opinion de M. Courcelle-Seneuil dans le
*Journal des Economistes* de juillet 1863 : *De la nécessité d'enseigner
l'économie politique dans les Écoles de droit*, page 7 : « Est-il vrai,
« en premier lieu, que les écoles de droit soient simplement des
« écoles professionnelles destinées à former des avocats et des
« magistrats ? On nous permettra d'en douter ? » Toutefois, dans un
autre article publié longtemps après : *D'un système d'enseignement rationnel* (*Journal des Economistes* d'octobre 1881, page 42),
M. Courcelle-Seneuil a écrit : « Nous ne saurions considérer
« comme *supérieur* l'enseignement *tout professionnel* des écoles de
« *droit, de médecine*, de celles où l'on prépare des ingénieurs de

et chaussées, de Saint-Cyr, d'artillerie du génie, dans lesquelles il s'agit de former des ingénieurs, des officiers d'infanterie, d'artillerie, des ingénieurs militaires. Je refuserais le titre d'école professionnelle à l'École polytechnique, dans laquelle on ne forme les élèves à aucune profession spéciale, et au sortir de laquelle on n'est bon qu'à aller dans une école d'application. L'École polytechnique est une école préparatoire pour tous ceux qui veulent entrer dans les services publics ou dans les industries privées qui exigent des connaissances étendues dans les sciences mathématiques et physiques. L'École de droit, avec un enseignement largement conçu, législation, philosophie, histoire du droit, droit public et droit privé, droit international, économie politique et tout ce qui s'y rattache, science des finances, droit industriel, est aussi une grande école préparatoire, non seulement pour une foule de professions déterminées, publiques ou privées, magistrature, administration, barreau, industrie, commerce, mais encore pour la conduite générale de la vie. On répète que le *droit mène à tout* : Je ne garantis pas que cette maxime ne soit à l'usage

---

« toute sorte, des militaires, des marins, etc.; toutes les profes-
« sions étant égales, devant la loi, l'enseignement professionnel
« n'est ni supérieur ni inférieur. » L'éminent auteur, s'est-il mis en contradiction avec lui-même en déclarant *tout professionnel* l'enseignement des écoles de droit? je ne le pense pas, l'école de droit dont il est ici question n'est plus la *Faculté de Droit*. D'après son *système d'enseignement rationnel*, que je n'entends pas discuter ici, et qui soulève bien des objections, il y aurait un double enseignement du droit : l'un dans le cours d'études de l'enseignement supérieur qui dure quatre années et dont la dernière est remplie par l'étude historique du droit; l'autre dans des écoles professionnelles destinées à former des légistes. Là on étudierait la philosophie et l'histoire du droit; ici, la législation.

que de personnes ayant un sentiment élevé du droit ;
mais cela signifie, dans le bon sens du mot, que
la connaissance du droit est indispensable à tous
ceux qui prétendent au gouvernement des hommes
dans une sphère quelconque, car le droit est la règle
de tous les rapports entre les hommes ; la justice
est la vertu sociale par excellence, et la conséquence
en est que *nul n'est censé ignorer la loi*. Il importe
que cette fiction soit, autant que possible, une réalité.
Quand on dit que l'École de droit est une école professionnelle pour former des avocats, des magistrats,
des légistes, on a oublié une profession, qui a bien
quelque rapport avec le droit et les lois ; la profession
de législateur, à laquelle tout le monde peut être
appelé. Or, quand même il serait vrai que le légiste
n'a rien à voir au delà du texte de la loi, qu'il est
chargé d'appliquer, qu'elle soit bonne ou mauvaise, il
en est un peu autrement du législateur qui a la mission de réformer les mauvaises lois et d'en faire de
bonnes, ce qu'il ne peut sans le secours de la
science du droit et de la science économique. Je dirais
volontiers que l'École de droit est *l'école polytechnique
des citoyens.*

# CHAPITRE VINGTIÈME

L'économie politique et le droit font cause commune contre le socialisme. — La *liquidation sociale* et la refonte radicale des codes. — Le socialisme proprement dit est à l'économie politique ce que l'équité est au droit. Distinction entre l'équité qui est le fondement du droit et l'équité capricieuse de tel ou tel individu. — Nécessité de formuler l'équité en règles de droit rigoureuses. — Le droit est un principe d'ordre; l'équité est un principe de désordre. — La théorie de l'*anarchie*.

Nous avons vu, au chapitre VIII, que l'économie politique et le droit sont, l'une et l'autre, la science de la justice. A ce titre, les deux sciences ont pour adversaires communs tous ceux qui prétendent substituer l'équité à la justice comme règle des rapports entre les hommes vivant en société. A la chimère socialiste d'une refonte de la société, d'une *liquidation sociale*, comme ils disent, laquelle serait suivie de la constitution d'une nouvelle société sur la base d'une justice parfaite, à cette chimère correspond cette autre chimère de ceux qui rêvent une refonte *radicale* de nos codes au point de vue d'une justice également plus parfaite qu'on appelle l'équité. Il est facile d'établir que cette équité et le socialisme ne sont qu'une seule et même chose, une doctrine antisociale pleine de contradictions et absolument impraticable.

Fixons-nous bien tout d'abord sur la terminologie. L'équité n'est pas le contraire du droit; elle en est le principe vivifiant. Quoi de plus équitable que d'exécuter les obligations qu'on a librement consenties? d'indemniser celui auquel on a causé un dommage?

d'annuler les actes faits par un débiteur en fraude
de ses créanciers? C'est donc l'équité qui est la base
de tous les principes établis par la science du droit
et de la plupart des règles sanctionnées par le législateur. Mais ceux qui opposent l'équité au droit, à
la loi, entendent que les principes de droit, les lois
édictées par le législateur, ne sont pas des règles
rigoureuses; que, comme toutes les règles, elles comportent des exceptions, et ces exceptions sont précisément tirées de l'équité. Or, qu'arrive-t-il? Ces
exceptions finissent par devenir si nombreuses que
la règle disparaît et ne sert plus de rien.

Je vais donner quelques exemples de la manière
dont on voudrait tempérer la rigueur du droit par
l'équité. Voilà une vente qui réunit toutes les conditions requises par le droit : accord sur la chose et
sur le prix, capacité des parties contractantes; mais
il est établi que la chose a été vendue plus ou moins
qu'elle ne valait : l'équité veut que le vendeur su-
bisse une diminution ou obtienne une augmentation
de prix. Il en sera de même dans un partage ou
l'un des copartageants n'aura pas obtenu une part
égale à celle des autres... On pourra appliquer le
même raisonnement à tous les contrats (1).

La prescription et l'autorité de la chose jugée ont
un même fondement et sont deux principes tutélaires
de toute société humaine. On ne peut pas remettre
indéfiniment en question si je suis ou non propriétaire,

(1) On peut remarquer que la plupart des dispositions législatives qui sont plus ou moins sévèrement condamnées par la
science du droit et par l'économie politique pèchent précisément
pour avoir méconnu les véritables principes du droit en vertu de
prétendues considérations d'équité.

si je suis ou non libéré d'une dette, si un jugement a
été bien ou mal rendu; car ici, comme en toute chose,
suivant une expression bien connue, *il faut en finir !*
Et c'est ce que Montesquieu a très bien dit : « L'ordre,
« le repos dans la société, se fonde non seulement sur
« ce qui est juste, mais sur ce qui est fini. » Mais on
réclamera au nom de l'équité. C'est très bien, dira-t-on,
si la prescription vient au secours du véritable propriétaire ou du débiteur réellement libéré en les dispen-
sant de faire une preuve dont ils n'ont plus les éléments
dans les mains; mais l'équité s'oppose à ce que la
prescription profite à un usurpateur ou à un débiteur
qui l'invoque sachant qu'il n'a pas payé.

Au nom de l'équité, on a protesté contre la maxime :
*La forme emporte le fond;* contre les formalités et les
délais prescrits à peine de déchéance et de forclusion.

Mais, en somme, comment entend-on substituer
pratiquement l'équité à la rigoureuse application des
règles du droit. Je ne vois qu'un des trois moyens
suivants : 1° rédiger des codes nouveaux, conformes
à ce que l'on prétend être l'équité ; 2° laisser subsister
les codes en autorisant, en enjoignant au juge de modifier le droit par l'équité; 3° supprimer purement et
simplement les codes et laisser au juge le soin de juger
d'après l'équité. Dans le premier cas, on aura encore
un code. C'est-à-dire un ensemble de règles auxquelles
le juge sera tenu de se conformer, et on en viendra
bientôt à élever contre ce code les mêmes objections
que contre l'ancien; ce sera encore le droit et non
l'équité. Le second et le troisième moyen se confondent : on arrive à la plus complète anarchie judiciaire. Les juges seront des jurés déclarant que, en

leur âme et conscience, le bon droit, c'est-à-dire,
l'équité, est de tel ou tel côté. Dans une pareille organisation judiciaire, il n'y a pas de place pour l'appel,
pas plus qu'en matière criminelle aujourd'hui : quelle
raison en effet de recourir d'un jury à un autre; ce
sont des tribunaux de même ordre, naturellement
souverains. S'il n'y a pas de degrés de juridictions;
encore moins y aura-t-il une Cour de cassation chargée
de maintenir l'uniforme application de la loi : il n'y a
pas de lois. On vivra dans la société sans connaître la
nature et l'étendue de ses droits et de ses obligations.
C'est en vain qu'on demandera à être éclairé sur les
conséquences d'un acte, d'un contrat ; la chose est
quelquefois délicate aujourd'hui, avec le texte précis
de nos codes, et on voit se produire des variations de
jurisprudence qui mettent en défaut la prévoyance
d'un homme d'affaires consommé. Que sera-ce lorsque,
au lieu de la loi, le caprice individuel, décoré du nom
d'équité, règnera seul. Ce ne sont pas seulement les
jurisconsultes, ce sont les peuples qui ont dit : *Dieu
nous garde des juges d'équité* (2).

Le droit est un principe d'ordre, la base de l'ordre
social ; l'équité est un principe de désordre. Qu'est-ce
en effet que le droit ? C'est aussi l'équité, mais l'équité
telle qu'elle est comprise par tous et qui se formule
en une règle absolue applicable à tous (3), qui assure
un traitement égal à tous. L'équité qu'on oppose au

(2) Le peuple romain n'attendait pas des décemvirs un code de
lois nouvelles plus équitables : il voulait surtout que le droit existant fût fixé par écrit et publié; qu'il ne demeurât point un mystère sacerdotal et patricien dont le magistrat pourrait user arbitrairement. C'est ce que firent les XII Tables.

(3) Le mot *æquitas*, et tous ceux qui en dérivent, signifient
proprement *égalité*, *uniformité*, dans les acceptions les plus variées

droit, c'est l'opinion individuelle du juge, quelque chose de vague, d'indéterminé, de variable ; c'est la sensibilité, l'humanité substituée à la justice. Où s'arrêtera-t-on dans cette voie ? Le plaideur pauvre et malheureux obtiendra gain de cause contre un adversaire heureux et riche ; on ne croira pas à la pureté des motifs qui auront déterminé le juge ; la société sera profondément troublée (4). Mais, dit-on, quand il s'agit d'introduire quelque amélioration dans la législation existante, c'est bien l'équité qu'on invoque ! Sans doute, mais cette équité n'est plus la capricieuse équité de tel ou tel juge, c'est la commune opinion, et elle est érigée en loi positive (5). Qu'y a-t-il au fond de tout socialisme ? Encore l'opposition entre le droit et l'équité. Qu'on ne parle pas de lois destinées à faire respecter la propriété, fruit du travail et de l'épargne, et la foi des contrats librement consentis. Toute propriété est une usurpation ; tout contrat est infecté d'un vice radical, car les parties ne traitent pas sur le pied de l'égalité. L'équité, la vraie justice dans la distri-

au physique comme au moral. Ainsi, égalité d'humeur : *summa animi æquitate*, dit Cicéron ; égalité de traitement entre deux personnes : *in æquo ponere aliquem alicui*, dit Tite-Live ; *Ex æquo discedere*, c'est maltraiter quelqu'un, ne pas le traiter comme les autres.

(4) *Christian Thomasius*, le célèbre professeur de *Halle* et de *Leipzig* (1665-1728), appelait cette capricieuse équité : *æquitas cerebrina*, c'est-à-dire qui varie avec la cervelle de chacun. Il avait écrit un traité : *De æquitate cerebrina*.

(5) Les Romains opposaient l'équité au droit ; mais il faut savoir ce qu'ils entendaient par là, et comment ils procédaient pour corriger le droit par l'équité. Rien n'était abandonné au caprice du juge. Lorsque dans un contrat de droit strict, un débiteur avait été victime d'un dol ou d'une violence, le préteur lui accordait une exception, c'est-à-dire qu'il enjoignait au juge de ne pas le condamner, s'il constatait les faits du dol ou de violence. Le préteur faisait office de législateur : cette équité c'était la loi, le droit.

bution de la richesse, ne peut émaner que d'une
autorité supérieure, naturellement infaillible. On sait
où cela conduit.[1] Dans cette recherche d'une parfaite
justice, si modestes que soient au début les prétentions, on arrive à la production et à la distribution de
la richesse par l'état, au communisme. Les docteurs du
socialisme, ceux qui se piquent de science, qui visent
à développer les *ferments scientifiques* qu'ils ont, disent-
ils fièrement, déposés au sein des masses, n'arrivent
pas de plein saut au communisme. Ils parlent encore
d'une science économique, d'une science du droit;
seulement ils veulent faire pénétrer dans la science des
principes nouveaux : la solidarité, la fraternité, l'égalité, prises à la lettre ou dans leur plus mauvais sens.
Ils veulent appliquer à la société la loi de la famille,
dans laquelle on donne à chacun, non pas suivant
ses mérites, mais suivant ses besoins. Ils entendent
corriger les injustices de la nature et du sort. Sans
doute, disent-ils, il est juste que chacun recueille le
fruit de son travail; mais est-ce bien le travail qui est
récompensé par le succès? C'est ce qu'il faudrait
rechercher dans chaque cas particulier. La véritable
cause de succès, ce sont des talents naturels ou
acquis par une éducation privilégiée; c'est la chance,
l'aveugle fortune qui favorise une entreprise mal
conçue et fait échouer les plus sages combinaisons.
Tout n'est que heur et malheur; tout dépend des conjectures. Et voilà la fameuse théorie des *conjectures*
qu'il faut faire entrer comme élément nouveau dans le
problème de la distribution de la richesse. Voilà une
nouvelle conception de l'équité, qui dépasse tout ce
qu'on a pu imaginer dans ce genre. Évidemment ce

calcul des *conjectures* échappe à toute loi, à toute règle, et
même à toute appréciation circonstanciée abandonnée à
un juge quelconque ; et on s'en tire avec le communisme,
le collectivisme, le mutuellisme ou le garantisme.

Les socialistes naïfs, aussi bien que les socialistes
doctrinaires, arrivent donc forcément au communisme ;
mais s'ils croient s'être soustraits par là à l'empire du
droit et des lois, ils se trompent fort. Le communisme
ne pourrait fonctionner que sous l'empire du plus
rigoureux des droits : la suppression de toute liberté
individuelle au profit d'une autorité souveraine,
absolue, irresponsable. Il n'y aurait plus de droit
privé, mais seulement un droit public contre lequel
l'individu demeurerait sans autres garanties que l'esprit
de justice, d'équité, de modération, de fraternité, et de
toutes les vertus qu'il est plus facile de décréter que
de pratiquer, et à ce droit nouveau, à cette économie
politique nouvelle, il faudra une autre définition. J'ai
dit que le droit et l'économie politique étaient, dans des
sphères différentes, la science de la liberté. La nouvelle science sociale ne sera plus que la science de l'esclavage, l'art de gouverner des multitudes asservies (6).

Les divagations de certains orateurs *révolutionnaires anarchistes* font sourire les docteurs du socialisme à prétentions scientifiques, et pourtant ces anarchistes sont seuls conséquents ; seuls ils sont dans la
vérité socialiste... Je dis vérité comme je dirais erreur

---

(6) « Si l'on voulait remplacer le ressort intérieur, l'intérêt par un
« service administratif, il faudrait établir une organisation qui ne
« se distinguerait pas sensiblement de celle de l'esclavage, et qui,
« en outre, aurait le tort impardonnable d'être infiniment moins
« efficace. » M. Maurice Block : *Les deux écoles économiques*
(*Journal des Économistes* de juin 1877, page 337).

ou chimère; seuls ces anarchistes ont conçu le véritable idéal socialiste. Leur *anarchie* n'est en effet
qu'une harmonie transcendante, infiniment supérieure
au misérable *modus vivendi* que les sciences du droit
et de l'économie politique tendent à réaliser péni-
blement. Les socialistes vulgaires ont simplement rêvé
de réaliser le mythe de cet Amphion dans les mains
duquel les accords de la lyre *phrygio-lydienne* avaient
une telle puissance, qu'ils ne domptaient pas seulement les animaux et transportaient les cœurs des
mortels ravis, mais encore remuaient les pierres qui
venaient d'elles-mêmes se ranger en assises régulières
pour former les remparts des villes naissantes. Mais,
on le voit, à cette harmonie sociale qu'on nous promet,
à ce concert ineffable, il faut un chef d'orchestre. Les
théoriciens de l'anarchie le suppriment et ils comptent
bien trouver cette loi, ce principe immanent d'ordre et
d'harmonie auquel les hommes se soumettront en quelque sorte inconsciemment, comme les corps célestes
obéissent à la loi de la gravitation. Leur idéal social
n'est pas un concert humain dans lequel quelques
défaillances peuvent toujours se produire; c'est bien
plutôt un de ces ingénieux mécanismes dans lequel
un invisible ressort fait mouvoir un cylindre qui redit
éternellement les mêmes mélodies avec une infaillible
et désespérante précision.

Ai-je besoin de dire que cette loi de l'harmonie
*anarchique*, on ne la trouvera point, parce qu'elle serait incompatible avec la nature de l'homme, être intelligent et libre? L'économie politique et le droit sont
d'accord pour repousser ces chimères antisociales, au
nom de la raison, de la justice, de la liberté.

# CHAPITRE VINGT-ET-UNIÈME

L'économie politique, le droit et la morale. — La morale spéculative et la morale pratique. — Il n'y a pas d'opposition entre le
droit et l'économie politique, d'une part, et la morale, d'autre
part. — Il ne faut pas laisser envahir le domaine de l'économie
politique et du droit par la morale. — Impossibilité de faire
passer toute la morale dans un code. Ce n'est pas ainsi que le
progrès s'accomplira, mais par un plus grand empire que la
morale prendra sur les âmes. — Avec la complexité toujours plus
grande des rapports sociaux, les inspirations de la conscience
sont insuffisantes pour indiquer où est la justice.

L'objet de ce livre est, à proprement parler, un
essai de synthèse partielle des sciences morales com-
prenant l'économie politique et le droit. Mais qui ne
voit que rechercher les rapports de ces deux sciences
avec une troisième, c'est encore étudier les rapports
du droit avec l'économie politique? Ce troisième
terme que je veux faire entrer en ligne de compte,
c'est la morale (1). Il ne s'agit point ici d'une de ces
ambitieuses synthèses qui ont la prétention de rame-
ner tous les phénomènes du monde physique, intellectuel et moral, à une même loi, à de simples modifications de la force et de la matière ; de réduire à
un principe unique les choses qui, jusqu'à ce jour,
ont été tenues généralement pour irréductibles les
unes aux autres; et de formuler en un mot, *volonté*,
*force*, ou *idée*, la solution de la grande énigme de l'u-
nivers et de la destinée humaine. Je ne crois pas non

(1) Pour des raisons qui y sont expliquées, c'est dans le chapitre
suivant, dans la conclusion, que je me réserve de parler de la politique, considérée soit comme art, soit mme science.

plus nécessaire, pour l'objet que je me suis proposé, de disserter longuement sur les fondements de la morale ; d'abord parce que la question a été suffisamment débattue et élucidée ; ensuite parce que la diversité des opinions en matière de morale théorique ou spéculative ne me paraît pas avoir sur la morale pratique une influence aussi grande qu'on pourrait le croire. On est tout d'abord effrayé quand on entend parler de morale du plaisir, de morale de l'utile, de morale de l'intérêt ; mais il y a tant de manières d'entendre le plaisir, l'utile et l'intérêt ! Épicure n'entendait pas le plaisir comme Aristippe ; le plaisir consistait pour lui dans l'absence de la douleur, et pourquoi le remords qui est la conséquence d'un acte immoral, ne serait-il pas la plus cruelle des douleurs ? On peut faire le même raisonnement quant à l'intérêt personnel, que l'utilitarisme considère comme le mobile d'action, comme le seul principe de la morale ; l'intérêt bien entendu ne se confondrait-il pas avec l'honnête ? Mais la principale raison pour ne pas attacher trop d'importance à la morale spéculative, c'est que, par une heureuse contradiction, ceux qui font profession d'une morale dont les principes devraient engendrer des conséquences funestes, pratiquent en réalité une tout autre morale, qui ne diffère pas essentiellement de celle que pratiquent ceux qui professent des principes tout différents, et que, par une fâcheuse réciprocité, des personnes qui font théoriquement profession de la morale la plus pure, sont loin d'y conformer tous leurs actes (2).

(2) C'est encore un abus de la morale spéculative d'engendrer le fanatisme, en poussant à bout un principe de morale. Il y a là

Les moralistes utilitaires ont beau s'insurger contre les mots de *conscience, de sens moral, d'équité naturelle,* ils n'en reconnaissent pas moins dans l'homme une inclination naturelle à distinguer le bien du mal, et ils se bornent en réalité à discuter sur l'origine de cette inclination. S'ils nient la conscience morale, le sens moral, c'est qu'ils les confondent avec la notion du bien et du mal, et, comme ils voient cette notion varier dans l'histoire, ils disent que le sens moral n'est qu'une illusion. C'est confondre la faculté de connaître avec la connaissance. L'homme a débuté par des notions fausses en toute chose; il n'en avait pas moins l'intelligence, la raison, la faculté de connaître. La vérité morale n'échappe pas à cette loi. La science morale n'est pas un instrument de précision fonctionnant invariablement depuis l'origine du monde. Et, à ce propos, je ferai remarquer que les moralistes utilitaires, qui affichent des prétentions à l'esprit pratique, se trompent du tout au tout, quand ils veulent substituer au sens moral une sorte de *machine à calculer* basée sur leur *arithmétique morale,* dont le maniement serait infiniment plus compliqué et délicat que les opérations du sens moral. Les hommes n'ont pas eu de moins fausses notions sur l'utile que sur l'honnête. Les pratiques économiques les plus détestables, les législations barbares, les abominations commises au nom de la morale, attestent la réalité d'une science économique, d'une science du droit, d'une science de la morale,

comme une idée fixe qui dégénère en véritable folie ou monomanie. Quand on s'est dit que la vertu par excellence consiste à mépriser la douleur, on arrive à la rechercher comme un bien, à se l'infliger volontairement; mais l'ascétisme n'est pas la vertu.

car c'est au nom de ces sciences que nous condamnons aujourd'hui tout cela. C'est toujours la loi du progrès intellectuel et moral, de la perfectibilité humaine.

Il s'agit de constater et de caractériser les rapports qui existent entre la morale, l'économie politique et le droit ; et je constate tout d'abord que la morale est une science, et pas seulement un *art*, un *art disciplinaire*, comme on l'a écrit (3). La morale est une science qui a pour objet la distinction du bien et du mal, comme le droit a pour objet la distinction du juste et de l'injuste. Ce qui est vrai, c'est que, à côté de la science, il y a un art, qu'on peut très bien appeler un art disciplinaire ; car il a pour objet d'inculquer dans la conscience les principes de la morale, de faire l'éducation de la conscience, en lui offrant un code de morale à méditer. C'est ainsi que tout système religieux est avant tout une discipline morale, une législation morale placée sous l'autorité d'un dogme : C'est un code de morale, une morale positive, comme il y a, à côté de la science du droit, une législation, un droit positif, destinés à faire pénétrer les règles du droit dans les intelligences rebelles aux principes généraux de la science. On peut même dire qu'il y a une légis-

---

(3) Voir le chapitre III, note 6. Voici la phrase même de M Courcelle-Seneuil qui complète la citation page 232 : « Il y a des « applications de l'économie politique dans la politique (scientifiquement comprise) et dans *les arts disciplinaires* qui sont la « morale et le droit ; Il y en a aussi dans le commerce. Les premières consistent à donner la raison d'existence des arrangements sociaux, à étudier les améliorations dont ils pourraient « être susceptibles. Les autres, à porter les mêmes lumières dans le « droit, dans la morale et dans le commerce. » Il me paraît que *Droit* est ici pour *Législation*, et *Morale* pour *Code* de morale ; on pourrait dire pour législation morale.

lation coutumière en matière de morale : C'est l'opinion dominante à une époque (4). Voilà le domaine de
ce qu'on a pu appeler l'art disciplinaire en matière de
morale. La morale est, comme l'économie polititique
et le droit, la science de la liberté; car, si elle a pour
objet immédiat la distinction entre le bien et le mal,
elle suppose chez l'homme la faculté de choisir entre
les deux, c'est-à-dire la liberté. Toute liberté implique l'idée de responsabilité, de sanction.

J'ai indiqué, au chapitre VI, la différence qui existe
entre la sanction des enseignements de l'économie
politique et la sanction des règles du droit. La sanction
des préceptes de la morale est la satisfaction qu'on
éprouve quand on a fait le bien, le remords qui suit
une mauvaise action, et, suivant les cas, l'estime ou
le mépris public. La morale suppose chez celui qui se
conforme à ses préceptes l'amour du bien, la vertu ;
l'amour de la justice est aussi une vertu, mais on peut
se conformer aux règles du droit sans aimer la justice,
uniquement parce qu'on pourrait y être contraint par
une coercition extérieure.

Ce qu'il importe d'établir, c'est : 1° qu'il n'y a pas
d'opposition entre le droit et l'économie politique,
d'une part, et la morale, d'autre part; 2° qu'il ne faut

(1) C'est ce que M. Courcelle-Seneuil a parfaitement mis en
lumière dans un article postérieur à celui qui est cité à la note
précédente : *La morale rationnelle (Journal des Economistes* de jan-
vier 1880, p. 25). « La sanction de l'opinion (de l'opinion réelle, s'en-
« tend) pénètre l'individu et l'atteint jusqu'au plus intime de sa
« pensée et de ses sentiments; c'est elle qui forme la con-
« science morale; il ne peut échapper à cette étreinte que par
« moments. » Et l'auteur cite à propos le mot de Pascal: « Quelque
« possession que quelqu'un ait sur la terre, quelque santé ou
« commodité essentielles qu'il ait, il n'est pas satisfait, s'il n'est
« dans l'estime des hommes. »

pas laisser la morale envahir le domaine de l'économie politique et du droit (5).

Il ne saurait y avoir d'opposition entre les sciences du droit et de la morale. Qu'est-ce en effet que le droit? C'est un minimum de morale imposé dans l'intérêt de l'ordre social qui ne pourrait subsister si tous les préceptes de la morale pouvaient être impunément violés par des gens que n'arrêterait pas la pure sanction morale, le remords et le mépris public. La science du droit ne commandera rien d'immoral : il peut en être autrement d'une législation; mais cette législation sera condamnée aussi bien par le droit que par la morale. Mais, dira-t-on, le droit ne commande pas tout ce que la morale commande; il ne défend pas tout ce que la morale défend ! C'est là une tout autre question : Le droit ne commande pas, mais il n'empêche pas qu'on se soumette à ce précepte de la morale ; le droit n'interdit pas, mais il n'empêche pas qu'on s'abstienne de ce qui est défendu par la morale. Ce qui est vrai, c'est qu'il pourra s'élever entre jurisconsultes et moralistes une controverse sur la question de savoir si un commandement ou une défense édictés au nom de la science du droit ne sont pas contraires à la

(5) C'est ce que les philosophes sont trop portés à faire. Ainsi le livre de Th. Jouffroy, *Cours de droit naturel*, serait bien mieux intitulé : *Cours de Morale*. Dans sa première leçon, tome I, page 8 (4e édition), l'auteur s'exprime de la manière suivante : « L'homme « soutient dans ce monde quatre grandes relations principales : « la première avec Dieu, la seconde avec lui-même, la troisième avec « les choses animées ou inanimées qui peuplent le monde, la qua- « trième enfin avec ses semblables. Aussi a-t-on cherché de tout « temps quelles sont les règles de la conduite humaine et divisé « en quatre recherches correspondantes toute la science du *droit* « *naturel* ou de la *morale appliquée*. » Peut-être tout cela est-il simplement affaire de terminologie, car Jouffroy vient de dire :

loi morale ; mais il se peut que sur cette question les moralistes eux-mêmes ne soient pas d'accord. Le juris-consulte peut se tromper comme le moraliste ; mais la justice ne saurait être immorale, même lorsqu'elle est imparfaite.

Je cherche en vain une opposition entre l'écoonmie politique et la morale. Lorsque, au nom de la morale, on essaye de faire le procès de l'économie politique, on tient le même langage que ces socialistes qui parlent sans cesse de cruelles lois économiques, de telle ou telle loi d'airain. Une opposition contre l'éco-nomie politique et la morale se conçoit encore moins que entre la morale et le droit : ici, en effet, on pour-rait à la rigueur redouter une opposition puisqu'il s'agit de rechercher des règles de conduite qui seront imposées aux hommes vivant en société ; mais, suivant une formule bien connue, l'économie politique *n'im-pose rien, ne propose même rien ; elle expose*. Le mora-liste déplorera que le travail de l'homme soit employé à la satisfaction des besoins immoraux ; l'économiste n'y contredit point. On dira qu'il est injuste et immo-ral de tant payer une danseuse quand un savant illustre gagne à peine de quoi vivre. C'est possible,

« Quelles sont les règles de la conduite humaine? Cette question « est celle-là même qui fait le sujet de la science du droit naturel, « en prenant ce mot, mal fait mais consacré, dans son acception « la plus étendue. » Plus loin en effet il explique comment le droit naturel peut être considéré comme « n'embrassant que « cette partie des règles de la conduite humaine qui, en imposant un « de voir à l'un, créent chez l'autre un droit corrélatif. » Mais il me paraît peu exact lorsqu'il ajoute : « D'autres, enfin, prenant le mot « *droit* dans un sens encore plus étroit, c'est-à-dire dans le sens « technique des écoles, n'appelleront *droit naturel* que la partie « des règles de la conduite humaine découvertes par la raison « qui correspond au droit positif proprement dit. »

mais comment y remédier ? C'est l'effet de la liberté,
de la libre concurrence, contre laquelle l'économie
politique et le droit se déclarent impuissants, d'autant
mieux que le remède serait pire que le mal. On paye
la danseuse et on l'applaudit ; on honore le savant.
Peut-être aussi le savant éprouve-t-il une satisfaction
intérieure que la danseuse ne ressent point : voilà
la morale. Tout a été dit là-dessus (6), et, au lieu de
parler d'une opposition qui n'existe pas, il vaut bien
mieux mettre en lumière l'appui réciproque que se
prêtent les trois sciences morales : Quelques exemples
suffiront(7).

Enfermer des enfants en bas âge dans une usine, les
condamner à un travail au-dessus de leurs forces et
arrêter ainsi leur développement physique et intellectuel, est un attentat réprouvé par la morale, par l'humanité. Le droit y verra un attentat à la liberté, un
abus de la puissance paternelle, et si l'on allègue que
l'enfant a consenti, il faudra répondre qu'il n'a pas de
capacité juridique. Pour l'économiste il y a là un acte
de prodigalité, de gaspillage des forces économiques,
la destruction dans son germe du plus précieux des
capitaux. Chacun admet les conclusions des autres et
met un nouveau poids dans la balance. Il est vrai
que, si un industriel avide, peu soucieux de la prospérité publique, fait ainsi travailler des enfants, bien des
gens ne manqueront pas de dire : voilà le fruit des
enseignements de l'économie politique ! Rendre ce
qu'on vous a prêté, c'est le principe de morale le plus

---

(6) Baudrillart, *des Rapports de l'économie politique et de la
morale*, 2ᵉ *édit.*, 1883. Marco Minghetti : *Della economia pubblica,
e delle attinenze colla morale et col diritto*.

(7) J'ai déjà touché à cette question au chapitre V.

élémentaire, *l'impératif catégorique* par excellence.
La science du droit le confirme en vertu de son principe propre de justice. L'économiste ajoutera que celui
qui n'exécute pas ses obligations perd son crédit, et
que toute production de la richesse serait impossible si les hommes no pouvaient compter sur les engagements qu'ils prennent les uns envers les autres.

  Mais ce que j'ai surtout à cœur d'établir, c'est qu'il
ne faut pas laisser envahir le domaine de l'économie
politique et du droit par la morale : là est en effet le
danger. L'économie politique et le droit ne menacent
nullement la morale, et les intérêts moraux de l'humanité
sont incontestablement les premiers de tous; tandis que,
au nom de la morale on attaque l'économie politique et
le droit. Mais quel mal y a-t-il à cela, et comment cela
peut-il constituer un danger? Tout d'abord parce que
la chose est irréalisable, et qu'une pareille expérience
faite sur la société entraînerait les plus grands maux.
Quelle est en effet cette morale au nom de laquelle on
prétend renverser l'économie politique, comme on
abroge une disposition législative? Pour les uns, cette
morale n'est autre chose qu'une meilleure justice
dans la répartition de la richesse : plus de propriété,
plus de libre convention, distribution de la richesse
par voie d'autorité. Cela mène droit au communisme.
Pour les autres, cette morale, c'est la charité, la bienfaisance. Je comprends la charité et la bienfaisance
comme appoint, mais il est puéril de vouloir organiser
la société sur la base de la gratuité des produits et des
services. Ce ne pourrait être qu'une autre forme du
communisme, le communisme chrétien. Ce dernier
communisme n'a toutefois jamais été conçu comme

applicable, si ce n'est par des communautés restreintes, et dans des circonstances exceptionnelles, et les plus véhémentes déclamations des Pères de l'Église contre la richesse et la propriété n'étaient qu'un moyen d'imposer aux riches l'aumône comme un devoir rigoureux (8).

L'économie politique et le droit sont solidaires dans ces attaques qui sont dirigées toutes contre la liberté, qui est le fondement commun de l'une et de l'autre science. On veut renverser l'organisation actuelle, l'ordre *naturel et essentiel* de la société, et l'on s'attaque au droit, à la liberté, à la justice, à la loi humaine à laquelle on entend substituer la loi morale. Mais mettre la morale à la place du droit, cela suppose que toute la morale pourrait passer dans la législation, et qu'on aurait ainsi un code ordonnant tout ce qui est bien et défendant tout ce qui est mal, et cela sous une sanction pénale. Quel est le législateur qui se chargerait de rédiger un pareil code? Le droit et la justice ont des limites, la morale n'en a pas. Le Décalogue et le Sermon sur la Montagne ne suffisent pas pour le gouvernement de la société. Mais la difficulté de l'entreprise n'est rien en comparaison de ses dangers. Ceux qui se proposent pour la tenter, pour réaliser ici-bas la cité céleste (9), pour *avancer le règne*

(8) Voir les textes nombreux rassemblés par Paul Janet dans son *Histoire de la philosophie morale et politique*, tome I, livre II, chapitre I : Morale politique et chrétienne. Quoi que j'en aie dit, il est certain qu'on peut tirer de ces textes tout ce qu'on veut.

(9) L'ordre divin dans la société, *die gœttliche Ordnung*, est le mot qui revient sans cesse sous la plume de *Frédéric Stahl* dans son *Histoire de la philosophie du droit* (*Geschichte der Rechts Philosophie*, 2° édition 1847). Stahl a été le théoricien de la monarchie patriarcale et de droit divin en Prusse, sous le feu roi, comme Bossuet. dans sa

*de Dieu sur la terre*, ne sont pas précisément les âmes pieuses, les pacifiques ; ce sont des esprits systématiques, passionnés qui, dans des camps différents, au nom de la philosophie morale du sentiment ou de la religion, veulent faire triompher bien plutôt un dogme qu'une morale, et cela par les mêmes moyens. Les jacobins de 1793 voulaient faire régner la vertu par le même moyen que l'Inquisition employait pour affirmer les âmes dans la foi : *la terreur*. Ce ne serait pas là seulement une tyrannie insupportable, ce serait la ruine de toute morale, car la vie morale suppose la liberté :

*Et propter vitam vivendi perdere causas.*

Une société ou règne le droit, la justice par la liberté, est le terrain le plus favorable aux progrès de la morale (10).

Ce n'est point par la transformation des préceptes de la morale en règles de droit que le progrès s'accomplira, mais au contraire par un plus grand empire que la morale prendra sur les âmes et qui rendra toujours moins nécessaire l'empire du droit et de la

*Politique tirée de l'Écriture sainte*, avait été le théoricien de la monarchie absolue de Louis XIV. Il y a toutefois progrès de l'un à l'autre. Pour Stahl, l'ordre social fondé sur la liberté et la justice comme nous l'entendons, est insuffisant ; c'est un état purement négatif, un *mécanisme* sans vie ; il veut un *organisme vivant*, résultant de l'union intime du roi et du peuple, mais sans subordination du premier. C'est ainsi que dans l'ouvrage cité (page 339), tout en rendant un hommage éclatant au génie de Montesquieu, il reproche à sa théorie politique « de n'être qu'un mécanisme dans le-« quel les rapports du prince avec le peuple sont dépouillés de tout « ressort moral. »

(10) On ne rencontre que des doctrines généralement correctes dans le livre de M. Alfred Fouillée : *L'idée moderne du droit en Allemagne, en Angleterre et en France*, et il a fait justement honneur à la France d'avoir donné au monde la véritable notion

coercition extérieure qu'il comporte. Il semble qu'on pourrait prévoir, dans l'avenir le plus lointain, un moment où le droit disparaîtrait pour ne laisser en présence que l'économie politique et la morale. C'est là une illusion que ne permettent pas l'imperfection de notre nature et la complexité toujours plus grande des rapports sociaux, au milieu desquels, avec la meilleure volonté, il n'est pas facile de savoir où est la justice si l'on ne prend conseil que des inspirations de la conscience. On pourrait appliquer ici un mot qui a été dit pour ces suprêmes résolutions qu'il faut prendre dans ces circonstances, « *où le difficile n'est pas de faire son devoir, mais de savoir où il est.* »

du droit. Mais je regrette que, dans un ouvrage postérieur, *La science sociale contemporaine*, l'éminent philosophe ait écrit le chapitre V, intitulé *la Fraternité et la Justice réparative*. L'auteur va loin, et d'autres ne manqueront pas d'aller encore plus loin avec cette justice *réparative*. Il ne faut pas introduire cette idée dans la science du droit. Cela rappelle par trop la théorie de la *Conjoncture* de Ferdinand Lassalle et autres socialistes d'outre-Rhin.—Voir mes livres: *Épargne et capital*. chapitre XXX, note 5.—*Du rôle de l'État dans l'ordre économique*, chapitre XXVII, note 8 ; et mon *Cours analytique d'économie politique*, chapitre XLIII.

Conclusion. Un essai de synthèse des sciences sociales : l'économie politique, le droit, la morale, la politique. — Du gouvernement de la société. En quoi consiste l'exposé des motifs d'un
projet de loi.— La morale et l'économie politique sont au droit
ce que la physique et la chimie sont à la mécanique. — La
politique comme science et comme art. — Le rôle de l'homme
d'État en présence du philosophe moraliste et de l'économiste.
La science pure ne voit que la vérité ; l'homme d'État se préoccupe du succès. L'économie politique et le droit forment la
base de la philosophie pratique à l'usage des hommes d'État.

Je veux essayer de renfermer dans une brève
formule le résultat de cette étude, sans me dissimuler
que cette formule, comme toute définition, n'aura une
signification un peu nette que pour le lecteur qui aura
bien voulu me suivre jusqu'ici à travers une série de
déductions provoquées par la diversité des aspects sous
lesquels je me suis attaché à présenter la question.

Après m'être occupé des rapports entre l'économie
politique et le droit, j'ai, dans le chapitre précédent,
mis ces deux sciences en présence de la morale. Je
dois maintenant faire intervenir un quatrième terme,
la politique considérée soit comme science, soit comme
art. L'objet essentiel de cette conclusion est d'établir
les rapports qui existent entre ces quatre termes, et
d'arriver ainsi à une plus complète intelligence des
rapports entre l'économie politique et le droit.

La politique, en tant que science, est la science du
gouvernement de la société. Le politique ou homme
d'État, dans lequel se personnifie le gouvernement, au

même titre que le moraliste, l'économiste et le jurisconsulte, sont les représentants des trois autres sciences
morales. Nous pourrons donc, dans le débat qui va
s'engager, mettre en scène indifféremment la science
ou son représentant.

Qu'est-ce que gouverner la société? Cela revient à
démontrer quel est le but, la cause finale de la société?
Ce but, c'est le développement moral et physique, le
plus complet possible des membres de la société.

Comment gouverne-t-on la société? Par des lois.
Faire de bonnes lois et veiller à leur exécution; maintenir ainsi l'ordre, la sécurité, voilà à quoi se réduit,
en somme, la science des gouvernements. Il ne s'agit
pas de *beaucoup gouverner*, mais de bien gouverner;
de faire beaucoup de lois, mais de bonnes lois. C'est la
grande question des limites de l'intervention de l'État,
que je n'ai pas à examiner ici.

Comment fera-t-on les meilleures lois? Évidemment
en s'inspirant des enseignements de la morale, de
l'économie politique et du droit. Qu'est ce que l'exposé
des motifs d'une loi, sinon un ensemble de considérations tirées de ces trois sciences ? Que peut-on
demander de plus à une loi, que de ne pas être contraire
à la morale et à la justice, et de favoriser le développement de la richesse publique? Satisfaction est ainsi
donnée à tous les intérêts généraux de la société, à
tous les intérêts des individus.

Précisons la nature du concours que chaque science
apporte dans l'œuvre commune. Nous arrivons à la
conclusion suprême, à la formule irréductible des
rapports entre l'économie politique et le droit. La
morale trouve place dans cette formule à côté de l'éco-

nomie politique. Je dirai donc : *La morale et l'économie politique sont au droit ce que la physique et la chimie sont à la mécanique.* Les sciences naturelles nous révèlent des forces qui résident dans la nature, pesanteur, élasticité des gaz, électricité ; les sciences mathématiques, la mécanique, en formulent les lois, en calculent les effets, s'en emparent, les dirigent les transforment, et, par des combinaisons ingénieuses, les mettent au service de l'industrie. Dans la nature, ces forces déchaînées, abandonnées à elles-mêmes, peuvent produire de redoutables perturbations ; disciplinées sous la main de l'homme armé de la science, elles présentent le spectacle de l'ordre, de la régularité, de la précision, et deviennent les instruments dociles et infatigables d'une production sans limites. Ainsi, dans l'ordre des sciences sociales chaque homme est une force physique, intellectuelle, morale, obéissant à l'impulsion de passions diverses, source intarissable de désirs et de besoins , et la société nous présente la juxtaposition d'une infinité de ces forces entre lesquelles un conflit semble inévitable. La morale et l'économie politique étudient ces forces, ces passions, ces instincts, ces besoins, le désir du bien-être, la tendance à obtenir la satisfaction des besoins avec le moins d'efforts possible. Elles enseignent la distinction du bien et du mal dans l'ordre moral et dans l'ordre économique. Mais l'ignorance, la passion, l'égoïsme peuvent méconnaître ces enseignements ; on peut croire que le profit de l'un ne saurait être que le dommage de l'autre, et de là à employer des moyens coupables, le dol ou la violence, pour s'assurer les bénéfices de cette lutte entre les intérêts, il n'y a pas loin. Le droit intervient alors pour sanctionner les arrangements sociaux que recommande la science économique, et que ne condamne pas la morale. Le droit détermine les conditions de l'équilibre et du mouvement régulier des forces sociales; et tend à substituer ainsi à une lutte stérile ou funeste un utile concours en vue du progrès social.

Le droit, disons-nous, est une sorte de mécanique appliquée aux forces sociales. Cela est parfaitement d'accord avec cette définition, ou ce principe fondamental du droit, à savoir qu'il est la science de la liberté; ce qui signifie que le droit laisse une libre expansion à toutes les forces de l'homme, à la condition que la liberté des uns ne fera pas obstacle à la liberté des autres. Et ici se présente une nouvelle formule, peu différente au fond de la première, des rapports entre le droit et l'économie politique.

La liberté que nous considérons, n'est pas une abstraction, une pure liberté intérieure qui rend l'homme indifférent aux accidents de la vie, lesquels ne sauraient avoir de prise sur son âme; cette liberté tend invinciblement à se manifester par des actes et à réaliser la domination de l'homme sur le monde extérieur par la science, le travail, l'art, l'industrie : C'est le domaine de l'économie politique. D'autre part, la science des nombres et des forces, les mathématiques et la mécanique, ne seraient qu'un jeu d'esprit, une vaine abstraction, si elles ne s'appliquaient à des objets réels, quantités ou grandeurs; il en serait de même du droit que nous avons appelé une mécanique des forces sociales. On pourrait donc dire que : *L'Éco-*

*nomie politique fournit la matière première que le Droit
met en œuvre.*

Voilà donc les trois sciences de la morale, de l'économie politique et du droit, convoquées en une sorte
de congrès pour procéder à l'élaboration d'une loi.
Quel sera le rôle de la politique? Ici elle va nous appa-
raitre principalement comme art.

On dit communément que la production de la richesse
résulte du concours de trois éléments ou facteurs : les
agents naturels, le capital et le travail. Qui donc prépare, assure, dirige le concours, cette action simultanée des trois facteurs? C'est l'entrepreneur d'industrie.
En quoi consiste précisément son rôle? C'est lui qui a
conçu le plan de l'entreprise, apprécié les chances de
succès au double point de vue industriel et commercial,
choisi l'emplacement, rassemblé le matériel, recruté le
personnel. Il n'est ni le savant, ni l'ingénieur ni le
contremaitre, ni l'ouvrier.... Il est un peu tout cela;
mais il est, par-dessus tout, le lien, l'âme de l'entreprise; le général en chef. Il doit en avoir le sang-froid,
le coup d'œil qui embrasse tous les détails sans perdre
l'ensemble de vue, l'esprit d'à-propos et de décision
rapide. Il est responsable de tout ce qu'il ordonne ou
laisse faire; il maintient la discipline. Il est, en un mot,
le représentant de l'art industriel. On peut dire de
même que l'homme de gouvernement, l'homme d'État,
le politique est le représentant de l'art social.

J'ai parlé, au chapitre XVIII ci-dessus, de l'antagonisme entre la théorie et la pratique, en matière de
sciences morales et sociales, et je me suis réservé de
mettre ici en scène le politique qui est, par excellence, le praticien de la science sociale. On sait assez

qu'il ne suffit pas d'être savant en anatomie, physiologie et chimie, pour être un médecin habile dans l'art de guérir, qui est la médecine proprement dite ; pas plus qu'il ne suffit d'être un savant en géographie, hydrographie, météorologie, astronomie, pour être capable de conduire un navire à bon port, ce qui constitue, à proprement parler, l'art de la navigation. Le politique est aussi chargé de la conduite d'un navire : c'est une comparaison classique.

Quel sera donc le rôle du politique dans notre congrès scientifique? Il pourra y avoir désaccord entre le philosophe moraliste, l'économiste et le jurisconsulte. J'ai établi que l'opposition se produira rarement entre l'économiste et le jurisconsulte réellement pénétrés des principes de la science. Les prétentions, très louables en elle-mêmes, du moraliste seront plus souvent contestées, et l'économiste, le jurisconsulte s'entendront généralement avec le politique pour lui répondre que, si la loi est une règle d'ordre et de justice, elle ne saurait se proposer de faire régner la vertu sur la terre. Quoi qu'il en soit, en cas de désaccord, le rôle du politique est tout tracé; c'est un arbitrage. Mais c'est particulièrement dans le cas d'un accord complet entre la morale, l'économie politique et le droit, que le politique jouera le rôle qui lui est réservé en sa qualité de réprésentant de l'art social. Il ne s'inclinera pas nécessairement devant cette unanimité ; il lui reste un droit de *veto*. Ce pourra être, ce ne sera généralement qu'un *veto* suspensif, une exception dilatoire; mais enfin il pourra répondre : le moment n'est pas venu. La science pure vise plus ou moins un idéal; c'est au politique d'apprécier dans quelle mesure il peut être réalisé. Le mieux peut être l'ennemi du bien; même pour assurer le succès d'une réforme, il faut quelquefois la retarder ou ne l'entreprendre que partiellement. La science ne voit que la vérité, l'homme d'État se préoccupe avant tout du succès. Le politique peut encore objecter avec raison que toute science sociale est imparfaite, que bien des problèmes restent à résoudre, bien des théorèmes à démontrer.

On a dit que les peuples ne seraient heureux que lorsqu'ils seraient gouvernés par des philosophes. Cette assertion est un peu vague (1); car on ne nous dit pas ce que pourrait bien être cette philosophie destinée à faire le bonheur du peuple. On peut affirmer avec plus de raison que la science économique et la science du droit, qui sont aussi des philosophies, forment la base de la philosophie pratique à l'usage des hommes d'État. L'un des plus illustres qu'ait vus ce siècle, Robert Peel, en a rendu un témoignage éclatant. Lorsque, après de longues années d'hésitation, il se décida à entreprendre la réforme financière et économique qu'il mena si résolument à bonne fin, on lui reprocha amèrement d'avoir trahi le parti politique auquel il

(1) Le mot, comme on le sait, est de Platon (*République*, liv. V, chap. 4); mais Platon est certainement le dernier auquel on eût pu confier l'organisation et le gouvernement de l'État. Il suffit, pour s'en convaincre, de lire ses trois dialogues : Le *Politique*, ou de la royauté, La *République*, les *Lois*. Les deux premiers sont de purs romans, des utopies; le troisième, un peu moins chimérique, nous offre encore le tableau d'un État idéal absolument irréalisable. Au Livre V des *Lois*, Platon annonce qu'il proposera quelque jour le plan d'un troisième État moins parfait que les deux autres. Nous ne connaissons pas ce troisième État. Ce que je veux noter, pour justifier mon jugement sur Platon, en ce qui concerne la science sociale, c'est que, par gouvernements de moins en moins parfaits, il entend précisément ce que nous appellerions

avait été attaché jusque-là. Il répondit simplement :
« *Que voulez-vous?* J'ai relu Adam Smith. » — L'étude
de l'économie politique l'avait amené à la liberté.
C'est au même résultat qu'on arrive par l'étude du
droit. Mais la liberté n'est pas un mot doué d'une
puissance magique. Il ne suffit pas de la proclamer et
de l'acclamer pour assurer le bonheur des peuples et
des individus. C'est un bien difficile à acquérir, plus
difficile encore à conserver, car il faut pour cela en
user avec sagesse et modération, et il ne vaut que par
l'usage qu'on en fait. Il en est de la liberté comme de
tant d'autres biens qu'on n'apprécie que lorsqu'on en
est privé. En est-on mis en possession, aussitôt on se
plaint que cette liberté n'a pas réalisé les espérances
qu'on avait fondées sur elle. Pourquoi? C'est qu'on

gouvernements de plus en plus parfaits. L'État parfait, pour Platon,
c'est l'État sans lois. Il a horreur du procédé législatif. « La loi,
« dit-il, est comme un homme opiniâtre et sans lumière, qui ne
« permet pas que personne agisse en rien contre sa décision, ou
« fasse aucune question, quand bien même il surviendrait à quel-
« qu'un quelque idée nouvelle et préférable à ce que lui-même a
« établi. » A la tyrannie de la loi il préfère le gouvernement d'un
sage qui saura prescrire ce qui convient dans chaque cas particulier. C'est la théorie du régime patriarcal. On ne saurait pousser
plus loin le mépris de la liberté humaine. L'idée fondamentale de
la République, c'est l'unité de l'État, et la conséquence est qu'il
faut proscrire tout ce qui porte atteinte à cette unité, notamment
la famille et la propriété individuelle. Il n'y a dans Platon ni
politique, ni économie politique; tout au plus une économie
domestique, et des plus détestables. Son idéal économique est
une ville loin de la mer, qui n'importe et n'exporte rien. Le
citoyen ne doit se livrer à aucun art autre que la musique et la
gymnastique. La terre sera cultivée par des esclaves; le trafic
est abandonné aux étrangers. Du reste Platon s'est jugé lui-même
au livre V des *Lois* : « Tout cela paraîtra peut-être un songe, et
« on dira que nous avons travaillé à notre aise sur la ville et ses
« habitants, comme l'artiste sur la cire qu'il modèle. » C'est le
moins qu'on puisse dire.

n'avait en vue que sa propre liberté; on n'avait pas songé à la liberté des autres. On n'avait pas songé que la liberté n'est pas un *don gratuit*; que c'est l'effort, la lutte, la concurrence, la responsabilité. Ce sont alors des retours plus ou moins avoués vers un passé où il n'y avait ni liberté politique, ni liberté civile, ni liberté économique. N'a-t-on pas vu des serfs regretter l'esclavage, et des hommes libres regretter le servage, c'est-à-dire un état où une plus entière dépendance les déchargeait de toute responsabilité et mettait plus complètement à la charge d'autrui une existence plus misérable? D'autres, qui se plaignent aussi d'être déçus, rêveront d'un état social dans lequel on jouira d'une liberté sans limites, ce qui est une contradiction dans les termes; car cela se résoudrait infailliblement en anarchie et en oppression. Il y a toujours, en effet, au fond de ces aspirations vers une liberté absolue, quelque secret espoir d'opprimer quelqu'un, une revanche des opprimés de la veille sur leurs oppresseurs. Ce n'est point ainsi que la société progressera dans la voie de la justice, hors de laquelle il n'y pas de liberté.

Je conclus donc comme j'ai commencé : La liberté est une science, dont le Droit et l'Économie politique recherchent et formulent les principes.

FIN

# TABLE DES MATIÈRES

19

FIN DE LA TABLE DES MATIÈRES

Paris. — Imprimerie G. Rougier et Cⁱᵉ, rue Cassette, 1.